本书受到安徽师范大学教育学高峰学科建设项目资助

Woguo Yiwu Jiaoyu Chongzu de
Caizheng Ziyuan Youhua Peizhi Yanjiu

我国义务教育充足的
财政资源优化配置研究

张荣馨　◎著

中国财经出版传媒集团

经济科学出版社
Economic Science Press

图书在版编目（CIP）数据

我国义务教育充足的财政资源优化配置研究/张荣馨著 . -- 北京：经济科学出版社，2022. 11

ISBN 978 - 7 - 5218 - 4298 - 2

Ⅰ.①我…　Ⅱ.①张…　Ⅲ.①义务教育 - 教育财政 - 资源配置 - 优化配置 - 研究 - 中国　Ⅳ.①G526.7

中国版本图书馆 CIP 数据核字（2022）第 218102 号

责任编辑：李　雪　袁　澂
责任校对：刘　娅
责任印制：邱　天

我国义务教育充足的财政资源优化配置研究
张荣馨　著
经济科学出版社出版、发行　新华书店经销
社址：北京市海淀区阜成路甲 28 号　邮编：100142
总编部电话：010 - 88191217　发行部电话：010 - 88191522
网址：www. esp. com. cn
电子邮箱：esp@ esp. com. cn
天猫网店：经济科学出版社旗舰店
网址：http: // jjkxcbs. tmall. com
固安华明印业有限公司印装
710 × 1000　16 开　16 印张　240000 字
2023 年 1 月第 1 版　2023 年 1 月第 1 次印刷
ISBN 978 - 7 - 5218 - 4298 - 2　定价：78.00 元
（图书出现印装问题，本社负责调换。电话：010 - 88191510）
（版权所有　侵权必究　打击盗版　举报热线：010 - 88191661
QQ: 2242791300　营销中心电话：010 - 88191537
电子邮箱：dbts@ esp. com. cn）

前　　言

百年大计，教育为本。教育是国家发展、民族振兴和社会进步的奠基石。其中，义务教育更是一国教育体系的基础。改革开放初期，我国在"效率优先"发展理念下促进义务教育的快速发展，至 21 世纪初，政府逐渐将均衡作为义务教育发展的方向。近年来，如党的十九大报告中指出的："我国社会主要矛盾已经转化为人民日益增长的美好生活需要和不平衡不充分的发展之间的矛盾。"与之相对的，公众对义务教育发展的需求转化为"公平而有质量"的优质教育，即不仅要让人人都"有学上"，而且要让人人都能"上好学"。这一需求实际上是对义务教育充足提出了要求。义务教育充足是指政府基于设定的短期和长期义务教育成就目标，而提供相应水平的资源，以便使所有学生达到绩效标准的状态。它是"教育成就标准＋财政资源配置＋绩效达标"的结合体。

义务教育充足发展不仅需要充足的财政资源支持，而且需要财政资源配置的方式及时调整，以适应义务教育充足发展的要求。但是，我国当前的财政资源仍然较多地沿用适应传统的基本教育公平配置导向和方式。而围绕着义务教育充足要求，存在着财政资源配置主体间责任不明确、政策导向"不对症"、配置供求不匹配等问题，导致财政资源配置过程无效率、结果不达标，这将很难适应新形势教育充足发展的需求。加之随着我国经济增长放缓、减税降费等政策的实施，会导致国家财政收入进一步收紧。因此，如何优化财政资源配置，满足公众对义务教育充足的需求问题亟待研究。

本书试图解决"如何优化配置财政资源以实现义务教育充足"的问题，围绕着"确认义务教育充足标准——实证财政资源配置对义务教育充足的影响——优化财政资源配置"的思路展开研究，包括 7 章内容，其中第 4~6 章是主体部分。第 1 章"导论"。说明研究背景、相关概念、研究内容、研究方法和可能的创新。第 2 章"文献综述"。梳理和述评国内外义务教育充足和教育财政资源配置的已有研究成果。第 3 章"义务教育充足的财政资源配置理论框架：使命—政治—运作"，从"使命—政治—运作"自上而下、由抽象到具体的三维影响逻辑进行理论分析，为后续探讨义务教育财政资源配置的目标、政府财政资源配置的行为、财政资源配置的运作提供理论分析框架。第 4 章"政府使命：义务教育充足标准体系分析"，利用政策文本量化分析法，对 2011~2019 年我国义务教育政策文本进行分析，从而确认了由"愿景—目标—规划"三层次组成的义务教育充足标准体系。同时，以 2017 年为例，计算了我国 31 个省（自治区、直辖市）的义务教育充足指数。第 5 章"政府行为：财政资源配置对义务教育充足影响的实证"，基于我国教育财政资源配置的现状和问题，提出政府行为的差异和博弈影响义务教育充足的假设，并运用多层线性模型进行验证。第 6 章"运作优化：义务教育充足的财政资源配置政策建议"，在明确义务教育充足使命、实证义务教育充足的财政资源配置存在问题及根源的基础上，提出了相应的政策建议。第 7 章"总结与展望"基于前文的分析结果，凝练研究结论和政策建议，并阐述进一步研究的方向。

根据研究思路，经过系统的理论和实证分析，本书得出以下主要结论：

（1）义务教育充足的财政资源配置理念应遵循"使命—政治—运作"这一由上到下、由抽象到具体的三维影响逻辑，这是由义务教育产品属性和政府职能决定的。使命是教育财政资源配置的上位标准和价值诉求，义务教育的公共产品性质决定了政府配置财政资源提供义务教育的主体责任。外部环境的多变化要求公共部门的行动应以创造公共价值为使命。从我国现阶段的发展需求来看，义务教育充足是政府配置财政资源创造公共价值的应有之义。中位层次的政治层中，各级政府在财政分权体制下，财政资源配置的行为存在差异。中央政府具有推动义务教育发展的内在动力，会通过项目制，即规定财政资金的具体用途，保证资金用于既定教育发展目标。而地方政府面对多样复杂的公共事务会能动地将中央专项资金融入地方自身的发展规划中。二者的行为差异会导致教育财政资源配置难以实现义务教育的充足使命。下位层次的运作层中，财政资源配置的运作需通过再造优化配置方式高效地完成使命，基于明确组织使命、优化生产过程和变革管理系统，将资金优先分配到创造价值最需要的领域。

（2）我国缺乏明确的义务教育充足标准体系，需要确立由愿景、目标、规划三个层次若干具体指标构成的充足标准体系；否则，会导致财政资源配置责任不明确等问题。在政策体系中，中央政府往往代表一国政府，从培养什么人（愿景）、如何培养人（目标）、资源如何配置（规划）对实现义务教育充足使命做出承诺。基于政府承诺确认的"愿景—目标—规划"标准体系，能够从成果、产出、投入全面评价义务教育充足，满足义务教育充足的标准体系应具有系统性、动态性和可操作性的特征。

（3）义务教育充足存在"中部塌陷"问题，即中部省份的义务教育充足程度较低；此外，东、中、西部地区在义务教育充足的各层次上存在明显差异。以全国抽样的 434 个区县为样本县，基于"愿景—目标—规划"标准体系计算的 2017 年义务教育充足指数结果表明，天津、北京、内蒙古、新疆等省区市各层次的义务教育充足程度均较高；江西、河南、海南等省份各层次的义务教育充足程度较低；西藏、青海、山西等省区规划层充足指数高，但目标层和愿景层的充足指数较低；福建、重庆、安徽等省市虽然规划层充足指数低，但目标层和愿景层充足指数并不低。三层次充足指数之间的关系呈现出东、中、西部地区不同的义务教育发展逻辑。尤其是在目标层教育公平和效率的抉择方面，东部地区对义务教育的需求存在异质性，不以成绩作为教育质量的导向，但存在提升教育均衡损失教育效率（成绩）的情况；中部地区的成绩"指挥棒"作用最为明显，不论均衡与否都要保证学生的成绩产出；西部地区的教育发展更加注重均衡，以贯彻转移支付中上级政府对教育公平的政策引导。

（4）我国义务教育财政资源配置存在"非充足"的逻辑，即财政资源配置与充足导向不对症。434 个样本县义务教育各层次的充足指数与财政支出的最小二乘估计结果表明，愿景、目标和规划层均存在越需要财政投入的区县获得的财政经费越低的情况，尤其是东部和中部地区学生成绩越好的区县生均财政补助经费越高，西部地区办学设施越不充足的区县生均财政建设支出越低。也就是说，财政资源配置供给与充足发展导向不匹配。

（5）政府财政资源配置行为中，省级统筹在提高教育质量和公用经费充足上需进一步发挥作用；现有的转移支付配置方式存在供求不匹配问题，导致义务教育充足使命的实现缺乏效率。义务教育充足程度有 2/3 的差异来自省级差异，且省级差异主要体现在对公用经费和学生成绩影响方面。转移支付所导致的配置缺乏效率，一方面产生于转移支付会影响财政资源在学校间的分配，带动更多的财政资源流向小规模学校；另一方面，转移支付会影响学校的支出结构，导致其将更多的经费用于与学校建设相关的项目支出。

（6）基于义务教育充足的财政资源配置应该分类管理。我国幅员辽阔，各地经济和教育发展水平差异较大，"一刀切"方式指导财政资源配置不具有可操作性。

基于理论分析和实证分析所得的结论，本书对于优化财政资源配置的政策建议主要包括：①明确使命，为财政资源配置指明方向。明确使命需要界定履行使命的权威主体，确保组织成员和利益相关者熟知使命，并在使命的基础上，动态地调整行动目标和方案。②广开财源，确保教育投入可持续增长。经济增长放缓和"后 4% 时代"，应以义务教育充足为标准，重新建立教育经费投入标杆，并在体制机制上激活社会资本、地方政府和基层单位投入义务教育的动力。③配置资源，调整和完善义务教育充足的财政资源配置逻辑与方式。配置逻辑应与当前实现义务教育充足使命相匹配，弄清学校教育生产的规律，建立充足导向的预算问责制度。转移支付应发挥资金的实效性，从政府间的关系出发，使上下级政府间实现"激励相容"。④分类管理，增强财政资源配置优化的可操作性。基于综合充足指数的平均值和生均财政补助支出的平均值，将样本县划分为四类：低财政支出、高充足度的Ⅰ类县应作为义务教育财政充足的标准县。对高财政支出、高充足度的Ⅱ类县应下放办学自主权和决策权，以满足公众对教育的额外需求。对低财政支出、低充足度的Ⅲ类县应提高地方政府的资源获取能力。以河南省 R 县为例测算的充足财政投入缺口为：小学和初中的财政投入在教师和公用经费等经常性支出上每年分别需增加 1.98 亿元和 7800 万元，在办学设施等固定资产支出上分别需增加 2900 万元和 1.5 亿元。对高财政支出、低充足度的Ⅳ类县应规范财政支出结构，避免转移支付带动财政资源流向与教学无关的建设项目上。

本书的理论价值和应用价值在于：首先，明确了义务教育充足标准体系，以中央政府的义务教育政策文本为基础，梳理出明确、可量化的义务教育充足标准体系，为政府履行义务教育财政资源配置使命提供参考；其次，分析了义务教育财政资源配置非充足逻辑，实证了教育财政转移支付配置工具如何影响义务教育充足实现路径的现状与问题，为调整义务教育财政资源配置逻辑和完善配置方式提供依据；最后，基于样本区县，探讨了义务教育财政充足区县参考标准，测算了不充足区县所需财政资源缺口，为在义务教育充足方面处于不同阶段的区县进行分类管理提供决策参考。

张荣馨

2022 年 6 月

目　录

第 1 章

导　论

　　义务教育充足是我国在新时期教育面对的现实国情，需要财政资源配置的有力支撑。对我国义务教育充足的财政资源配置进行研究，具有重要的理论和实践价值。本章内容将介绍本研究的总体概要，包括研究背景、核心概念界定、研究目的和意义、研究思路和方法、研究的创新之处等部分。

1.1　研究背景

1.1.1　充足是我国新时期义务教育发展的新方向

　　义务教育是一国教育体系的基础，是一国发展对人力资本数量和质量的基本要求。党的十九大报告中指出："我国社会主要矛盾已经转化为人民日益增长的美好生活需要和不平衡不充分的发展之间的矛盾。"在义务教育领域，这一矛盾体现为人民对均衡、优质教育的需要和教育发展不平衡不充分之间的矛盾。党的十九大报告中还提出"努力让每个孩子都能享有公平而有质量的教育。"2017 年 4 月 26 日，教育部印发了《县域义务教育优质均衡发展督导评估办法》，对义务教育发展提出了从"基本均衡"到"优质均衡"的更高要求。二十大报告强调要办好人民满意的教育 2023 年《政府工作报告》中进一步强调"促进教育公平和质量提升"。从内涵上看，优质教育、公平而有质量的教育、人民满意的教育本质上是要实现教育充足，即从结果的角度确保教育机会和教育过程能够有效组织，使教育成果达到目标水平。

改革开放以来，我国政府主要围绕效率和公平两个维度促进义务教育的发展。20世纪80～90年代，经济发展是整个社会的主题，国家基于"效率优先"原则，鼓励"一部分地区先发展起来"，这一方面促进了经济活跃与发展，另一方面却导致区域间经济发展的不平衡。同期，在教育领域也形成了"教育效率优先"的发展理念，教育资源的分配并非"雪中送炭"促进公平，而是"锦上添花"提高效率（尹力，2008）。20世纪90年代，教育领域的"贫富差距"带来的社会矛盾不断加深，东、中、西部地区之间和城乡之间的生均教育经费投入差异不断扩大，学生流动、择校、高价学区房等问题此起彼伏。为应对追求效率带来的公平问题，政府逐渐将推动义务教育均衡作为政策的主要引导方向，如国家贫困地区义务教育工程、中小学贫困学生助学金制度、东部地区学校对口支援西部贫困地区学校工程、中小学危房改造工程、义务教育"两免一补"政策、农村义务教育学生营养改善计划等。

2008年，我国九年义务教育实现了全面普及，从1986年《中华人民共和国义务教育法》出台开始，我国用22年让每一个适龄孩童有同等机会入学的教育机会公平。截至2021年，全国31个省（区、市）和新疆生产建设兵团（不包含港澳台地区）的2895个县都实现了县域义务教育基本均衡发展。这是继全面实现"两基"后，我国义务教育发展中的又一重要里程碑，标志着我国义务教育站在了新的历史起点上。此时，我国义务教育已经实现了教育机会公平，如果仍以惯性思维、追求传统意义上的教育均衡发展，在看似为学生提供相同教育机会和资源的背后，掩盖了教育充足的逻辑，将导致财政资源供给与需求不匹配、过程无效率、结果不均衡问题。随着义务教育城乡发展的推进，乡村义务教育生均教育经费、生均校舍面积、生均图书册数、师生比等各项投入性指标大幅度提高，甚至高于城区的学校。该现象一方面是由于国家教育财政政策向乡村地区倾斜，建立了农村义务教育经费保障机制；另一方面与城镇化加速发展，乡村适龄学生为追求更优质的教育资源不断流向城镇的现象不无关系，导致了乡村学校"门可罗雀"、城镇学校"人满为患"的资源供给与教育需求不匹配的问题。乡村学校因为学生数量减少实现的教育评价指标的提升实际上隐含着办学效率低下，如学校资源使用不充分、教师教学热情不高等问题。

"十二五"时期，中国从创造世界奇迹的高速发展阶段步入增速不断放缓的"新常态"阶段。面对"中等收入陷阱"的威胁，国家政策不断推动创新驱动发展和产业升级，对义务教育质量的要求越来越高，不仅要实现人人都有学上的机会公平，更要实现人人都要上好学的结果公平，传统教育公平隐含的办学效率和教育结果的问题必须解决。因此，义务教育充足既不是简单的舶来品，也不是空穴来风，而是我国新时期义务教育发展面临的新问题、新方向。

1.1.2　财政资源配置发挥重要作用的同时存在不少问题

从教育机会公平到教育充足，即从"有学上"到"上好学"，是实现质的飞跃的过程，充足的（或一定水平）财政资源保障是非常关键的方面。财政是政府的收支活动，财政资源配置综合体现了政府的职责、国家的发展目标和发展政策。义务教育具有较强的正外部性，其社会收益高于私人收益，各国政府在提供义务教育中均占主导性地位。

改革开放以来，我国义务教育实现全面普及（人人有学上）的成就离不开财政资源配置的支持。我国自 1978 年开始实行财政分权改革，1985 年在全国范围内推广地方财政包干制，省级政府在完成定额上缴的财政收入后，可自行安排剩余财政收入，鼓励了各地政府征高税，增加财政收入。与此相对应，1985 年发布的《中国教育改革和发展纲要》和 1986 年颁布实施的《中华人民共和国义务教育法》规定了"地方负责、分级管理"的教育管理体制，形成了"义务教育乡管、高中教育县管、高等教育省管"的教育行政分权管理模式，在教育财政体制上，也形成了三级分权化。分权化的教育财政管理体制激发了地方政府投资教育的热情，进而推动了义务教育的普及。1994 年，为了改变财政包干制导致的财政过度分权，提高中央政府的预算在总预算中的比例，国家实行了分税制改革，明确划分不同层级政府的财政资源。其结果为地方政府的财政收入受到抑制，而财政支出责任没有减少，甚至呈现不断增加的趋势。与此同时，各地政府经济发展水平差距较大，财政能力也大不相同，导致了农村贫困地区教育经费严重短缺、地区间生均支出存在巨大差距等问题。1994年，《国务院关于〈中国教育改革与发展纲要〉的实施意见》中对1993年因乡镇无法承担教育发展导致的农村教师工资拖欠问题作出回应，县级政府取代乡镇政府"在组织义务教育的实施方面负有责任"。2001年，《国务院关于改革和发展基础教育的决定》中确立了"地方负责，分级管理，以县为主"的农村义务教育管理体制，将农村义务教育的责任从乡镇转移到县级政府。自此，我国分权化的教育财政体制基本形成。随着中央和地方财政能力的提高和政府间转移支付机制的完善，义务教育经费全面纳入财政保障范围，让学生"零门槛"接受义务教育。

但是，我国义务教育财政资源配置还存在配置主体间责任不明确、政策导向"不对症"、配置方式供求不匹配等问题，与义务教育机会公平掩盖的资源供给与需求不匹配、过程无效率、结果不均衡等问题是一致的。也就是说，我国当前的财政资源配置难以支撑义务教育实现充足的质的飞跃。

从配置主体看，我国"分级管理"的义务教育管理体制中并没有明确划分中央、省、县级政府对义务教育的权责，导致义务教育财政的支出责任和事权划分长期处于界定不清的状态，财政资源配置主体和方式缺乏有效的制度规范，配置效率的提高和教育成果的实现难以保障。如何界定政府间义务教育财政责任和划分在学界广泛讨论，相关政策也给出了一些指导意见。2012年，《大力推进农村义务教育教师队伍建设的意见》中提出按照"管理以县为主，经费省级统筹、中央适当支持"的原则确保义务教育教师绩效工资所需资金落实到位。2018年1月，国务院办公厅印发的《基本公共服务领域中央与地方共同财政事权和支出责任划分改革方案》中界定了中央政府对于义务教育和学生资助的财政事权范围、基本标准和责任分担。2019年5月，国务院办公厅印发的《教育领域中央与地方财政事权和支出责任划分改革方案》中进一步明晰了中央政府对义务教育公用经费保障、家庭经济困难学生生活补助、校舍安全保障、贫困地区学生营养膳食补助、其他经常性事项、涉及阶段性任务和专项性工作的事项的责任。该责任划分是否合理有效？省、市、县、乡镇等地方政府责任界定的依据是什么？这些问题还需进一步关注。

从政策导向来看，县级政府是我国义务教育主要管理和财政落实主体的大框架是明确的。义务教育财政资源配置以县级政府为主，同时省级和中央政府也在其中承担协调、统筹和支持的责任。但是，县级政府存在财政资源不足（王蓉，2004）、对义务教育投入热情不高等问题（陈思霞、卢盛峰，2014）。中央和省政府对于义务教育的拨款和资助也存在诸多"药不对症"的不合理和浪费现象。中央和省级政府为促进义务教育均衡发展，为落后地区义务教育的薄弱学校改造、信息化建设拨付大笔专项资金，却存在缺操场盖食堂、为教学楼做不必要的多次翻新但留不住老师和学生[1]、因公用经费不足无法承担电费使高价配置的电脑闲置等尴尬局面[2]。"国家现在有钱，叫你建你不建，等国家这个钱没有了，再想建也只能搁着了""中央专项资金是分条块做的，拨的是建食堂的钱，不能用作其他用途，只能建食堂"等回应充分体现了义务教育财政资源配置存在需求与供给不匹配、制度僵化、过程不精细、效率低下的问题，难以有效地实现义务教育发展目标。

1.1.3　财政资源配置应基于义务教育充足进行优化

充足是当前我国义务教育发展的方向，财政资源配置在主体、规模、结构、方式等方方面面需要进一步优化，才能支撑义务教育充足的实现。尤其是在经济增速放缓的背景下，加之新冠肺炎疫情的影响，我国减税降费的力度不断增强，以激发经济的发展动力。2022 年全国减税降费超 4.2 万亿元，创历史新高。相当于 2020 年国家财政性教育经费的总额。财政收入紧缩的同时，政府承担的公共服务并没有减少，实际上，公众对优质义务教育的需求

---

① 张春铭. 农村闲置教育资源别浪费了［N］. 中国教育报，2017 – 03 – 04（03）.
② 中国青年报. 农村学校生源持续流失　硬件投入加大闲置浪费［EB/OL］.（2016 – 02 – 04）［2022 – 03 – 20］. http：//gongyi. cnr. cn/news/20160204/t20160204_521333923. shtml.

有增不减。2018 年，国务院办公厅印发的《关于进一步调整优化结构提高教育经费使用效益的意见》中要求"完善教育经费投入机制、优化教育经费使用结构、科学管理使用教育经费"。这就需要进一步保障义务教育财政资金的来源，为义务教育财政建立合理有效的机制，制定规范、梳理流程、明确结果，提高财政资源的配置效率。教育财政资源配置优化势在必行。

基于义务教育充足优化财政资源配置符合我国教育和财政发展的需求。一方面可以将财政资源配置与教育充足结果相联系，使财政资金的使用具有结果导向性，提高资金配置的效率，保障义务教育充足目标的实现；另一方面可以使义务教育财政资源配置规范化、科学化和制度化，适应了我国财政法治建设的趋势，有利于明确各级政府的财政事权和支出责任，识别不同地区对教育财政资源的不同需求。但我国目前针对教育充足的财政资源配置相关研究尚且不足，难以明晰财政资源配置存在的问题，进而难以提出有效的优化策略。

教育充足研究起源于美国的基础教育（K‐12）①改革。20 世纪 90 年代，美国掀起了基础教育充足改革的浪潮，通过法院诉讼推翻原有财政不中立和财政资源不充分的基础教育财政体系，要求建立能够达到特定教育目标（充足）的基础教育财政体系。在美国教育充足改革过程中，联邦、州、学区三级政府对于基础教育的财政责任划分不断调整，突出了州政府确保教育充足的责任；教育拨款的方式、规模和结构要求保证生均教育经费达到某一充足水平，并通过一套完善的拨款调整公式满足不同学生对教育经费的需要；教育问责在全国范围内实施，要求各州的基础教育实现某一充足水平，并基于充足的实现情况对学校进行奖惩；学校推动系统的改革，与州教育充足改革和问责制度相对应，使学校资源的使用和分配能有效地生产教育成果。从美国的实践和经验上看，教育充足是一种体制、机制的构建，需要全方位地对教育财政体制、财政资源配置机制、教育结果问责机制等多维度协调和统筹。

虽然中国与美国的政治体制和文化背景并不相同，但是教育对于每个

---

① 美国的义务教育为 K‐12 基础教育，包括学前（kindergarten）教育和小学、初中、高中 12 年教育。

国家的重要性是一致的。美国教育充足改革基于教育结果分析教育过程的新思路对于教育资源配置研究具有普遍价值。另外，美国作为世界一流强国，其基础教育体系的贡献不可忽视，取其所长对中国义务教育乃至中国的发展具有战略意义。教育充足的概念于 21 世纪初进入中国学者的研究视野，研究主要围绕对美国经验的介绍（李文利、曾满超，2002；薛二勇，2011）、教育充足的内涵在中国的适用性（黄斌、钟宇平，2008；梁文艳，2008）、教育充足测量的实证研究（邓丽琳，2006；卜紫洲、侯一麟、王有强，2011；汪栋、张琼文、黄斌，2017）。从现有研究的内容、方法和结果运用上看，研究缺乏理论指导，实证过程存在充足标准单一、测量方法有效性较低、测量数据不易获得等问题，还需进一步地深化研究。

1.2　核心概念界定

本书需要特别界定的核心概念为义务教育充足和财政资源配置。结合本书的内容和思路，本节将对核心概念的内涵进行剖析。

1.2.1　义务教育充足

教育充足的概念起源于美国的教育改革诉讼运动。20 世纪末，美国各州在经历基于投入进行教育公平改革的失败后，开始将关注点转向基于产出的教育充足改革。从美国基础教育改革的要求来看，教育充足的基本内涵是实现教育成果的最低水平（Guthrie，1997），其本质上是一种价值标准。不同的评价主体和客观环境下，价值标准的评价存在差异，因此教育充足在属性上也呈现了动态性和多样性。美国法院诉讼判决对教育充足的界定是基于公民性，充足的教育要使孩子在达到成年年龄时，成为国家社会的一份子：能够读、写、工作，并积极参与民主社会（Jefferson，1778）。这是国家对教育充足的长期价值标准规范。短期来看，教育充足可以用认知成绩，如学业测验的最低分、最低通过率来衡量。实现教育充足离不开财政的支持和保障，因此教育充足时常从财政的范畴来讨论，即教育财政充足。克伦（Clune，1994）将教育财政充足定义为在一个"有效的指导性方式"下对财政资源进行具体安排，使每个学生达到目标教育水平。"有效的指导性方式"需要将财政、政策、组织完全结合起来，而不仅仅是基于现有教育体系提供资金，这是一个体制、机制改革和再造的过程。从概念的内涵和外延上看，教育充足是以结果为导向的，对教育资源进行有效配置的系统过程。

教育充足与教育公平在概念上既有差异也存在联系，普遍认为教育充足是教育公平的高级形式。教育公平注重资源投入的公平，包括相同条件的学生获得同等的对待（equal treatment to equals）和不同条件的学生获得不同水平的对待（unequal treatment to unequals）（Berne & Stiefel，1984）。但投入的公平无法保障目标教育成果的实现，即结果的公平。充足的优势在于直接关注教育的制度结构，基于结果指导资源的分配。实际上，充足和公平的价值取向是一致的，充足的实现必定满足横向公平和纵向公平的要求。萨茨（Satz，2007）指出，充足性在逻辑上与罗尔斯的正义理论是一致的，不同的是"充足概念并不是要求让每个孩子获得进入顶级学府的教育资源，而是要求每个孩子具备进入大学的潜力"。教育充足下的差异已经不是当前所指的机会不公平、资源分配不公平，而是不同学生的不同选择，包括对是否上大学的选择、职业的选择。

在我国，充足的概念在教育领域中的应用还并不广泛。20世纪初，我国学者开始将教育充足的概念引入我国，肯定了教育充足关注学生个人需要、以教育结果为导向的价值内涵在推动教育发展上具有积极作用。对于教育充足在我国的适用性问题，早期的研究者考虑到我国的教育发展程度、国家财政能力和制度环境，认为我国正处于教育投入公平阶段，还不足以实现更高阶段的教育充足（黄斌、钟宇平，2008；梁文艳，2008；张传萍，2012）。党的十九大报告中明确提出要让每个孩子享有"公平而有质量"的教育，党的二十大报告强调要办好人民满意的教育。这意味着国家战略发展已经不仅仅依赖于"有学上"的公平教育，还需要"上好学"的质量结果。从其内涵上看，公平而有质量的教育、人办满意的教育是我国新时代教育发展的实际需求，也是教育充足在我国的本土化形式。

综上，本书所指的"义务教育充足"应理解为，它是：①义务教育层次的充足，非高等教育或职业教育等其他教育层次和类别的充足；②我国教育公平实践的深化，即反映公平且有质量的教育，兼顾短期和长期义务教育政策目标；③以充足的财政资源以及科学的配置作为重要保障；④所有学生有机会达到绩效标准。概括来讲，义务教育充足指的是政府基于设定的短期和长期教育成就目标，而提供相应水平的资源，以便使所有学生达到绩效标准的状态。它是"教育成就标准 + 财政资源配置 + 绩效达标"的结合体。

1.2.2　财政资源配置

资源配置是一个经济学概念，资源稀缺性和人类需求无限性之间的矛盾决定了要按照一定的方式把有限的资源合理分配到不同领域，实现以最少的资源消耗尽可能多地满足人类的需求。"资源配置"经常与"资源分配"混淆使用，二者之间具有紧密的联系，但并不是可以等同的概念。配置一词最早被使用在军事领域，具有配备布置之意，作战时，根据任务、敌情、地形，将兵力、兵器布置在适当的位置，完成战斗准备，以最小的代价获得战斗的胜利。经济学中的配置是指既定的资源被用于生产与最终消费的状况，目的是实现消费者效用之和最大化，即帕累托最优。可见，配置具有目标性、战略性、决策性和分配性。而分配是静态和固定不变的，遵循供给原则将资源提供至不同的领域，即根据供给决定分配的数量和种类（王伟清，2010）。我国计划经济时期，资源主要是以国家分配的方式进入不同的领域，无法有效地动态反映民众的需求。与此同时，资源配置都要以分配的方式实现，配置经过对需求和目标的分析进行决策后，需要按照决策结果对资源进行分配。

所有权归属是对资源配置分析的重要前提。私人资源的所有权归属明确，个人（或企业）可以排他且竞争地根据自身需求配置资源，以实现自我效用（或企业利润）最大化，配置效率较高。与此不同的是，公共资源的所有权归属并不明确，公共资源使用不具有排他性和（或）竞争性，且外溢性强，容易造成"搭便车"和"公地悲剧"等现象，资源配置主体与受益者匹配程度低，配置主体缺乏最优配置资源的动力，配置效率低下。财政资源属于公共资源，具有稀缺性、公共性、使用无偿性等特征（段国旭，2006）。从财政的内涵上看，财政是政府的收支活动，财政资源也一般被认为是财政收入和支出的货币资源（孙亦军，2000；郭庆旺、赵志耘，2003）。从财政的外延上看，财政关注的是政府收支活动对资源配置、收入分配和经济稳定的影响，这一过程是通过财政收支活动来实现的，也包括财政人员、政策和制度等潜在要素的引导作用。本书全范围地将财政资源定义为：政府为发挥资源配置、收入分配和经济稳定三大财政职能，通过税收、国有资产收入、社会保障收入等渠道筹集到的资金，以及与之相关的人员、政策、制度等智力资源的要素组合。

公共性特征决定了财政资源需要通过配置过程调和稀缺资源与无限需求之间的矛盾，提高资源的使用效率。本书研究的财政资源配置是为了保证义务教育充足的实现，按照一定的标准明确资源配置主体、内容、方式、规模、结构，将财政资金提供到不同的领域，调整不同领域的财政人员、政策和制度。义务教育的公共产品性质要求财政资源配置不仅要体现效率性，更要实现公共性。在一定的范围内，效率性的实现是为了更好地实现公共性，即有效地满足社会公共需要，增加社会福利。公共性的实现要依据法律配置预算资金（如教育经费"三个增长"的法律要求），并做到公开透明，接受公众的监督。效率性的实现要求精细化、科学化、合理化地配置预算资金。公共性和效率性的实现共同地指向了教育绩效结果。义务教育充足的财政资源配置结构图如图 1 - 1 所示。

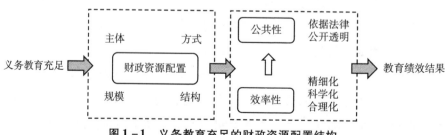

图 1 - 1 义务教育充足的财政资源配置结构

本书将义务教育充足的财政资源配置定义为：为实现义务教育充足，选择一定的主体和方式，有效地组织和分配财政资源的规模和结构，资金使用在满足公共性和效率性的同时，保证教育绩效结果的过程。

1.3　研究目的和意义

1.3.1　研究目的

本书试图解决"如何优化配置财政资源以实现义务教育充足"的问题。实现该目标包括四个子目标：

（1）构建义务教育充足的财政资源配置理论框架。

（2）确认义务教育充足标准体系，数值化衡量我国不同地区义务教育的充足程度。

（3）分析财政资源配置是否以及如何影响义务教育充足的实现。

（4）为优化义务教育充足的财政资源配置提供政策建议。

这四个子目标是相互依存的关系，子目标（1）是研究的理论基础，子目标（2）是确认资源配置的义务教育充足标准，子目标（3）和子目标（4）是识别财政资源配置存在的问题，并探索解决之道。本研究希望在实现上述研究目的后，能够为义务教育充足的财政资源配置提供较为科学的依据和规范流程，以及制度完善的建议，为"努力让每个孩子都能享有公平且有质量的教育"政策落到实处，为保障义务教育充足发展做出的一份贡献。

1.3.2　研究意义

教育财政资源配置的研究汗牛充栋，但基于义务教育充足视角的研究并不多。本研究不仅能丰富教育财政资源配置研究的理论内涵，而且有助于解决我国义务教育充足发展的现实问题。

理论上，教育充足不仅注重教育结果和质量，更强调实现教育充足结果对财政体制、拨款方式、学校运行改革的选择，是一个系统性的分析切入点。基于义务教育充足研究财政资源配置，能够拓展现有研究的理论视野。另外，本研究试图综合财政理论、公共管理理论、教育理论，构建义务教育充足的财政资源配置理论分析框架。综合的理论视角能够鸟瞰教育财政资源配置的全过程，将各方配置主体的利益诉求、行为过程和价值取向联系起来。这有利于对教育财政资源配置目标、过程和结果进行全局的分析，避免出现"不识庐山真面目"、有碍财政系统性的狭隘结论。

实践上，基于教育充足分析财政资源如何配置，能提供清晰的目标导向，暴露传统教育机会公平视角分析中掩盖的财政资源配置主体责任不明确、规模总量不足、结构不合理、结果不透明等一系列问题，并在系统性的分析框架下，为财政资源配置提供系统、具体、可行的配置标准和信息。这对解决我国义务教育发展面临的困境具有现实指导价值。本书试图确认义务教育充足标准体系、实证我国教育财政资源配置存在的问题及影响因素，不仅有利于对我国义务教育的发展情况做出判断、完善决策依据和流程规范，而且能够反向地为义务教育获得充足发展的财政资源提供理论参考。

1.4　研究思路和方法

1.4.1　研究思路

本书将围绕着"理清义务教育充足标准—实证财政资源配置对义务教育充足的影响—优化财政资源配置"的思路展开研究，包括 7 章内容，研究技术路线如图 1-2 所示。

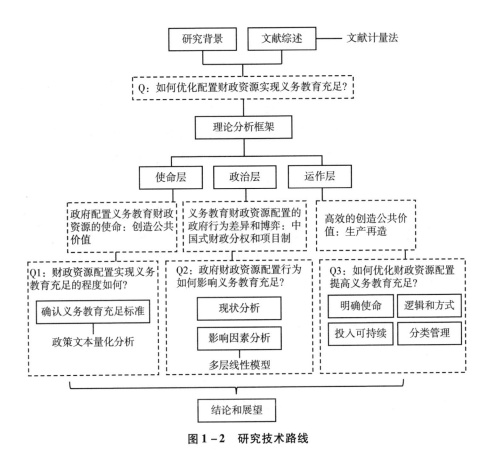

图 1 - 2　研究技术路线

资料来源：作者绘制。

　　第 1 章"导论"和第 2 章"文献综述"为研究的基础部分。第 1 章"导论"对研究背景、核心概念、研究内容和方法、研究的创新之处进行概要的说明。第 2 章"文献综述"对国内外教育充足和教育财政资源配置的已有研究成果进行了梳理和述评。

　　第 3 章"义务教育充足的财政资源配置理论框架：使命—政治—运作"为理论分析部分，从使命—政治—运作三个层次为后文的分析提供理论指导。使命层理论分析为政府基于义务教育充足的财政资源配置价值取向提供依据，也为义务教育充足的内涵和衡量提供一个分析视角。政治层理论分析，为各级政府的行为差异及其对实现义务教育充足的影响提供一个分析框架。运作层理论分析具体到财政资源配置方式的优化，从生产再造和组织方式理解充足的教育如何实现。

第 4~6 章为研究的主体部分。第 4 章基于政府使命，利用政策文本量化分析，确认了"愿景—目标—规划"三层次义务教育充足标准体系，对我国各省份的义务教育充足情况进行了分析。第 5 章基于政府行为，根据我国教育财政资源配置的背景情况，提出财政资源配置影响义务教育充足的假设，并运用多层线性模型进行验证。第 6 章在前文明确义务教育充足标准、实证财政资源配置影响义务教育充足的因素和路径所得结果的基础上，从明确使命、财政投入可持续、调整和完善财政资源配置的逻辑和方式、分类管理等角度，提出优化财政资源配置的政策建议。

第 7 章为研究的总结部分。基于前文的分析结果，提炼出主要的研究结论，阐述进一步研究的方向。

1.4.2 研究方法

本书将规范分析和实证分析相结合，尝试回答义务教育充足的财政资源配置"应该是什么样"以及目前所处的状态"是什么样"，为缩小二者的差异提供参考性方向。

书中所采用的一般研究方法包括：①文献计量法，展现文献的数量变化和文献之间的关系；②比较研究法，对比分析我国与其他国家或地区教育充足标准和财政资源配置情况的差异；③案例法，以河南省 R 县为例，计算义务教育欠充足地区所需增加的财政投入，在各类研究中应用比较广泛，在此不再赘述。

本书在第 4 章梳理中央政策对义务教育的引导和承诺是采用了文本量化分析方法，在第 5 章分析财政资源配置对义务教育充足的影响是采用了多层线性模型。以下介绍这两种方法的原理和运用。

1.4.2.1 文本量化分析法

社会科学研究中不乏对文本的分析。文本是信息的一种表现方式，可以表达人的意图、情感和立场，因此文本的价值体现在其对信息的承载。

文本分析的作用在于对无结构的文本字符串中包含的词语法、语义进行提取，挖掘出文字背后存在的事实、观点和价值，甚至推断出文本生成者的意图和目的（窦志成，2015）。

随着互联网的普及，信息的交换变得更加便捷，文本生产和迭代的速度加快，有价值的信息占比越来越低。人工提取大量文本信息的方式越来越难以操作。计算机技术和自然语言处理技术的发展促进了文本量化分析法（quantitative text analysis，QTA）的普遍运用。该方法利用计算机算法，从海量非结构化数据中发现特定的模式和规律，把非结构化的、高维的、海量的数据，转化为结构化的、可被理解的社会知识（孟天广，2018），为系统地处理大量文本数据提供了便利性。

本书量化分析的前提是，将文本信息转化为计算机可识别的数据信息。该过程被称为数据矩阵的结构化，主要包括独热法和词嵌入两种方法。独热法是文本分析的主流方法，最早被应用于自然语言处理和信息检索领域。运用独热法分析文本时，实质上是将语料用一个 n 维向量来表示，当语料满足向量维度的要求时，则做相应的赋值，赋值后的向量结果可以量化文本特征。例如，马涅拉和莫雷拉（Manela & Moreira，2017）使用独热法，根据华尔街日报新闻标题和摘要中词语出现的频率来提取新闻数据的特征。词嵌入法是通过词嵌入模型构建语料的特征工程，语料信息在词嵌入模型转化下形成向量数据。当文本被转化为数据信息后，计算机可以对文本数据的特征进行提炼和反馈。

本书将运用文本量化分析法对中央层面有关义务教育的政策文本进行分析，基于 R 程序的运算，用独热法将政策文本转化为数值，通过词频的数量特征和变化趋势反映政府对义务教育发展的意志和变化逻辑，并为后文确认义务教育充足指标提供分析依据。

1.4.2.2　多层线性模型

心理学和社会科学研究中普遍存在多层嵌套结构的数据问题，例如教育研究中学生嵌套于班级，班级嵌套于学校。学生成绩的差异既与学生自身有关，也受学生所在班级或者学校的影响。传统的单方程线性模型仅能捕捉单层结构（如班级）对被解释变量（如学生成绩）差异的影响，忽略了组间差异（学校差异）的影响，从而导致回归结果犯了统计意义上的第一类错误①。英国伦敦大学的哈维·戈尔茨坦教授（Professor Harvey Goldstein）和美国密歇根大学的斯蒂芬·劳登布什教授（Professor Stephen W. Raudenbush）为多层嵌套结构的数据分析提供了更为有效的分析方法，即多层线性模型（hierarchical linear modeling，HLM）。

多层线性模型的基本逻辑是，当数据反映多层信息时，运用组内分析组间分析（within analysis between analysis，WABA）对相同的数据进行三次计算：一是在组内的个体层上进行分析，称为组内效应（within-group effect）；二是通过平均或整合第一层的个体数据，得到第二层的组间数据，称为组间效应（between-group effect）；三是忽视组的特征，对所有数据进行概括总结，称为总体效应（total-effect）。目前，多层线性模型被广泛地运用于教育研究中，例如，学校资源投入与学生成绩产出的关系（薛海平、王蓉，2010；郑琦、杨钋，2018）；院校特征和毕业生的性别、专业等特征对应届大学生就业起薪的影响（杨素红、杨钋，2014）；高校特征和高校所在的省域特征对高等教育资源配置差异的影响（鲍威、刘艳辉，2011）。

本书将构建县和省的两层线性模型，分析省级和县级财政资源配置差异对义务教育充足的影响，并进一步通过学校和省的两层线性模型，分析教育转移支付影响学校间财政资源配置和学校支出结构的路径。

1.5 研究的创新之处

财政资源配置是实现义务教育充足的重要问题，该问题与我国教育发展需要息息相关。但是，目前教育充足视角下的财政资源配置研究并不多。与已有的研究相比，本书的创新之处主要有：

（1）明确了义务教育充足标准体系。以中央政府的义务教育政策文本

---

① 第一类错误是指拒绝了实际上正确的假设，为"弃真"的错误。如当单层模型的结果既包含县域特征影响，也包含省域特征影响，会放大自变量和因变量之间的关系，更容易拒绝原假设。

为基础，梳理出明确、可量化的义务教育充足标准体系，为政府配置财政资源实现义务教育充足使命提供参考。

（2）分析了义务教育财政资源配置非充足逻辑，实证了教育财政转移支付配置工具如何影响义务教育充足实现路径的现状与问题，为调整义务教育财政资源配置逻辑和完善配置方式提供依据。

（3）基于样本区县探讨了义务教育财政充足区县参考标准，测算了不充足区县所需财政资源缺口，为在义务教育充足方面处于不同阶段的区县进行分类管理提供决策参考。

第 2 章

文 献 综 述

"教育充足的财政资源配置"专题研究并不多。从关键词看，与之直接相关的研究包括"教育充足"和"财政资源配置"两部分。本章分别以"教育充足"和"教育财政资源配置"为主题词，搜索了国内外的相关文献，并选择了与本研究相关度较高的文献进行了梳理。在文献梳理过程中，为保障文献分析的客观性和全面性，研究采用了文献计量的方法，通过文献数量变化、关键词共现关系和文献互引关系展现已有研究的状态、布局、变化，再选择高质量的文献进行分析。本章最后会对两部分的研究文献进行述评。

2.1 教育充足相关研究

在数据库 Web of science core collection 中，以主题词"educational adequacy"（教育充足）搜索 1985~2018 年的相关文献，剔除其中相关性较差的文献后，最终得到 1992~2018 年的 325 篇文献。如图 2-1 所示的文献数量变化，教育充足研究起源于 20 世纪 90 年代，1990 年后逐年有零星的几篇研究成果，21 世纪初的文献数量开始呈现增长的趋势，2010 年后文献数量激增数 10 篇。21 世纪初研究数量增多，一方面源于 2002 年美国《不让一个孩子掉队》法案的颁布，引起了美国教育问责研究的兴起；另一方面与实证研究方法的发展、教育数据的可获得性、教育政策研究的外溢性不无关系。分析研究的主题和内容，教育充足研究主要集中于充足内涵的辨析、充足成本的测量和应用、基于教育充足的财政改革三个部分。由于教育财政充足的研究兴起于美国,所以其研究成果也主要来自美国。为了体现我国教育充足研究的进展,本书也将对中国的相关研究进行梳理,对比国内外研究的差异。

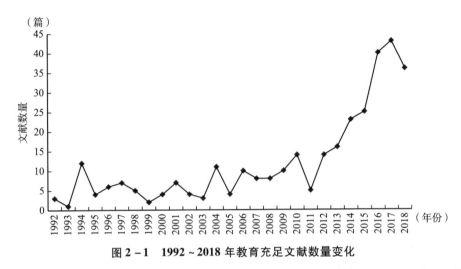

图 2 - 1   1992 ~ 2018 年教育充足文献数量变化

资料来源:在外文数据库 Web of science core collection 中,以主题词 "educational adequacy" (教育充足) 检索所得。

2.1.1   公平、效率和充足的内涵辨析

公平和效率是评价资源配置的传统标准,效率是投入和产出的比值,即单位投入的产出或单位产出的投入,一般认为效率和公平是"鱼与熊掌"的关系,很难达到统一。20 世纪 80 年代末,以美国肯塔基州罗斯案对实现教育充足的判决为开端,教育公平和效率有机地结合起来,走向了充足。三者之间既有不可分割的联系,也有明显的区别。有学者认为,充足是公平的进一步发展,是同时提高公平和效率的实现路径;也有学者指出,公平是教育资源、过程、结果在学生中分配差异的相对概念,而充足是解决需要多少经费和资源、什么质量的教育成果能够满足州法律规定标准的绝对概念。

2.1.1.1 充足与纵向公平

伯尔尼和斯蒂费尔（Berne & Stiefel, 1984）将教育公平经典地划分为横向公平（horizontal equity）、纵向公平（vertical equity）和财政中立（fiscal neutrality）。安德伍德（Underwood, 1994）将充足类比为垂直公平，因为就每个孩子需要不同的教育资源才能达到目标成果而言，充足和垂直公平都要根据孩子的不同需求提供不同的教育。安德伍德基于垂直公平的充足分析框架虽然关注了每个孩子不同的教育需求，却忽略了同伴对教育产出和教育成本的影响，忽略了劳动力市场对教师吸引力和规模经济的不同对满足学生教育需求的影响。

科斯基和赖希（Koski & Reich, 2006）的分析框架体现了纵向公平实现的充足性条件。他们认为，教育成果的质量是相对的，因为教育是一个"位置竞争物品"。在教育的等级体系中，一部分人占据了教育等级中的位置，另一部分人即失去这个位置，也就是"零和博弈"的过程。因此，政策制定最低标准之上的教育成果的差异程度非常重要。一个仅仅提供最低充足标准的教育系统在提供更高教育或工作机会上是非常有限的，这样的教育财政系统也是不合格的。贝克和托马斯（Baker & Thomas, 2006）也认为所有学生达到最低的教育标准的前提是社会中存在过量的高于最低标准的教育机会（opportunity surplus）。

贝克和格林（Baker & Green, 2015）根据教育资源配置体系的特征，将其划分为4个层次，分别为横向公平和财政中立（horizontal equity & fiscal neutrality）、完全的纵向公平（pure vertical equity）、纵向公平的充足（vertical equity as adequacy）、充足（adequacy），如表2-1所示。其中，层次3是美国当代教育体系所处的最普遍的状态，不充足和不充足分布不均等同时存在，关注为更不可能达到充足教育成果的孩子提供足够的格外资源，以提升其教育机会。层次4是完全的充足标准，与纵向公平和横向公平完全不挂钩，在这一层次，学区、学校、学生的教育投入和产出分布是完全不相关的。

表 2 - 1   教育体系的层次分类

层次	内涵	中心问题
1	横向公平和财政中立	资源的不同是否与教育需求不相关？
2	完全的纵向公平（结果公平）	以结果公平作为标准，教育资源是否足够满足学生不同的教育需求？
3	纵向公平的充足（平等和/或充足的机会达到最低的产出）	是否不同类别的学生有足够的资源支持他们具有公平的机会达到结果的最低标准？
4	充足	支出的总资金是否足够孩子达到最低的教育结果标准？

资料来源：Baker B D, Green P C. Conception of equity and adequacy in school finance//. Ladd, Helen F, Margaret E. Goertz, eds. Handbook of research in education finance and policy：second edition［M］. New York：Routledge, 2015：239.

2.1.1.2 公平和效率博弈下的充足

古思里和黄（Guthrie & Wong, 2015）认为，教育财政研究是公平、效率、自由的三角博弈，效率与自由是可以相互融合的，但是公平与效率或自由的统一往往难以实现。例如，对天资较高的学生的财政投入会获得更有效率的产出，但却不能保证公平。贝克（2016）认为，同时提升公平和自由的唯一路径是可供自由选择的方案本质上是平等的、符合共同的社会标准，但这样一来，公众也因为选择方案的同质性而失去了选择的动力。

公平和效率的决策是公共教育财政政策的制定和执行过程中关注的重点。政府在提供公共服务时，既希望保证一致性，提高社会的凝聚力和稳定性，也因为资源的有限性需要提高效率，用更少的钱办更多的事。本大卫·哈达尔（BenDavid - Hadar, 2018）认为，在全球化背景下，教育财政公平和效率越发重要。一方面，国家需要通过教育提升劳动生产率推动国家经济发展，使国家在全球竞争中更具竞争性；另一方面，全球化使各国的人口结果复杂化，需要通过教育提高社会对共同价值观认同的一致性[①]。他进一步指出，充足，即分配资源达到所设定的最低标准，是同时提高一

---

① 美国"9·11"事件是社会一致性欠缺导致灾难的典型案例。

致性和竞争性的重要方案。

我国学者黄斌和钟宇平（2008）基于麦克马洪（McMahon）对公平和效率的分析模型，论证了充足对推动效率和公平共同增进的实现路径。麦克马洪（1982）认为，教育财政的公平和效率并不是此消彼长的关系，在教育资源配置不公平和不效率共存时，社会可以通过提高效率增加社会总福利水平，通过更有效率的分配降低教育的不公平。黄斌和钟宇平在麦克马洪论证的基础上认为，政策制定最低充足标准是改变社会总福利无差异曲线斜率的途径，将效率而不公平的分配点移至效率且公平的分配点，即为最低充足标准实现的路径。该分析框架从理论上说明了充足共同推进公平和效率的可能性。

2.1.2 教育充足成本测算的方法和应用

教育政策的制定者和实践者更加关心需要投入多少钱（how much）才足够实现既定的教育成果。这本质上是基于教育生产函数描述教育投入和产出之间的关系，再将投入要素货币化，计算教育资源投入的成本。但是教育生产过程的复杂性导致教育投入和产出（成果）之间的关系至今仍是一个"黑箱"，这为教育充足的成本测算带来一定的困难。目前，测算充足成本的研究主要形成了成功学区法、专家判断法、循证法、成本函数法四类方法。这些方法都发展于 20 多年前美国州政府基于充足性进行教育财政改革，对各州财政拨款数量和方式提出的新要求——将财政投入与教育成果相匹配。因此大量的成本测算研究受到政府部门的资助，以报告形式呈现，具有很强的实践指导性。尽管不同的方法测算教育充足成本的目标、过程和结果各有不同，但邓科姆（Duncombe，2002）认为，这些研究至少具有两个共性：第一，至少确定一个学区达到州级的学生成就标准需要的生均支出水平，作为基准数额；第二，根据不同学区成本的差异，参照基准数额确定其他学区达到充足性的生均支出水平。

2.1.2.1 运用成功学区法的实证研究

20 世纪 90 年代以前，教育充足通常用前一年各学区生均支出的平均

值或中位值来判定所需的成本。90 年代后，随着美国教育财政充足改革的
推进，各州开始关注教育成果标准和教育评估，成功学区法（successful-
district approach）应运而生。立法机构（legislature）和教育政策的制定者
对成功学区法青睐有加，因为他们更关注教育财政投入与教育成果实现的
关系。1993 年后，在各州的立法机构、教育部或教育委员会等政府部门资
助下，奥格布里克（Augenblick）等、库珀和赖布兰德（Coopers & Ly-
brand）、费尔曼尼希（Fermanich）等运用成功学区法，至少在 11 个州对教
育充足所需的财政投入进行了计算，其所针对的地区、研究者、研究时间、
研究结果、研究资助机构的情况如表 2－2 所示。

表 2－2　　　　　　　　成功学区法在美国各地区研究应用一览表

地区	研究者	研究时间	估计的基本生均充足成本（美元）	资助机构
密西西比州	Augenblick & Myers, Inc.	1993 年	2614	州教育部
伊利诺伊州	Coopers & Lybrand	1996 年	4225	州教育委员会
俄亥俄州	Augenblick & Myers, Inc.	1997 年	4269	州教育部
新阿姆斯特丹	Augenblick & Myers, Inc.	1998 年	小学：4681 中学：4681	立法机构
路易斯安那	Augenblick & Myers, Inc.	2001 年	4234	州教育委员会
伊利诺伊州	Augenblick & Myers, Inc.	2001 年	4600	教育拨款咨询委员会
堪萨斯州	Augenblick & Myers, Inc.	2001 年	4547	立法机构
马里兰州	Augenblick & Myers, Inc.	2001 年	5969	Thornton 委员会
科罗拉多州	Augenblick & Myers, Inc.	2003 年	4768～4845	州学校财政项目
密苏里州	Augenblick & Myers, Inc.	2003 年	5664	州教育充足联盟
华盛顿州	Fermanich et. al	2006 年	5600	华盛顿学习 K－12 咨询委员会

资料来源：作者整理。

成功学区法的运用是将已经达到教育成果标准的学区作为基准学区，

将基准学区生均支出水平的平均值（包括算术平均值、中位数等）作为基准学区的充足生均支出，最后根据其他学区的规模、学生数量和特征以及工资水平，调整非基准学区实现充足性需要的生均经费。因此，各州学区特征和学生特征的不同，以及各研究对教育成果标准的设定不同会带来研究结果的差异。表 2 - 2 所列的 11 项研究所得到的基本充足成本最高为 5969 美元，最低为 2614 美元，二者相差 2 倍多。伊利诺伊州的两项不同研究的充足成本也相差 375 美元。

汉纳谢克（Hanushek，2006）对成功学区法的运用提出了质疑。他认为，成功学区法不具有说服力，因为成功达到教育成果标准的学区或学校可能并不具有典型性，其富裕程度、学生特征或其他不可观测的因素可能是促使该学区达到了充足的重要因素，如成功学区为学校征收额外的税收，对学校的财政投入更大。因此，成功学区法研究结果的应用需要注意，充足成本往往是非大都市区的平均水平，且人口特征较为一致，不适用于大城市和小乡村学区的充足成本测算。针对伊利诺伊州、俄亥俄州和新阿姆斯特丹充足成本测算的一些研究中运用调整的成功学区法（modified successful school/district），该方法主要调整的方式为运用学校（或学区）如何使用资源的数据，识别并删除成功学校（或学区）样本中的异常学校或学区，或探索资源分配的模式，识别高产出的一般性学校（或学区）作为基准学区。

2.1.2.2　运用专家判断法的实证研究

钱伯斯和帕里什（Chambers & Parrish）在 20 世纪 80 年代为伊利诺伊州和阿拉斯加州建立了一个满足不同类别学生需求的教育服务系统，该研究为专家判断法（professional judgement approach）奠定了基础（Chambers & Parrish，1982；Chambers，1984）。该研究主要是基于资源成本模型（resource cost model，RCM），识别和（或）测量教育项目所需要的资源，包括人员、空间、时间和材料，估计资源的价格，考虑不同学区、学校的价格差异，最后将所有的成本加总，得出总成本。资源成本模型在 20 世纪 90 年代美国的教育财政改革过程中衍生出专家判断法和循证法。专家判断法是通过专家小组确定达到充足教育成果所需要的教育资源投入。

钱伯斯和帕里什（1994）的研究建立了专家判断法的一般程序，唐斯和斯蒂费尔（Downes & Stiefel, 2015）将专家判断法应用步骤归纳为：①组建专家组，让专家充分讨论教育标准；②建立一个典型学区（prototypical district），明确学校的入学规模、贫困学生的比例、英语学习者的比例、需要特殊教育项目的学生比例等学校或学区特征；③根据专家组的经验确定典型学区实现教育成果标准所需的资源以及资源的组合实现最优配置；④使用投入价格和成本指数调整其他学区所需的经费支出。

专家判断法基于教育成果确定教育项目和教育资源，简化了教育成本投入与成果之间的复杂关系。基于法院诉讼推动的教育财政改革倾向于使用专家判断法测量实现教育充足所需的成本，因为法院更加关注教育资源是如何分配的（Taylor & Baker, 2005）。自 20 世纪 90 年代后期，美国至少有 16 个州通过专家判断法为州财政拨款提供建议，具体见表 2 - 3。由于专家判断法对教育项目的选择是根据专家的经验判断的，专家的偏好会导致充足成本的差异较大。表 2 - 3 中充足成本的研究结果从 5022 美元至 16890 美元不等。奥格布里克和迈尔斯（Augenblick & Myers, 2003）列出了内布拉斯加州、堪萨斯州、马里兰州和蒙大拿州的不同专家组对学区人员投入的建议，发现尽管学区的基本特征比较相似，但是不同专家组对助教、图书管理人员、专业教职人员的数量建议差异非常大。汉纳谢克（2006）嘲讽地将专家判断法称为"教育者们的愿望清单（educators' wish list）"。21 世纪初，美国研究院（American Institutes for Research）组织的几项研究（Chambers et al., 2004, 2006, 2008, 2018）中运用了强化版的专家判断法，以增加教育成本与教育成果之间的相关性。强化版的专家判断法的强化之处为：①专家小组更加关注学生的教育成果；②基于学校层面设计指导性项目，再明确需要的具体资源；③提供一个整合的方式满足所有学生的需求。

表 2 - 3 专家判断法在美国各地区研究应用一览表

地区	研究者	研究时间	估计的基本生均充足成本（美元）	资助机构
怀俄明州	Management, Analysis & Planning, Inc.	1997 年	小学：6604 初中：6403 高中：6781	立法机构
伊利诺伊州	内部报告	1998 年	K - 3：6604 4 - 6：5022 初中：5132 高中：5393	州教育委员会
俄勒冈州	内部报告	1997 年/ 2000 年	5762	立法机构
北卡罗来纳州	Augenblick & Myers, Inc.	2000 年	6189	学校委员会协会
堪萨斯州	Augenblick & Myers, Inc.	2001 年	5811	立法机构
马里兰州	MAP	2001 年	7461 ~ 9313	州教育联盟
马里兰州	Augenblick & Myers, Inc.	2001 年	6612	Thornton 委员会
内布拉斯加州	Augenblick & Myers, Inc.	2002 年	5845	特殊兴趣联盟
印第安纳州	Augenblick & Myers, Inc.	2002 年	7094 ~ 7365	州教师协会
蒙大拿州	Augenblick & Myers, Inc.	2002 年	7681 ~ 9954	特殊兴趣联盟
威斯康星州	威斯康星未来组织	2002 年	8500	威斯康星未来组织
科罗拉多州	Augenblick & Myers, Inc.	2003 年	6815	州学校财政项目
密苏里州	Augenblick & Myers, Inc.	2003 年	7832	州教育充足联盟
北达科他州	Augenblick, Palaich & Associate	2003 年	6005	立法机构
纽约州	Chambers et. al	2004 年	总量为 379.2 亿 ~ 401.1 亿	美国研究院
加利福尼亚州	Chambers, Levin & Delancey	2006 年	总量为 694.3 亿 ~ 773 亿	美国研究院
新墨西哥州	Chambers et. al	2008 年	8144	美国研究院
加利福尼亚州	Levin et. al	2018 年	16890	美国研究院

资料来源：作者整理。

2.1.2.3　运用循证法的实证研究

循证法（evidence-based approach）也属于资源成本模型拓展的一种，由奥登和皮卡斯（Odden & Picus）在学校整体设计方法（whole – school design approach）的基础上发展而来。循证法与专家判断法的运用过程十分相似，二者主要区别是循证法对实现教育充足资源需求的确定来源于被证明有效的学校改革模型或研究结果。1998 年，奥登首次运用循证法核算新泽西州教育充足成本时，运用罗伯特·斯莱文（Robert Slavin）的"成就每个学生（roots and wings/success for all）"[①] 全面学校改革模型（comprehensive school reform model）确定实现充足所需要的教育资源（Odden & Picus，2003）。目前，循证法所依据的证据不仅依赖于单个模型，而是包括：①随机实验的研究，如田纳西州班级规模的随机实验；②能够通过控制变量剥离其他因素影响的研究；③从全面的学校设计或提高学生成绩学校的研究中，总结出的最佳实践（Brewer & Picus，2014）。

奥登和皮卡斯（2008）基于研究证据建立了小学学校规模为 400 人、初中学校规模为 450 人和高中学校规模 600 人的"典型学校"，分别举出了一个典型的小学、初中、高中学校应具备所有要素和项目。奥登、皮卡斯和戈茨（Odden、Picus & Goetz，2009）基于典型学校的规模、要素和项目，不再测量单个州的充足成本，而是测算了全美 50 个州和华盛顿特区的充足成本。曼甘、普林顿和阿波特拉（Mangan、Purinton & Aportela，2011）对伊利诺伊州充足成本的测算并非使用传统的循证方法，而是基于威斯康星州的研究结果，模拟出伊利诺伊州实现充足所需要的成本。

1998 年至今，美国至少有新泽西、肯塔基、阿堪萨斯、怀俄明、华盛顿和威斯康星等 6 个州的法院或政府部门要求通过循证法为教育财政充足改革提供建议，具体的研究如表 2 – 4 所示。汉纳谢克（2006）对循证法的评价为"咨询者的选择（consultant's choice）"。基于奥登等用循证法对华盛顿州教育充足成本的研究结果，汉纳谢克批判性地指出奥登等人的研

---

① 新泽西州 Abbott 案判决要求实行的全面学校改革。Abbott by Abbott v. Burke，153 N. J. 480，710 A. 2d 450（1998）.

究存在如下五个问题：

（1）他们的研究证据是根据预想的结果而挑选的，其研究的质量不足以作为政策决策的基础；

（2）对学生成绩结果的总结是不可信的；

（3）提出的建议和对政策的选择一定会导致学校支出和运行的严重无效性；

（4）如果采纳研究的建议配置学校经费，奥登等基于经费所建立的项目可能与学区的行动无关；

（5）建立的经费结构基本不会改变学校的激励措施，学校没有动力有效使用经费提高学生成绩。

表 2-4　　　　　　　　循证法在美国各地区研究应用一览表

地区	研究者	研究时间	估计的基本生均充足成本（美元）	资助机构
新泽西州	Odden	1998 年	8864	立法机构
肯塔基州	Picus & Associates	2003 年	6130~8303	州教育委员会
阿堪萨斯州	Odden, Picus & Fermanich	2003 年	5400	教育充足联合委员会
怀俄明州	Odden et al.	2005 年	——	立法机构
华盛顿州	Odden et al.	2006 年	7800	华盛顿学习 K-12 咨询委员会
威斯康星州	Odden et al.	2007 年	9820	州学校财政充足计划
50 个州	Odden, Picus & Goetz	2009 年	9641	——
伊利诺伊州	Mangan, Purinton & Aportela	2011 年	12572	——

资料来源：作者整理。

2.1.2.4　运用成本函数法的实证研究

基于成本函数法（cost function approach）为教育财政充足拨款没有在美国任何一个州被实际运用过。立法机构和行政机关对此类研究的赞助很少，因为成本函数法的模型和分析过程过于复杂和专业，不能让政策的制定者和实践者简单明了地理解学区和学校需要多少教育资源，以及资源如何分配。汉纳谢克更是将成本函数法视为一种技术员的直觉（technical sense）。

现有的相关研究基本上是学术层面的探讨，由于教育生产的过程"黑箱"仍未被解开，教育成本函数的形式、变量选择、研究过程也仍不明晰。

邓科姆、鲁杰罗和英格尔（Duncombe、Ruggiero & Yinger，1996）通过教育生产函数建立了教育成本函数。他们指出，教育生产函数可以表达为：

$$S_{it} = \alpha I_{it} + \beta X_{it} + \delta S_{it-1} + e_i + \mu_{it}$$

式中，S 为学校产出，I 为学校投入，X 为外界环境特征，S_{it-1} 是前一期的学校产出，e 是不随时间变化的未知变量，u 是随机扰动项。下标 i 和 t 代表学校和时间。

学校支出 E 可以表达为学校产出和单位产出成本的乘积：

$$E_{jt} = S_{jt}^* \times AC_{jt}$$

那么，生均教育成本 E 即为教育产出 S、资源投入价格 P、外界环境特征 X 以及扰动项的函数：

$$E_{jt} = h(S_{jt}^*,\ P_{jt},\ X_{jt},\ \varepsilon_j,\ v_{jt})$$

他们进一步认为学校产出 S 是内生的，因为学区对于支出和服务质量的决策是同时进行的。另外，各学区的效率也是影响生均成本的重要因素，效率也是内生的。

为纽约州的 631 个学区估计成本函数时，邓科姆、鲁杰罗和英格尔（1996）将成本函数表达为柯布道格拉斯模型，用标准考试成绩、辍学率和毕业率作为产出指标，基于中位投票理论，将中位收入和税收、学区的经济水平、成年人的受教育程度等作为产出的工具变量；用 DEA 的方法计算各学区的效率指标，用郡县人口数量和是否为城市学区的虚拟变量作为效率的工具变量，解决学校产出和效率的内生性问题。

雷肖夫斯基和今关（日语姓）（Reschovsky & Imazeki，1999）认为，确定必须花费多少钱才能实现任何给定的输出目标（即教育成果目标）的标准方法是估计一个成本函数。他们对威斯康星、得克萨斯、伊利诺伊等州的充足成本进行估计时，并没有突破邓科姆、鲁杰罗和英格尔对成本函数的设定，将生均教育成本的对数用学生成绩和滞后一期的学生成绩（学校产出）、教师工资、学生特征、家庭和邻里特征以及其他扰动项等变量的线性式表达，并额外解决了教师工资内生性的问题（Reschovsky & Imazeki，1999，2000）。由于考虑效率问题比较复杂，雷肖夫斯基和今关的一系列研究没有考虑效率的问题。

成本函数估计的结果是平均学区特征下的平均生均成本，不同特征的学区要根据成本指数进行调整。成本函数法估计的成本指数差异较大一直被研究者诟病。雷肖夫斯基和今关（1999）对得克萨斯州估计的成本指数范围是21.4% ~ 400.5%，即最低成本的学区用平均成本的1/5实现了平均学生成就，最高成本的学区能够花费比平均成本高4倍的成本实现平均教育成果。10% ~ 90%的学区计算成本指数范围，支出差距将降低68%。另外，成本指数差异较大也可能受效率的影响，邓科姆、鲁杰罗和英格尔（1996）等考虑了效率的因素，成本指数范围从70.70% ~ 356.11%降低至83.83% ~ 191.84%。相关的研究结果如表2 - 5所示。

表2 -5　　　　　　　成本函数法在美国各地区研究应用一览表

地区	研究者	研究时间	估计的平均生均充足成本（美元）	成本指数范围
纽约州	Duncombe, Ruggiero & Yinger	1996 年	—	70.70% ~ 356.11%
威斯康星州	Reschovsky & Imazeki	1999 年	6372	49% ~ 460%
得克萨斯州	Reschovsky & Imazeki	1999 年	5610	21.4% ~ 400.5%
伊利诺伊州	Reschovsky & Imazeki	2000 年		
纽约州	Duncombe & Lukemeyer	2000 年	9532	—
得克萨斯州	Gronberg et al.	2004 年	6172 ~ 6271	80% ~ 223%

资料来源：作者整理。

2.1.2.5　充足成本测算方法的比较和有效性分析

贝克和泰勒（Baker & Taylor，2005）认为，如果充足成本测算方法是有效的，那么不同方法得出的结果应该趋于一致。他们对比相同样本、不同方法的研究结果后发现，不同方法得出的结果相差较大，成功学区法的研究结果普遍低于专家判断法，成本函数法估算的充足成本也相对较高。

贝克（2006）进一步建立了成本分析的评估框架，将成本分为基本成本和边际成本，分析研究结果的可靠性和有效性，如表 2 - 6 所示。按照该评估框架，贝克发现教育成本研究结果具有很高的一致性：

（1）相同州运用不同方法得出的基本成本一致性很好，在一种方法中的研究结果较低，在另一些方法中的研究结果也较低。

（2）在规模经济的 K - 12 学区中，不同方法对学区层面生均成本的估计结果高度相关。

（3）规模经济的学区之间，贫困的边际成本也呈现一致，100% 学生享受免费午餐政策的学区一般比 0% 学生享受免费午餐政策的学区生均成本要高 60% ~ 70%。

（4）学区的经费越不充足，充足成果达成情况越糟糕。

表 2 - 6 充足成本研究评估框架

	基本成本	边际成本
可靠性	同一个州在相同的年份基于相同的产出目标用相似和不同方法估计的基本成本是否不同？	不同研究的学区层面成本或学区层面相对成本指数（中位数居中）是否具有相关性？
有效性	一般的学区基于估计的成本（通过成本方程）可以实现预期成果水平吗？或者低需求、规模经济的学区基于专家判断法估计的基本成本可以实现预期成果水平吗？	学区层面相对于成本目标的短缺和盈余差异与学区层面成果的差异相关吗？也就是说，估计的经费短缺最大的学区是否目标成果的实现程度也是最低的？

资料来源：Baker B. Evaluating the reliability, validity, and usefulness of education cost studies [J]. Journal of education finance, 2006, 32 (2): 170 – 201.

教育充足水平的测量目前并没有形成被普遍接受的方法，上述四种方法均各有优劣。唐斯和斯蒂费尔（2015）倡导将不同的方法结合使用，扬长避短，更加精确地估计实现教育成果目标需要多少资金投入。

2.1.3 基于教育充足的财政改革及其影响

美国教育充足的诉讼浪潮引起了全国范围内的基础教育财政改革。为保证教育充足的实现获得充足的财政资源，州政府在基础教育财政体系中承担的责任越来越大，为低收入学区提供更多的教育资金，维持州教育财政体系的公平和（或）充足。20 世纪 80 年代后，州政府的教育财政收入开始超过地方政府，目前州政府教育收入维持在 47% 左右，地方政府为43% 左右，联邦政府为 10% 左右[①]。

费尔南德斯和罗杰森（Fernandez & Rogerson，2003）将美国教育财政改革过程中出现的五种不同教育财政体系划分为地方体系（local system）、州体系（state system）、基础体系（foundation system）、政府保障的税基均等体系（power equalizing with recapture，PER）和非政府保障的税基均等体系（power equalizing without recapture，PEN）等五种。后四种体系为州政府主导的教育财政体系，体现了基于教育充足的财政改革的趋向。基础拨款（foundation grant）和税基均等拨款（power equalization grant）是州政府向学区提供资金的主要拨款方式。

州对学区的基础拨款可用公式表达为：

$$G_d = \max(0, \ F - \tau^f \times W_d)$$

式中，G_d 是州对学区 d 的生均拨款额，F 是州确定的生均收入基础水平，τ^f 是州确定的基础税率，W_d 为学区 d 的生均财产税基。若学区 d 基于基础税率征收的生均财产税收入高于生均基础水平，则州不予拨款；若低于生均基础水平，则州的拨款额为生均基础水平和生均财产税收入的差值，以保证每个学生得到既定的最低教育资源，使每个学生具有接受"充足"教育的机会。2010 年之前，美国至少有 45 个州使用该方式拨款（Verstegen，2011）。

---

① U. S. Department of Education，National Center for Education Statistics. Digest of Education Statistics 2017 [EB/OL]. (2019 – 01 – 30)［2022 – 03 – 20］. https：//nces. ed. gov/pubsearch/pubsinfo. asp? pubid = 2018070.

州对学区的税基均等拨款可用公式表达为：

$$G_d = \tau^d W^{pe} - \tau^d W_d = \tau^d (W^{pe} - W_d)$$

税基均等拨款关注各学区财产税的税基均等化，保证各学区使用相同的税率可获得相等的生均财产税收入。当学区 d 确定的税率为 τ^d 时，州对学区的生均拨款额为基于标准生均财产税基 W^{pe} 征得的标准生均财产税收入与基于实际生均财政税基 W_d 征得的实际生均财产税收入之间的差值。美国伊利诺伊州、密苏里州、印第安纳州、威斯康星州通过该方式对各学区拨款。

各州教育财政改革的结果却并不相同，有些州的生均支出差异明显降低了（如加利福尼亚州、北卡罗来纳州、华盛顿州），而有些州的教育财政不公平性增加了（如亚利桑那州、马萨诸塞州、爱达荷州）。就算生均支出的差异降低，其充足性也未必得到保证，部分州（如加利福尼亚州）在教育财政公平增进的同时，生均支出的整体水平降低了。卡德和佩恩（Card & Payne，2002）分析了 20 世纪 80—90 年代末进行的基于教育充足的财政改革对学校支出、学生成绩的影响。他们通过生均经费与地区家庭收入中位数之间的关系斜率来描述每个州的援助体系，斜率值越负（即富裕地区获得较少的州援助），州的援助越均衡。研究结果表明，教育财政改革减少或取消了水平拨款，并根据学区的支付能力扩大了州资助的比例，从而导致许多州的均等化。但是由于粘蝇效应（flypaper effect），州教育拨款增加 1 美元，学区的教育支出仅增长 50～65 美分。另外，他们用 SAT 的成绩，并用不同家庭背景组和州中参加 SAT 考试的高中生比例控制参加 SAT 考试的学生非随机的系统选择偏差，发现教育支出均等化缩小了不同家庭背景学生之间的成绩差异。拉福蒂纳、罗斯坦和尚岑巴赫（Lafortune、Rothstein & Schanzenbach，2016）对 1990 年后基于教育充足的财政改革对学校支出和学生成就的影响进行了双重差分的因果关系研究，发现充足性改革显著且持续地提高了学校支出的平均水平，且相对地增加了低收入学区的支出和学生成绩。

2.1.4 我国教育充足研究的现状和问题

教育充足研究起源于美国，对于中国来说是一个"舶来品"，但此类研究对我国当前的教育发展具有现实价值。弄清我国教育充足研究的现状和问题有利于促进此类研究的发展和深化。以主题词"教育充足"在中国知网的数据库中检索，得到 2004~2018 年的 48 篇相关文献，包括 29 篇期刊、11 篇硕士学位论文、5 篇中国会议论文、2 篇报纸文章和 1 篇博士学位论文。从文献逐年的数量变化看，如图 2-2 所示，教育充足在我国的研究还处于起步阶段，21 世纪初才出现明确包含"教育充足"主题词的研究文献，2008~2013 年文献数量稍有增长，但每年的研究结果不超过 10 篇。2016 年以后，文献数量进一步增长。从文章被引频次看，2010 年后，相关文献的被引频次迅速增长，说明教育充足在我国的被关注程度越来越高。文献数量的变化展现的是研究关注度的变化，进一步地，还可以对文献中的关键词共现关系和文献间的互引关系展现研究主题和内容的变化。

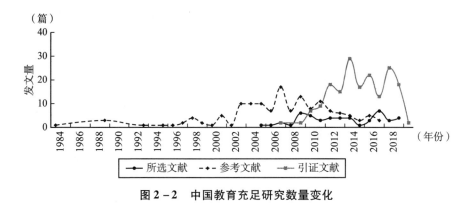

图 2-2 中国教育充足研究数量变化

资料来源：以"教育充足"为主题词在中国知网的数据库中检索所得。

2.1.4.1 关键词共现网络分析

文献的关键词凝练了研究的领域和范畴，关键词的共现关系可以帮助定位教育充足相关研究的切入点。图 2-3 体现了研究文献中关键词之间的共现网络关系，图中的节点越大，表示关键词出现的频次越高，两个节点被连接线连接表示不同关键词在同一篇文章中共同出现。从关键词的类别来看，教育充足相关研究中的关键词包括教育类、财政类、充足类、经费类、法律政策类和公平类；从节点的大小来看，高频关键词为"教育财政""充足性""教育经费"。为体现不同阶段关键词种类和数量的变化，本书分为 2004~2007 年、2008~2013 年、2014~2018 年三个阶段梳理关键词，梳理结果如表 2-7 所示。

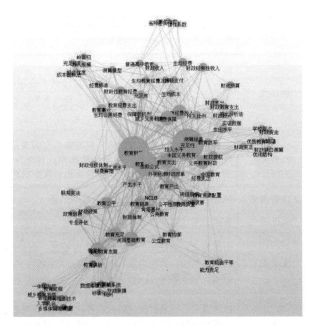

图 2-3　中国教育充足研究关键词共现分析网络

注：图中的节点大小为关键词出现的频次，节点的颜色代表为自动划分的聚类；被连接线连接的关键词表示在一篇文献中共现。

资料来源：中国知网。

表 2-7　　　　　2004~2018 年中国教育充足关键词按类别分一览表

时间分段	词汇分类	关键词
2004~2007 年	充足类	教育充足；充足性
	财政类	教育财政；财政体制；财政分权体制；拨款公式
	教育类	公共教育；教育事业；美国基础教育
	经费类	教育经费；经费保障；经费筹措
	法律政策类	联邦宪法
	公平类	公平性原则；教育公平

时间分段	词汇分类	关键词
2008~2013 年	充足类	充足度；充足性；教育充足；能力充足；测算结果；测算模型；专业评估
	财政类	拨款公式；财政拨款；财政改革；财政体制；财政预算；教育财政；义务教育财政；转移支付
	教育类	城乡义务教育；教育事业；美国基础教育；中国义务教育；公立教育；教育发展；教育改革；班级规模；办学标准；教师质量；教育标准；教育结果；教育供给；产出水平；教育资源配置；资源配置
	经费类	财政经常性收入；财政收入；财政性教育经费；财政支出；教育经费；教育经费投入；教育经费支出；经费保障；生均教育经费；投入比例；生均成本；教育支出；支出水平；工资水平
	法律政策类	NCLB；肯塔基州；财政政策；政策创新
	公平类	教育公平；教育机会平等；教育均衡
2014~2018 年	充足类	财政充足；充足度；充足性；教育充足；测算结果；测算模型；成本函数法；弹性系数；充足指数；岭回归；拟合优度；数据库建设；数字驱动
	财政类	财政改革；财政拨款；财政分权体制；教育财政；拨款公式；义务教育财政；转移支付；财政保障；财政预算；财政资金；财政缺口测算
	教育类	城乡教育发展；教育事业；教育发展；学校层次；普通高中教育；办学标准；标准化；多媒体网络教室；教育标准；教育供给；教育过程；教育效率；教育信息技术；美国基础教育；入学机会
	经费类	教育经费；教育经费投入；经费保障；经费筹措；生均经费；生均成本；生均公用经费；生均教育经费；投入水平；支出水平；财政收入；财政性教育经费
	法律政策类	联邦宪法；管理体制；优化结构；财政政策
	公平类	优质教育均衡；省际差异；泰尔指数；一体化发展

资料来源：作者整理。

2004~2007 年国内教育充足的研究较少，关键词的数量也不丰富，关键词主要与教育财政体制和教育经费保障相关。2008 年后，相关的研究数量增加，关键词的数量也逐渐丰富起来：

（1）充足类关键词主要指向"教育充足""财政充足"，关于充足测算的关键词在 2014～2018 年增多，体现了国内教育充足实证研究的发展；

（2）财政类关键词进一步地从转移支付、财政预算等更为具体的角度研究充足问题；

（3）教育类关键词体现了对教育不同层次（如义务教育、高中教育、美国基础教育等）和不同角度（如班级规模、教师质量、办学标准、教育过程、资源配置等）的研究，尤其是对教育结果的强调，教育标准、产出水平、教育发展等关键词都是从结果的角度来分析教育，体现了充足的内涵；

（4）经费类关键词也体现了研究的多元化趋势，既包括总量也包括生均和结构，既包括经费的投入也包括支出；

（5）法律政策类的关键词体现了对美国教育充足基于法律诉讼发展和政策对教育财政充足改革引导的研究；

（6）公平类关键词体现了教育充足和教育公平之间的内在联系，我国的研究一般认为教育充足是公平的高级形式，是保障教育资源优质均衡、高质量均衡的手段。

2.1.4.2　文献互引网络分析

文献互引网络中，通过对文献之间的互引关系可以迅速定位到被引频次高、影响较大的文献。掌握重要文献的内容对把握某领域的研究内容能取得事半功倍的效果。图 2-4 展现了教育充足相关文献之间的互引关系，图中的节点为单篇文献，节点的标签为文献的作者，颜色为发表的年份，节点越大，表明文献总被引的频次越高。文献之间的互引关系通过连接线表明，箭头指向密集的节点是教育充足相关文献中被引用率较高的文献。

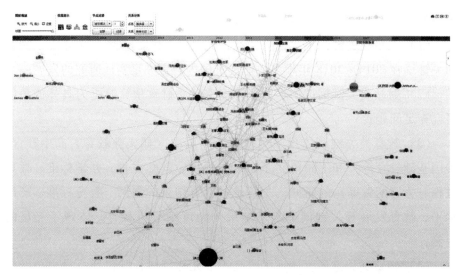

图 2 - 4　中国教育充足研究文献共引关系

注：图中的节点代表文献，节点标有文献的作者，节点之间的连接线表示文献之间具有互引关系，节点大小表示文献被引的频次、颜色代表发布的年份。
资料来源：中国知网。

从文献节点的分布关系看，研究成果呈现散漫分布的状态，没有形成明显的聚类，也就是说，我国目前教育充足的研究还比较分散，还没有分化出系统的研究主题。从文献的互引关系看，王善迈（1984），厉以宁（1987），梁文艳（2008），黄斌、钟宇平（2008），雷丽珍（2010），卜紫洲、侯一麟、王有强（2011），薛二勇（2011），王水娟、柏檀（2012，2013）等文献在义务教育充足相关文献中被引频次较高。分析文献的内容可以发现，我国学者的研究主要包括美国教育充足的发展介绍、充足的概念辨析和中国教育充足成本测量实证研究等。

我国教育政策和教育财政研究中，在2000年之前并没有出现充足性概念。20世纪80年代的研究者，如王善迈（1984）、厉以宁（1987）等通过分析经济发展水平与教育经费投入之间的相关性来确定我国教育经费投入的标准，体现了以宏观社会经济发展为结果导向的教育投入充足性。但是各国经济发展水平与教育经费投入的相关性并不能准确地反映教育经费投入对经济发展的影响，而且各国情况不尽相同，回归分析的结果可能存在偏差。

　　21 世纪初，充足的概念开始进入中国研究者的视野。起初，中国的相关研究主要集中于对美国教育充足发展的介绍和分析，以及教育充足在中国的适用性分析。李文利和曾满超（2002）介绍了美国教育充足概念的产生和研究情况。薛二勇（2011）从法律和政策的角度分析了教育充足理念的形成，认为教育充足是公平的实质，教育充足的依据是关注学生个体的需要，重视教育标准的达成，强调教育结果，但落脚点是教育投入问题。黄斌和钟宇平（2008）探讨了教育财政充足在中国教育财政改革中的适用性问题，认为中国正处于教育投入公平阶段，缺乏必要的财政制度环境，难以实现更高阶段的财政充足，但财政充足的理念、测量和规划方法仍值得中国借鉴。梁文艳（2008）指出，缺乏统一的教育产出标准和教育投入要素价格体系制约了我国财政充足的研究和实践。雷丽珍（2010）总结了美国州政府基于教育公平和充足的财政拨款模式，认为中国基础教育正在由"以县为主"向"省级统筹"转变，省级政府借鉴美国的基准拨款模式具有适用性。

　　我国教育充足成本测量的实证研究主要集中在宏观和中观层次，由于数据的限制，对于学校和学生微观层次的研究较少。宏观和中观的研究结果在一定程度上对我国教育财政改革、教育预算和转移支付提供了量化支持。邓丽琳（2006）将充足性定义为满足理想水平的教育服务所需要的资金投入，从教师工资、公用经费、新修校舍经费、危房改造经费等方面，基于一定的标准，测算出中国农村义务教育实现最低充足的经费水平为 1162.83 亿元。卜紫洲、侯一麟、王有强（2011）利用循证法，考虑到教育需求、教育目标和标准、教育生产要素及价格、财政收入水平等因素，建立了县级教育最低支出标准测算模型，计算了 2000～2006 年我国 2150 个县的教育财政充足度，发现我国县级教育财政充足度不断提高，我国平均教育实际投入已高于最低支出标准，但是各县充足度的差异较大，最低值和最高值相差近 7 倍。汪栋、张琼文和黄斌（2017）结合循证法和成本函数法，以《教育事业发展五年规划》中的入学率目标为充足标准，对我国财政经费的充足性进行了标准化测算，进而分析了我国 2001～2014 年教育财政投入的现状和未来发展的要求。

张荣馨（2018）基于北京市的发展需求，以 OECD 国家教育经费投入的平均值作为充足标准，利用奥登—皮卡斯指数（OPAI）计算出北京市要实现义务教育财政充足，小学和初中的资金缺口总量分别为 166.10 亿元和 14.87 亿元。

我国教育充足的已有研究在数量和质量上都有待提升。在教育充足的内涵上，研究侧重于对美国充足概念的介绍和在中国的适用性分析，缺乏对中国本土化教育充足内涵和标准的探讨；在充足成本的测算上，研究没有跳出美国主流研究的范式和方法，应进一步根据中国的制度背景及数据可得性探索适用方法。

2.2　教育财政资源配置相关研究

资源配置是经济学研究无法回避的核心问题。数理模型将资源配置问题抽象为约束条件下目标函数的最大化（或最小化）求解，让经济学研究更加严谨和科学，为资源配置的状况提供了很好的描绘性和解释性的分析工具。但是经济学研究仍旧争议颇多，因为很多资源配置问题难以通过数学抽象获得一致的解，例如财政资源配置的主体和责任划分问题。本节内容将梳理教育（尤其是义务教育）财政资源配置已有研究的贡献、争议和缺陷。

2.2.1　教育财政资源配置的基础性研究：主体、内容和责任

西方经济学中自由主义和凯恩斯主义对政府和市场在资源配置中的责任划分的争论从未停止。哪怕是具有公共物品性质的教育财政资源，政府和市场责任划分的边界也并不清晰，但政府在其中的作用是被广泛认可的。财政学的分权理论为地方政府分权配置教育财政资源提供了分析框架。

2.2.1.1 政府和市场主体的责任划分

资本主义自由竞争时期，以亚当·斯密和大卫·李嘉图为主要代表人物的古典经济学理论提倡"小政府"，认为市场是"看不见的手"，能够通过价格机制自发调整需求和供给，是配置资源最有效的方式。政府作为"守夜人"应尽可能不参与资源配置，给市场充分的运行空间。20世纪30年代全球性经济危机爆发，古典经济学对市场的推崇受到质疑，提倡国家干预经济的凯恩斯主义盛行，政府财政资源配置的范围不再限于公共产品领域，而是为弥补市场缺陷对经济的各方面进行大规模的干预，如提供就业、刺激社会需求。但是国家干预经济理论带来的"大政府"并没有一劳永逸地解决经济发展的问题，70年代经济滞胀让凯恩斯主义也陷入了质疑。理论学者开始探索政府和市场在财政资源配置中的关系，如马斯格雷夫从效率角度分析政府和市场在解决不同问题时具有不同的优势，二者在社会秩序中相互补充且都必不可少。段国旭（2010）从西方经济发展史中梳理出财政资源配置的三个阶段为基于一般均衡理论的财政不干预阶段、基于非均衡理论的财政干预阶段和基于非协调均衡理论的财政协调阶段（如图2-5所示），认为非协调均衡可以还原市场和政府在财政资源配置中的本原关系，也就是财政在政府和市场的动态均衡中实现协调。

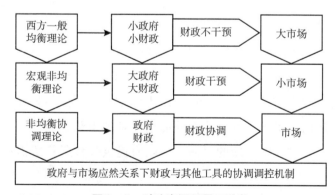

图2-5 财政资源配置三阶段

资料来源：段国旭. 谈财政资源配置的非均衡协调创意：基于西方财政公共性发展脉络 [J].
财政研究，2010（7）：37-38.

财政学中将教育视为公共产品或准公共产品。但是按照公共产品非排他性和非竞争性的标准，一个班级随着人数的增加会导致教育质量的降低（竞争性），学校可以将贫困学生拒之门外（排他性）。政府利用财政资源资助和举办学校是因为教育（尤其是义务教育）具有很强的正外部性，其社会收益大于私人收益，市场无法达到教育资源配置的最优水平。大量的研究结果表明，教育能够促进技术进步和经济增长（Romer，1990；Barro & Sala - I - Martin，1997；Krueger & Lindahl，2001），一个受教育程度高的社会运转会更加平稳，民主制度更加强大（Stiglitz，2000）且犯罪率更低（Lochner & Moretti，2004）。弗里德曼（Friedman，1982）认为，政府干预教育主要基于教育外部性和家长主义关怀，因此政府应保障存在较大外部性的教育，如文化知识的普及和价值准则的传递、培养年轻人成为公民和社会领袖。以弗里德曼为代表人物的新自由主义经济学同样认为政府应对教育提供最低的经费资助及实行最低限度的管制，不应在教育供给中实施政府垄断。

在新自由主义经济理论对教育选择自由的倡导下，一些经济学家从不同的方面批判政府提供教育，呼吁更多地依赖市场配置资源，如：①政府提供教育效率低下，因为公立教育体系缺乏竞争，创新和改革动力不足（Hoxby，2003）；②政府使教育服务标准化并确保所有学生接受最低标准的教育的行为可能会降低公立学校的质量（Finn，1993）；③公共部门容易滋生寻租和腐败现象，如售卖文凭、教师为有支付能力的家庭提供私人辅导等（Hallak & Poisson，2007）。奥斯特罗姆（Ostrom，1993）在讨论公共服务产业（public service industries）时，区分了公共物品与服务的"供应"（provision）与"生产"（production），认为提供一项公共服务的政府组织不必一定生产该项服务，可以从额外的生产者那里购买服务。这为教育财政资源配置的方式提供了新的思路，即政府提供教育服务所需的资金由市场生产。

1992年，我国提出建立社会主义市场经济体制。在市场化冲击下，学术界和教育部门就如何配置教育财政资源问题展开大规模的讨论。一些学者主张教育应产业化、市场化，以解决中国教育经费短缺的问题，顺应市场经济发展；一些学者反对教育产业化和市场化，但认可教育资源配置中引入市场机制。王善迈（1997）认为，基于教育产品的性质不同，义务教育属于公共产品，应由政府提供，非义务教育应由政府和市场共同提供。袁连生（2003）基于教育产品的消费特征，认为排他性和竞争性特征决定了学校可以市场化运作。张学敏（2014）认为，市场和政府在教育中的关系更倾向于"政府主导下的有限市场作用"，市场的作用重点是在相对独立的某一教育领域内部形成竞争机制，在资源配置公平的基础上，实现高效利用。

从国内外学者现有的对教育财政资源配置主体的研究结果来看，由于教育的正外部性，政府在教育（尤其是义务教育）财政资源配置中的重要作用是毋庸置疑的，市场机制可以以生产者的角色进入配置的过程中提高配置效率。但是政府和市场在教育财政资源配置中的具体边界划分还很模糊，尤其是在中国深化经济体制改革的背景下，如何让市场在资源配置中起决定性作用，更好地发挥政府的作用，在教育财政资源配置中同样需要解决。

2.2.1.2　政府对教育财政资源配置的责任划分

政府应该如何有效配置教育财政资源呢？财政联邦主义（fiscal federalism）为地方政府配置教育财政资源的财政分权体制提供了理论依据。财政联邦主义包括两个阶段，第一代财政联邦理论基于经济效率和社会福利最大化为中央和地方政府财政分权的合理性提供依据；第二代财政联邦理论基于政府的"理性人"假设分析如何激励地方政府优化财政资源配置。

地方政府作为教育（尤其是基础教育）财政的提供者和配置者，主要是基于两个原因：其一是教育是地方性公共产品，某一特定区域的居民是主要的受益者，基于"谁受益，谁负责"的原则，应由该区域提供教育服务（Samuelson，1954，1955）；其二是地方政府在提供服务时更具有信息优势，更了解当地民众效用和需求，能够更有效地配置教育财政资源，实现社会福利最大化（Stigler，1957）。蒂伯特（Tiebout）在《地方支出的纯理论》一文中，建立了著名的蒂伯特模型，就地方政府之间的竞争关系论证了地方分权的必要性。蒂伯特模型中各地方政府提供不同的公共产品和税率，民众可以"用脚投票"选择居住在不同的区域，使其享受到的公共服务和付出的税收实现自身效用最大化。地方政府间的自主竞争和民众的自由选择是财政资源配置实现最优的前提。马斯格雷夫（Musgrave，1959）系统且明确地提出了"财政联邦主义"的财政分税制思想，认为地方政府承担资源配置职能更能满足当地居民的偏好，有利于提高经济效率和社会福利水平，中央政府在收入分配和经济稳定上更具有调控作用，因此中央和地方政府有必要进行分权、分税，给予地方政府相对独立的权利。

基于蒂伯特和马斯格雷夫等学者的思想形成的第一代财政联邦理论主要论点为：地方政府在提供地方性公共产品上相比于中央政府具备信息优势，更能提高当地的社会福利水平。奥茨（Oates，1972）进一步地提出了最优分权条件，将分权的收益确定为差异化公共品供给对于居民福利的改善，成本确定为缺乏规模效应和政府间的溢出效应，最优分权度即为边际收益与边际成本的交点。后人对第一代财政联邦理论的质疑在于：其一，地方政府为何有积极性实现财政资源配置最优？其二，财政分权是否能促进地方或国家发展？

第二代财政联邦理论重点关注"如何分权"问题，试图将财政分权与地方政府激励、经济增长、公共支出结构等问题结合起来。布伦南和布坎南（Brennan & Buchanan，1980）认为，政府如同传说中的利维坦怪兽，会从社会经济中摄取资源不断强化自身。钱和温加斯特（Qian & Weingast，1997）基于委托—代理理论和公共选择理论认为，需要建立有效的分权机制，实现地方政府与居民福利之间的激励相容，避免地方政府成为寻求自身收入最大化的利维坦。罗登（Rodden，2003，2006）发现，分权的方式是影响地方政府行为的主要原因，若分权后的地方政府主要依靠本地税收运行，则地方政府的规模会缩小；若主要依赖于上级政府的转移支付，则预算软约束问题会导致财政预算的增加。随着第二代财政联邦理论的发展，越来越多的学者考虑到政府的"经济人"行为，运用实证方法探究财政分权、政府竞争与经济增长、公共产品提供效率和水平的关系，从分权机制上分析如何进行财政分权。但研究结果并不统一，仍需进一步探索。

财政联邦主义为政府如何进行教育财政资源配置提供了理论指导，但其具体配置过程和方式仍旧没有一个普遍认可的模式，尤其是西方理论如何被应用在中国的环境之下也仍需要探讨。

2.2.2　教育财政资源配置的过程性研究：制度、生产和成果

教育财政资源配置的目标是为了最有效地利用财政资源提供教育生产所需的资源，获得教育产出或成果的最大化。基于实现该目标的过程，研究者一方面基于体制和机制分析如何有效保障教育财政资源的获取和运用；另一方面通过对教育生产函数的分析，将教育财政资源配置和教育产出的关系明确化，以洞悉财政资源应如何投入不同的教育资源进行教育生产。

2.2.2.1　教育财政资源配置的制度性保障

教育财政资源配置的获取和运用有赖于财政体制和机制的规范化，国外的相关研究主要分析了预算投票机制、分权体制、问责体系对教育财政资源获取和分配的影响。

美国大部分州的公共教育预算都要经过公民的公投。罗默、罗森塔尔和孟利（Romer, Rosenthal & Munley, 1992）基于 1975～1976 学年纽约州 544 个学区的预算公投数据，分析了公投对教育预算支出的限制程度，结果表明，教育预算支出对州拨款的结构和公民投票的敏感性较大。科科伦、罗默和罗森塔尔（Corcoran, Romer & Rosenthal, 2017）分析了 1987 年俄勒冈州 Measure 2 的法律修正案对教育预算支出的影响，该法案基于地方支出预算最大化的议程设定理论，保证了预算未经过公民投票也不会导致过低的预算水平。

哈帕拉尼（Harpalani, 2010）基于分权理论，分析了在经济衰退导致美国各州削减教育预算的背景下，如何通过体制的权利分配来保障宪法判决教育充足的实现。政府预算通常属于行政机关和立法机关的管理范畴，预算决策可能与法院的教育财政充足判决相冲突。在功能分权理论（functional separation of powers theory）强调根据各部门的运行效率分配权利指导

下，作者认为，州法院应加强对教育预算的司法审查，帮助州在经济萧条时期实现教育充足。

蒋（Chiang，2009）发现，问责政策促使佛罗里达州未达到问责标准的小学提高了指导和指导工具的花费。格雷戈、音伯曼和珀杜（Graig，Imberman & Perdue，2013）基于得克萨斯州教育问责评级体系的变化，运用断点回归发现学区因为担心评级下降，会重新分配预算资源，导致预算经费的增加，但是增加的预算3年后就消失了。2015年，他们进一步地分析了问责评级的年度短期影响，发现1994～2002年学区每年在分配预算资金时，会为获得更高问责评级的学校提供一小部分的预算奖励，低评级的学校中，达到更高的评级增加的奖励金额更高。在获得奖励预算后，低评级的学校会把资金分配至指导活动和课外活动中，高评级的学校会把资金分配在咨询、管理和培训上。

我国的相关研究主要从预算管理和绩效管理角度为教育财政资源配置提出制度性策略，也有学者建议利用教育券、集成化管理等新方式，保障教育财政资源的有效配置。

在教育财政资源配置制度上，王蓉、岳昌君和李文利（2003）建议制订教育预算执行条例，加强教育预算的法制性、透明性、完整性及提高经费使用效率；重新确定教育预算的收支分类；制订更加完善的各级各类公办学校人员定额制度。栗玉香、冯国有和张荣馨（2017）在借鉴美国经验的基础上，提出通过教育预算精细化管理实现北京市义务教育均衡预算支出的目标，即基于北京市发展需求筹划预算总量、优化预算结构、细化预算实施规则、透明化管理预算支出的财务信息、确定绩效问责的教育财政政策导向。宋彬（2007）在博士论文中提出了一套以绩效评估为基础的绩效预算管理工作模式，并根据建立的绩效评估模型，对2004年和2005年上海市试点区教育绩效预算的执行情况进行了实证分析，调整评估的指标和权重，形成了一套实用性较强的绩效评估模型。邢天添（2009）从经济背景、财政投入、数量产出和质量产出四个维度，对农村义务教育财政支出绩效进行了评估，并结合数据包络分析测算管理效率指数对绩效情况进行二维分析。作者认为，教育财政支出预算管理体制的构建要尝试"绩效

+拨款"的预算管理模式,将预算分配直接和绩效挂钩,改变县级政府在获得财政转移支付后"挤出"义务教育投入的情况。

在教育财政资源配置方式上,赵宏斌(2003)认为,教育券是将公平与效率融为一体的基础教育财政资源配置的有效方式,具备明晰财政经费的使用权、降低交易费用、引入竞争机制、提高效率等优势。段国旭(2006)将集成化管理理念引入财政资源配置领域,将财政资源配置集成化为决策配置、体制机制配置、运行配置、配置监督等层次,搭建了基于集成化管理的财政资源配置制度理论框架。

国内外的已有研究从预算投票、分权体制、绩效问责、教育券等不同角度分析了教育财政资源配置的制度性保障,国外基于民主性投票理论和分权理论的研究结果对我国有借鉴意义,但与我国的政治体制也存在不适用之处。由于财政资源配置过程的复杂性,学者逐渐从结果问责的角度反向研究如何"倒逼"配置过程的优化。结果与目标的匹配并不会简单地通过绩效评价指标评估而实现,其过程还需理论和实证的进一步分析。

2.2.2.2　教育财政资源配置与教育生产

教育财政资源配置是为了教育生产获得教育产出的最大化。配置效率决定了生产效率。面对教师、校舍、课本等不同的教育生产投入,财政资源应该如何进行分配呢?该问题本质上是教育投入和产出的生产问题。教育资源投入和配置问题因为《科尔曼报告》中"学生成绩更多地受种族和社会经济地位的影响,与学校资源的投入并无显著的联系"的研究结果被普遍关注。汉纳谢克(Hanushek,1989,1997,2003)的一系列研究结果同样引发了巨大争议和关注。他基于已有的学校资源投入对学生成绩影响的相关研究,利用计票(vote counting)的方法发现大部分研究结果表明,生均支出、生师比、教师经验、教师工资等资源投入没有体现对学生成绩的显著影响。

基于学校教育资源投入对教育成果无影响的研究结果,不同的学者给予了不同的探索和解释:其一,研究没有控制其他学校政策的影响和人口结构变化的影响,遗漏变量偏差导致研究结果不是因果关系(Card & Krueger，1992）；其二，由于学校资源投入在一个世纪内一直增长，其投入回报率逐渐降低，即边际回报递减（Betts，1995）；其三，教育是受多方利益群体影响的公共产品，利益群体之间的博弈和制衡导致教育资源并非以最有效的方式分配（Cairney，2012）；其四，教育资源配置应该更多依赖市场，给予家长充分的选择权，促进学校之间的竞争，提升学校资源配置的效率。

缩小班级规模和降低教师工资是教育财政资源配置最主要的两个领域。1985 年，田纳西州进行的班级规模随机实验 STAR（student/teacher achievement ratio）项目，表明了小规模班级的学生成绩显著高于大规模班级。罗可夫（Rockoff，2004）将新泽西某县学前班到六年级的学生和教师数据相匹配，利用学生固定效应模型估计出教师的价值增值效应每提高 1 个标准差，学生的成绩提高 0.08 ~ 0.11 个标准差。里夫金、汉纳谢克和凯恩（Rivkin，Hanushek & Kain，2005），切蒂、弗里德曼和罗可夫（Chetty，Friedman & Rockoff，2014）的研究结果与之类似。这意味着教师价值增值效应提高 1 个标准差对学生成就的影响相当于班级减少 10 个学生。

也有学者直接从教育预算资金的增长研究教育成果的变化。卡肖、戈登和雷伯（Cascio，Gordon & Reber，2011）发现，联邦政府的 Title I 拨款导致的预算增加降低了白人高中生辍学率，但是对黑人却没有影响。李和波拉切克（Lee & Polachek，2017）发现，通过预算投票学区的生均支出要高于未通过预算投票的学区。他们用断点回归法比较了刚刚通过和差点通过预算投票学区生均支出对高中生辍学率的影响，结果表明，增加学校支出能够降低高中生辍学率。

此外，列文、麦克伊万（Levin & McEwan）等学者关注于利用成本—有效性分析（cost-effectiveness analysis）和成本—收益分析（cost-benefit analysis）在实现一定教育成果的目标下，比较不同教育项目的成本和效果或收益，为财政资源配置提供指导。

2.2.3 我国教育财政资源配置的现状研究：问题和原因

　我国关于教育财政资源配置的研究汗牛充栋，其中大部分研究通过理论和实证研究剖析教育财政资源配置存在的问题和问题产生的原因。

2.2.3.1　政府预算中的教育支出比重偏低

高志立等（2012）基于一般国际经验发现，高收入国家经济事务支出占财政总支出的9.5%左右，中高收入国家为13%左右，中低收入国家为12%左右，低收入国家为20.4%左右。而中国2006年的这一比值仍旧为20%左右，与中国的经济发展水平和速度并不相符。经济合作与发展组织（OECD）的研究结果指出，中国大部分的公共支出用于政府投资，2002年政府投资占GDP的9%，高于绝大部分的OECD国家和多数发展中国家。另外，中国政府对教育的支出却低于世界一般水平，"穷国办大教育"是我国教育发展的生动写照。联合国教科文组织1991年统计，中国公共教育支出约占世界的1.04%，三级正规教育学生数却占世界的17.9%，人均教育经费相当于发展中国家平均数的三分之一。自1993年《中国教育改革与发展纲要》中提出要实现"国家财政性教育经费支出占国民生产总值的比例达到4%"的目标后，4%一直是政府保障教育发展的目标。2012年我国首次实现了4%的目标。2021年国家财政性教育经费占GDP比重为4.01%①，实现了连续10年超4%的目标。但事实上，4%的目标也仅为20世纪末人口超过一千万发展中国家的平均支出水平。王善迈指出，4%的规定是在特殊历史背景下，参考了一项研究结论给出的，并不可操作，是事后的统计结果。

2.2.3.2　区域间、校际教育支出存在差异

区域间教育支出差异的问题自20世纪90年代受到广泛的关注，学者们基于省级、县级、校级等不同层面的数据，运用基尼系数、极差等指标和回归分析等方法对不同区域的义务教育经费情况进行比较分析。1978年以来，义务教育生均经费支出省际的差异情况呈现出先增大后减小的趋势

---

① 中华人民共和国教育部门户网站. 教育部　国家统计局财政部　关于2020年全国教育经费执行情况统计公告［EB/OL］（2022 - 12 - 22）［2022 - 12 - 30］. http：//www. moe. gov. cn/srcsite/A05/s3040/202212/t20221230_1037263. html.

（杜育红、王善迈，2000；Tsang & Ding，2005；耿乐乐，2020），总体处于"相对合理"的区间内（叶杰、周佳民，2017）。东部、中部、西部教育支出的公平程度存在差异，东部的差异程度高于中部和西部，但不断缩小，西部差异程度不断上升（赵雨涵等，2017）。多有学者关注了教育经费支出的"中部塌陷"问题，中部地区由于经济社会发展落后、地方政府对中央财政转移政策支持不足等因素，生均教育经费支出落后于东部、西部地区（安虎森、殷广卫，2009；李鹏等，2017）。城乡、校与校间的差异性研究多基于特定地区的调研，虽然研究区域不同，但研究表明城乡之间、学校之间存在较大的资源分配差异（薛海平、王蓉，2010；柳海民等，2017；赵丹、曾新，2022）。

2.2.3.3　三级教育之间及不同类别教育之间的支出结构不合理

王善迈在1989年即指出三级教育经费支出分配不合理，高等教育的学生不足1%却占用了20%以上的教育经费，高教生均经费与中小学的差异远高于发达国家和发展中国家。一些研究尝试利用各级各类教育投入与经济发展的关系探究各级各类教育投入的合理值。刘华（2004）认为，2000年三级教育投入比例按照我国的经济水平应为40.5%，29%，17.9%，而实际比例为33.14%，35.81%，22.0%，小学教育投入偏低，而中学和高等教育投入偏高。李德显和师婕（2014）认为一个国家三级教育的生均支出指数大致处于15%~20%之间是支出结构比较均衡的状态。杨海华等（2022）通过实证分析发现1998~2018年之间我国三级教育支出结构虽有一定程度的优化，但高等教育生均支出指数（36.4）显著仍旧高于初等教育（16.3）和中等教育（22.8），这与地方政府的公共教育支出偏好于高等教育有关。刘畅（2016）认为特殊教育经费中个人部分和公用部分的理想比例是7∶3，而2014年该比例为5∶5，表明了特殊教育教师待遇水平低下的问题。

2.2.3.4　教育财政资源配置问题的原因分析

　财政学、经济学和公共管理领域的研究者主要从财政体制入手，从财政分权的视角来分析教育财政资源配置总量不足、分配不均衡、结构不合理、约束力不足等问题。我国地方政府行为受到上级政府的限制，户籍制度又导致居民无法实现自由流动，因此西方分权体制下通过"用手投票"和"用脚投票"提高社会福利的机制在我国并不适用（乔宝云等，2005）。中央对地方转移支付被视为解决地方教育资源投入不足和区域差异的重要方式。但教育转移支付的效果并不清晰，对教育供给水平和教育均等化影响的相关研究中，虽有正向促进作用的结论（成刚、萧今，2011；高跃光、范子英，2021），但也有较多负向作用和作用不明显的研究结论（郑磊，2008；尹恒、朱虹，2011；付卫东、周威，2021）。"省直管县"是 2002 年以来改善县级政府财政收入能力受限和支出责任较大之间矛盾的一项重要财政分权改革，防止市级政府截留、挪用中央和省级政府对县级政府的财政补助，通过经济扩权或（和）财政扩权提高县级政府提供公共服务的能力。陈思霞和卢盛峰（2014）对比实施"省直管县"改革县和未实施"省直管县"改革县财政支出差异的结果表明，分权改革显著地导致了"重基建、轻民生性公共服务"现象，且该现象在贫困地区更明显。赵海利（2016）以河南省强县扩权的"省直管县"渐进性改革为例，用双重差分法分析了 2004～2012 年改革对缩小地区义务教育投入差异的影响，其结果表明，改革并没有显著增加扩权县（市）和省级义务教育预算内支出额，也没有改变扩权地区和非扩权地区义务教育预算内支出的差异。周雪光（2005）认为，我国基层政府存在上级政府对下属组织索取资源的"逆向软预算约束"行为，从组织分析角度探讨了微观层次上干部晋升制度的机制和信息不对称，以及宏观层次上组织制度中权、责、利分离对政府突破预算约束行为的影响。

上述研究指向了一个共同的结论：单纯的转移支付和财权下放并不一定使县级政府有效配置教育财政资源，应在分权体系中明确中央和省级政府在教育投入上的责任，引入公共服务投入水平的底线标准，完善问责机制，设计有效的转移支付制度。

2.3 研究述评

　　教育充足并不是一个平地而起的概念，它首先在美国基础教育对公平的诉讼中逐渐形成，其内涵与公平和效率的区别和联系在研究中不断探讨。一个基本的共识是，充足是在公平的基础上发展而来的，有机地将公平和效率结合起来，保证教育目标结果的实现，是更高阶段的公平形式。诉讼判决对教育充足的要求直接影响教育财政拨款的实践，因此美国涌现了大量接受政府资助的教育充足成本测算研究，主要的研究方法包括成功学区法、专家判断法、循证法和成本函数法。目前，没有哪种方法的成本测算结果受到广泛的认可。基于教育充足的财政改革措施和效果受到教育政策研究者的关注。

　　教育充足的研究虽然自21世纪初才进入我国学者的研究视野，目前相关的研究集中于对国外研究的介绍。但在实践中，随着我国适龄儿童都"有学上"且义务教育达到基本公平，实现公平且有质量的教育即义务教育充足便成为政府施政的目标。因而研究义务教育充足在中国教育改革中的适用性也更加迫切，这也使得本研究选题具有了现实性。

　　资源配置中政府和市场的角色和责任划分问题自经济学发展之初至今仍争论不断。教育（尤其是义务教育）具有较强的正外部性，政府基于多重因素运用财政资金提供教育服务。政府是教育财政资源配置的主要提供者已经被广泛认可，争论的关注点是市场是否应该或是如何参与到资源配置的过程中。财政分权理论的分析为中央和地方政府在配置教育财政资源中的角色和责任提供了依据。财政资源配置是获取资源、分配资源的过程。该过程中，研究者主要从预算投票、绩效问责、分权体制等制度性角度分析如何保证教育财政资源的获取和有效分配。其主要结论包括：基于分权和公民投票理论的预算制度从一定程度上防止了预算规模过低；问责制度的引入从结果倒逼财政资源配置有效性，但其作用的积极性并不确定。另外，教育生产函数研究的教育资源投入和产出关系，为教育财政资源配置方案提供了信息，经过进一步的分析和因果研究方法的发展，得出了财政资源对班级规模和教师质量的配置效果显著的研究结果。我国学者基于省级、县级、学校层面的不同数据，论证了我国教育财政资源配置存在的总量不足、结构不合理等问题，并从财政分权的角度剖析了问题形成的因素，说明单纯的财政分权和转移支付并不能保障教育财政资源的有效配置。

对照现有的研究成果和学科进一步发展的需要，教育充足和教育财政资源配置的研究在如下方面还有探索的空间：

（1）教育充足标准的理论构建和体制、机制保障分析。教育充足的研究还缺乏理论指导和系统的分析框架，研究应包括哪些内容、从哪些维度进行分析并不明确，也缺乏教育充足"应是什么"的规范分析。另外，尽管有学者指出，实现教育充足不仅仅是基于现有的教育体系设定高的教育目标、提供资金，而要做到如下三点：①将财政、政策、组织完全地组织起来，对资源进行具体的安排（Clune，1993）；②进一步发展财政激励和惩罚措施，加上行政管理机制，保证学区提高教育成果，实现教育充足目标（Reschovsky & Imazeki，1999）；③教育改革需要激励系统、学校管理和学校财政的改变（Duncombe，Ruggiero & Yinger，1996）。但是在研究过程中却忽略了如何保障教育充足有效落实的问题，如对财政体制和制度的研究，尤其是我国教育充足研究中还缺乏适合于我国国情的充足标准。

（2）教育财政资源配置主体和责任边界划分。政府和市场在资源配置中各具优势，政府作为教育财政资源配置的主体，与市场的责任边界如何划分？各级政府间的配置关系是什么？责任如何划分？这些问题仍旧不明晰。解决这些问题将更有利于提高教育财政资源的配置效率，促进教育水平的提高。

（3）教育财政资源配置规模和结构的精细预测研究。教育财政资源配置的研究多从学校或学区管理的角度出发，集中于资源配置的体制、机制、结果影响等方面，对于需要多少钱、财政资源的分配和使用如何实现教育目标问题的研究仍需进一步探究。实际上，在不明确配置规模和结构基础上进行的体制、机制研究是无法解决教育财政资源配置的根本问题的。

在已有研究的基础上，本书认为，义务教育充足发展需要财政资源的有效配置，同时基于教育充足的研究可以为财政资源配置提供系统的信息。由于义务教育服务主要由政府配置财政资源提供，本书希望为政府义务教育财政资源如何配置提供优化方案，保障义务教育充足发展。

第 3 章

义务教育充足的财政资源配置理论框架：
使命—政治—运作

理论是研究者的行动指南，意在提供一个抽象框架，告诉研究者问题存在的原因、现状以及理想的目标。义务教育充足的财政资源配置理论框架意在从理论层面分析：谁来配置义务教育财政资源和教育财政资源配置的目标是什么（使命）、哪些因素会影响义务教育充足的财政资源配置目标的实现（政治）、如何实现义务教育充足的财政资源配置目标（运作）等问题。本章内容按照"使命—政治—运作"的三维框架，由上至下、由抽象到具体地分析义务教育充足是教育财政资源配置的应有使命、财政资源配置对义务教育充足的作用方式、实现义务教育充足的财政资源优化配置选择。为方便起见，本章在下文分析中将政府"基于义务教育充足的财政资源配置"简称为"教育财政资源配置"。

3.1 政府教育财政资源配置的使命：创造公共价值

资源配置的主体由产品的属性决定，义务教育的产品属性可以从公共产品理论的发展中寻求解释，以确定政府提供教育的主体责任。政府存在的合法性要求教育财政资源配置应以创造公共价值为使命。在我国，将充足作为义务教育创造公共价值的使命是我国新时代国家发展的现实要求。

3.1.1 政府教育财政资源配置的正当性：公共产品理论

世界各地的实践中政府是配置义务教育资源的主体。政府为什么配置义务教育财政资源，本质上是政府和市场责任边界的问题。在经济学研究范式下，效率是政府和市场资源配置边界划分的主要标准。公共产品理论基于产品的性质划分了政府和市场资源配置的责任。

古典学派的经济学家，如大卫·休谟和亚当·斯密，通常从市场失灵的角度解释政府在某些领域的职能。休谟在 1739 年的《人性论》中通过"公共草地排水"的例子表明政府参与解决超越个人利益的公共性问题（即外部性问题）的必要性。斯密在 1776 年的《国富论》中也提到了政府的职能，将政府视为"守夜人"，提供最低限度的公共服务。随着公共产品理论的发展，奥意学派和瑞典学派从公共产品的消费、交易和成本分担等方面与私人产品相区分。

公共产品理论的形成是基于萨缪尔森对公共产品概念的定义。萨缪尔森将社会产品二分为公共产品和私人产品，1954 年，在《公共支出的纯理论》中，将纯粹的公共产品定义为：每个人消费这种物品或劳务不会导致别人对该种产品或劳务消费的减少。公共产品通过两个特征与私人物品相区别：①非竞争性，物品消费的边际成本为零，每增加一个单位的消费不影响其他人的消费；②非排他性，难以排除其他人对该物品的消费（Rosen & Gayer，2008）。萨缪尔森对私人产品和公共产品的有效供给做了比较分析，私人产品的市场价格对每个消费者来说是统一的，但市场消费数量是消费者不同需求的加总；而公共产品的集体支付意愿是所有消费者个人需求曲线的纵向加总，对每个消费者来说，价格不统一但消费数量相同。由于公共产品的非竞争性和非排他性，消费者会掩盖对公共产品的真实需求，希望尽可能少承担公共产品成本的同时，"搭便车"享受与他人无异的公共产品，最终导致公共产品的价格过低，私人不愿意提供。因此需要政府了解居民的真实偏好，通过价格歧视的方法按照不同需求偏好对不同消费者强制征税，利用税收提供公共产品。

1955 年，萨缪尔森在《公共支出理论图解》一文中指出，教育并不是纯公共产品，因为教育存在某种"收益上的可变因素，使得某个市民以其他成员的损失为代价而收益"。多招收学生会导致教师的注意力分散，教学质量下降，意味着教育的竞争性，而学校选择性地招收学生可以实现教育的排他性。教育的产品属性至今仍存在争议，争议的焦点在于是否应该根据间接消费来判断产品属性。布坎南考虑到教育的间接消费，认为教育为准公共产品，他进一步地对公共产品的不纯粹性和复杂性提出了"俱乐部产品"的概念，具有相同偏好的人共同组建俱乐部征收会费提供产品。俱乐部的最佳规模为增加成员分担会费带来的边际收益和拥挤带来的边际成本相等时的会员规模，该规模也就是地方政府管辖范围的最佳规模。斯蒂格雷茨认为，应根据直接消费来区分教育属性，教育是具有外部性的私人物品。

无论是准公共产品还是具有外部性的私人物品，都面临市场难以有效配置资源的失灵情况，政府通过财政提供教育具有必然性。我国政府提供教育具有多层级性，教育的产品属性也存在差异。其中，县级政府提供的教育通常面向辖区内所有居民，且法律规定了公共教育服务的非竞争性和非排他性，此时教育具有公共产品的属性；地市政府会倾向于支持重点、优质、具有入学门槛的学校（哪怕是义务教育），此时教育具有私人产品或准公共产品的性质①（田志磊等，2015）。虽然我国实行"以县为主"的义务教育管理体制，但是当财政资源自上而下流动时，各级政府提供的产品属性不同，利益诉求不同，财政资源配置行为也不同，且会存在相互影响的现象。

3.1.2　政府教育财政资源配置的目标：政府组织与使命

公共产品理论回答了政府应该配置教育财政资源，另一个问题是政府应该如何配置教育财政资源？或其目标和原则是什么？政府是一个组织，

---

① 本书认为，不仅仅是地市级政府，直接消费受益者的公共政策影响力越高，教育的私人产品性质越强。

组织的存在和发展具有特定的动机和价值。答案或许可以从政府的组织性质中寻找。

涂尔干 1893 年出版的《劳动分工论》论述了工业社会的劳动分工带来专业分化和等级制度的成长，人类社会生活的需要基于分工形成了不同的组织。组织的形成起源于提高生产效率的需要，也就是说，如果分化的组织不能在生产环节中发挥更优的作用便没有存在的必要。因此，组织的存在必须有其使命，明确组织存在的目的和作用，将该组织从本质上区别于其他组织。企业组织在营利性目标驱动下具有明确的使命，但是政府组织或公共部门组织由于缺乏明确的目标，使命的表达比较模糊。

政府是维护阶级统治和管理社会公共事务的组织，其统治的合法性取决于社会的普遍认可。现代政府的合法性通常是建立在代议制政府基础之上，政府通过民众自主选择程序产生。代议制政府下，公众与政府的关系可以被理解为"委托—代理"关系。公众以牺牲一部分私人消费和自由为代价，缴纳税款、服从国家权威，委托政府提供国防、医疗、教育等私人不愿提供但却人人需要的公共产品。政府作为代理人，需要完成公众的委托要求，才能继续获得公众的政治支持。自 20 世纪 80 年代"新公共管理运动"兴起以来，信息化和全球化导致政府面临的外部环境不确定性变大，社会的不稳定性和不可预测性使政府的执政合法性面临新的挑战，政府必须灵活、能动、有竞争力地完成"委托—代理"中的契约责任。对此，政府更加需要明确自身存在的使命，为不确定环境下的决策和行动提供指导。

马克·穆尔在《创造公共价值》一书中，参照私营部门创造"私有"价值，认为公共部门存在的根本使命为创造"公共"价值，并为公共部门管理者如何行动和思考提供了一个战略三角框架：①规定组织的总体使命和目标（用重要的公共价值表达出来）；②指明支持和合法性的来源，组织可以利用他们来争取社会的持续支出；③阐明组织应该如何组织和运作以达成目标。赵景华和李代民（2009）将穆尔的战略三角框架图示化，如图 3 - 1 所示，政府组织实现创造公共价值的使命需要从使命管理、政治管理和运营管理三个维度紧紧围绕公共价值的内核，使命管理确定方向，政治管理获得资源，运营管理组织生产。

图 3 - 1　政府战略管理三角模型

资料来源：赵景华，李代民．政府战略管理三角模型评析与创新［J］．中国行政管理，2009（6）：47 - 49.

公共价值的内涵与私人价值相对应。私营部门的消费者在消费时，通过比较成本和收益确定资源投入是否产生了价值，进而决定消费和生产行为。同样的，是否创造了公共价值可以通过"政府创造的价值是否超过了公众将资源委托给政府所付出的消费和自由代价"来判断。该标准可以进一步地从两个维度来考量（如图 3 - 2 所示）：①该组织是否有效地满足了社会公众对它的期望和要求；②该组织的运营成本是否合理。根据这两个维度，可以将政府组织划分为四种类型，其中以低成本满足社会期望的政府组织为高价值组织，即有效地创造了公共价值（赵景华、李代民，2009）。

组织是否满足了社会期望

		满足	未满足
运营成本	低	高价值组织	"无效果"组织
	高	"不经济"组织	"负担"组织

图 3 - 2　政府组织价值类别

资料来源：同图 3 - 1。

当前的政府组织在韦伯的科层制理论影响下，形成了分工、分权、层级分明的行政体系。实现创造公共价值的使命需要承担不同职责的政府组织基于本组织的职责特征，确定本组织提供公共产品的性质和范围，并保证组织内的管理人员和利益相关者明晰责任、相互协调，使组织朝正确的方向前进。威尔逊的政治—行政二分制度安排使得行政工作脱离于政治之外，着力于更加专业的公务工作。因此政治的责任是明确使命、确定目标，以一致的、明晰的政策形式形成政治授权，让行政管理者了解应该做什么以及怎么做。

3.1.3　我国教育财政资源配置的公共价值：教育充足的本土化内涵

我国《义务教育法》中明确规定，义务教育"是国家必须予以保障的公益性事业""国家将义务教育全面纳入财政保障范围"。义务教育由政府提供的公共产品性质在我国已经成为共识。义务教育的外部性也为财政资源配置的正当性提供了理由。我国义务教育的外部性主要体现在经济的促进作用和社会的稳定作用。在促进经济方面，我国已经从自给自足的小农经济转向了以工业和服务业为主导的现代经济体。这一经济飞越的转变有赖于教育的扫盲，让劳动者能够通过阅读的方式获取信息，更有效地掌握如何进行生产操作，同时有助于劳动者进行知识积累、传递和创新。在社会稳定方面，我国是一个地域辽阔、人口众多、多民族、多文化的国家，其稳定发展事关 14 亿人民的福祉和全球的和平。教育是传递社会核心价值、巩固国家凝聚力的最优渠道。尤其义务教育阶段是儿童人格成长、价值观形成的关键时期，多一个儿童在学校学习很可能就少一个儿童进入监狱。因此，为义务教育配置充足的财政资源，会让政府获得巨大的社会效益。

政府配置财政资源提供义务教育必然有其创造公共价值的使命。从国家需求和教育发展情况来看，我国义务教育的公共价值已经从追求学龄儿童"有学上"的基本公平转向追求"上好学"的充足保障。在党代会报告（如十九大报告）和政府工作报告等文件中，多次承诺要提供"公平且有质量"的教育，体现了教育充足的现实价值。换句话说，在我国，义务教育充足不应当仅仅作为一个"舶来品"看待，而应看作根植于我国在新时期教育面对的现实国情，以及义务教育公平在新阶段的体现。往一般处说，义务教育充足是教育公平的高级阶段；往高处说，它实际上是教育公正的体现。因为教育的本质是让学生获得知识和能力，不只是让学生"有学上"（或待在学校），而是让学生"上好学"（或学到本事）。作为保证公共产品提供的财政资源，为义务教育充足配置资源以保障教育公正，创造公共价值，当然也是应有之义。

3.2　政府教育财政资源配置的行为：差异与博弈

财政资源配置要实现义务教育充足的使命，换言之，义务教育充足使命的实现有赖于财政资源的有效配置。财政是政府的"钱袋子"，尼斯坎南（1971）认为，官僚追求的效用最大化的结果是自由裁量财政预算最大化。在财政的"总盘子"一定的情况下，各级政府追求效用最大化的过程必然会对财政资源配置产生影响。"在国务院领导下，由地方政府负责、分级管理、以县为主"的义务教育管理分权体制的作用下，不同层级政府教育财政资源配置行为存在差异，进而会影响义务教育充足的实现。

3.2.1　各级政府教育财政资源配置行为的差异：中国式财政分权

财政分权理论认为，在联邦制和选举制度下，地方政府通过财政税收和支出自主权提供地方性公共产品可实现社会福利最大化和公众效用最大化。同时，财政分权也会导致各级政府财政资源配置行为的差异。官僚为谋求自身效用最大化，在面临不同财权和事权时，会选择不同的行为方式。因此，要实现社会福利最大化目标，需要了解各级政府的财政资源配置行为差异。

虽然有研究认为地方政府在我国的财政分权制度下，会偏向于经济增长短期收益更快的生产性和建设性投入，而忽略教育等经济增长收益不明显的公共服务支出（傅勇、张晏，2007；李永友、张子楠，2017）。但现实的情况是教育财政投入在一直在提高：2012 年我国国家财政性教育经费占 GDP 的比重首次达 4%，至 2021 年该指标已经连续 10 年不低于 4%，其中对义务教育的财政保障更是重中之重。该现象的产生是因为在中国式财政分权体制下，中央政府为维护社会公平和稳定、促进经济长期发展，会更主动地推进教育财政体制改革，提高教育财政支出（袁连生，2015）。教育领域的一系列重要财政改革，如"4%"和农村义务教育保障机制都是在中央政府的推动下进行的。

聚焦到义务教育领域，中央—地方两级政府的财政分权分析框架并不能完全解释我国义务教育的供给（田志磊等，2015）。中央和省级政府主要承担高等教育的财政支出责任，而义务教育主要由县级政府承担，中央—地方两级政府的分析框架无法接触到义务教育财政资源的配置主体。不同层级的政府提供的义务教育具有不同的产品属性，地方政府的支出行为也不一致。县级政府提供的教育具有公共产品属性，其边际教育支出倾向递减，地市级政府提供的教育具有私人产品或俱乐部产品的性质，教育支出没有呈现边际递减的倾向（田志磊等，2015）。该现象的产生是因为地市政府和县级政府对于教育的职责同构，上级政府会有激励地将"无法受益的事权"交给下级政府，保留"能够获益的事权"，导致教育财政财权和事权的不匹配。

我国的财政分权体制下各级政府配置义务教育财政资源的行为存在差异性。中央政府是教育公共价值使命的界定者和推动者。省级政府不是义务教育的提供主体，没有积极性配置义务教育财政资源，反而省以下的分权能够带来教育支出的增加（杨良松，2013）。省级政府在义务教育财政资源配置中是一个中央意志传达者和保证人的角色，保证省内义务教育事业发展的稳定性。地市级和县级政府在承担教育责任上存在职责同构，但是提供的义务教育具有不同的产品属性，其行为模式也存在差异。地市级政府会尽可能地保证教育产品提供的优质性，强化教育能带来的正向作用。县级政府是提供义务教育最主要的责任主体，直接面对公众，在工作职责要求和社会舆情压力下，县级政府会尽力配置财政资源，以满足上级的考核要求和公众的一般需求。

3.2.2　政府间教育财政资源配置行为的博弈：项目制

面对中央、省、地市、县各级政府对教育财政资源配置行为的差异，上级政府会通过转移支付平衡教育发展。同时，下级政府会根据自身的发展需要与上级政府进行博弈。

1994 年分税制改革后，财政资源向中央政府集中，但是提供公共服务的事权仍旧在地方政府，其直接结果是财权和事权的不匹配。21 世纪初，我国的转移支付制度逐步完善，从中央流向地方的财政支出形成了税收返还、专项转移支付、财力性转移支付[①]三分天下的局面。转移支付虽然在弥补地方政府财力、提高地方公共服务提供的效率和质量上具有正向作用（Candelaria & Shores，2019；Lafortune et al.，2018），但也可能会扭曲地方政府的财政支出行为。第一，地方财政支出会出现"粘蝇纸效应（flypaper effect）"，不会增加财政努力填补转移支付缩减的部分（Baretti et al.，2002；范子英、张军，2013；毛捷等，2015）。第二，转移支付会带来"预算软约束"问题，地方政府对非本级财政收入的分配和使用责任感更低（Rodden，2006；乔宝云，2006）。第三，转移支付的"公共池效应"会引致地方财政无序竞争和地方政府债务过快增长（Fisman & Gatti，2002；Nikolova & Marinov，2017）。

为了保证资金使用的有效性，政府间的转移支付资金中有相当大的一部分被政府部门指定了专门用途、戴上了各种"项目"的"帽子"，与之相对应的是 1997 年后专项转移支付的大幅度上升。除了专项转移支付外，每级政府都可能设立一些专项资金，向下拨付时，限定使用用途或其他方面。可见，财政资金配置越来越"专项化"，即依靠"专项"或"项目"的方式进行，其对财政资源配置及中央和地方财政关系的影响不容忽视。

---

①　税收返还是分税制设计的两税（增值税和消费税）的基数和增量返还，在 2002 年所得税增量分享改革之后，又加上了所得税（企业所得税和个人所得税）的基数返还；专项转移支付是中央拨付给地方的、指定了特定用途的资金，俗称"戴帽"资金；中央对地方的其他一些转移支付统称为财力性转移支付，是中央拨付地方用于补助其支出的资金，目标是促进地方提供公共服务能力的均等化（周飞舟，2012）。

学术界将这种财政资源再分配方式称为"项目制"。

周飞舟（2012）对县乡两级政府义务教育工作的案例研究发现，专项化的实际效应在于加强了县级职能部门的力量而弱化了乡镇政府的力量，造成"公共财政覆盖县城"的现象，并没有起到"反哺"农村的作用。因此，虽然项目制的初衷为突破官僚科层体制的"条块"运行模式、加强中央政府调控地方行为、优化地方财政预算支出结构，但是在实际运作过程中实施效果并不理想。

周雪光（2015）从组织博弈的角度，将分级运作机制转述为"委托方—承包方—代理方"互动的博弈过程，并基于"控制权"理论提出项目制中委托方和承包方的互动博弈分析框架。"控制权"理论基于不完全契约理论，将政府的上下级关系视为委托方—管理方—代理方的契约关系（周雪光、练宏，2012）。上级给下级布置任务相当于一个契约，上级为下级相应的授权和资源配置，下级完成上级的任务要求。但是由于信息和未来事件的不确定性，契约无法对所有的行为和权限一一规定，即为不完全契约。契约规定之外的剩余控制权如何在各级政府间分配，成为激励各级政府行为的重要因素。在项目制中，委托方和承包方的契约中会规定任务要求、完成期限、验收形式、奖惩措施等内容，但是信息、激励等问题无法被预知，也符合不完全契约的条件。剩余控制权在委托方和承包方之间的分配同样也会影响项目的执行效果。剩余控制权包括目标设定权、检查验收权、实施/激励权三个维度，在委托方和承包方之间的不同配置组合会形成直控式、承包式、托管式、自治式等不同形式的项目实施策略。委托方需要选择合适的策略，既提供相应的"参与激励"（participation incentive constraint）吸引承包方积极参与项目，又要提供激励使承包方按照委托方的目标努力，即"激励兼容"（incentive compatibility constraint）。项目制的博弈过程即是委托方和承包方策略选择上的互动、预测与调整。

改革开放初期，我国经济实力和财政能力不足，义务教育发展基础薄弱，为激发地方发展义务教育的积极性，农村义务教育的投入主要由乡政府负责，形成了"农村教育农民办"的局面。2002 年税费改革取消了农村教育费附加，乡政府的财政收入结构产生了巨大变化，对农村义务教育的投入能力大大减弱。此外，伴随着全面普及义务教育的政策要推进，义务教育财政体制转变为"以县为主"。为平衡和提高县级政府的财政能力，以及农村义务教育经费保障机制的实施，上级政府对县级政府的教育转移支付不断增加，其中包含大量的专项经费或准专项经费。"以县为主"的制度安排和转移支付的发放有效地保障了农村教师工资按时足额发放，但是公用经费不足的问题却愈演愈烈。周飞舟（2012）将"以县为主"管理体制前后公用经费拨付途径概括为"L 模式"和"Seven 模式"，如图 3－3 所示。"以县为主"体制实施前，公用经费拨付呈现"L 模式"，由县财政流向乡财政，在经费紧张的情况下，乡财政会根据实际情况，适当地协调各方面力量，保障学校的日常运转。实施后，公用经费拨付呈现"Seven 模式"，成为县财政到学校的"专项资金"，通过学校和县财政申请—审批的过程来实现。这一方面使得经费的使用手续十分烦琐，给县财政和学校带来了更多的工作负担；另一方面因为县财政不了解学校，造成信息不对称，使真正紧迫的问题得不到经费，经费使用的浪费现象严重。

(a) L模式　　　　(b) Seven模式

图 3－3　义务教育"以县为主"管理体制实施前后公用经费拨付途径差异

资料来源：周飞舟. 财政资金的专项化及其问题：兼论"项目治国"［J］. 社会，2012，32 (1)：1－37.

3.3　教育财政资源配置的运作：生产再造

政府间教育财政资源配置行为的差异和博弈必然会影响对义务教育充足使命的实现。运作过程中，各级政府和教育基层部门需要优化财政资源配置方式，以创造公共价值为导向，寻找价值创造的契机，通过生产再造更高效地创造价值。该过程的实现有赖于科学、严谨、详细的教育预算为资源的分配和使用提供指导。

3.3.1 如何高效地创造价值

义务教育的资金来自政府的财政收入，其运作过程需要对家长（客户）和上级政府（监管者）负责。只有当家长和政府都满意时，财政资源配置才创造了价值，有了存在的价值。教育部门为了保证自身长期存在的价值，需要寻找并利用各种机会创造更高的价值。马克·穆尔认为，价值提高的基本逻辑包括：

（1）增加单位资源生产的数量或资料；

（2）减少单位产出所消耗的资源；

（3）更好地确定和回应客户的真实需要；

（4）提高组织运作的公正性和透明性；

（5）增强组织持续回应客户需要和持续创新的能力。

为了寻找增加价值创造的机会，公共组织必须像私营企业一样积极运作，对组织进行再造（Hammer，1993）。为实现这一目标，组织需要从组织的使命和产品、生产过程的优化、管理系统的变革、创新的影响等方面来思考组织的运作。

公共组织的使命最终指向创造公共价值，在此使命下，每个组织都有金字塔式的组织目标。金字塔底层的目标是短期的、具体的、易于随着环境改变的目标，高层的目标是长期的、抽象的、稳定的目标。在不同层次的目标设定下，组织可以与不同层次的授权环境对话，例如低层次的目标可以让学校内的执教者明确自己应该做什么，更有利于教育部门管理者对组织进行领导和指挥；而上级拨款者或媒体更偏好于教育的宏大价值，此时教育部门应该用高层次的目标与之对话，以获得拨款或进行宣传。如赵景华、李代民（2009）所指出的，组织可以从是否满足了社会期望和运营成本两个维度，将创造公共价值的终极使命降维成金字塔式的组织目标。

对此，教育部门需要综合考虑自身有多少可配置的财政资源？家长需要什么样的义务教育？家长会如何向上级政府反馈学校提供义务教育的绩效？上级政府会对家长的反馈采取什么样的措施？并选择自身应提供的产品。在信息化和多变环境的影响下，教育部门需要更积极、妥善、谨慎地回应家长的需求和反馈，否则可能会陷入上级政府的问责。

生产过程的优化是要对生产程序进行创新，提高运作绩效。教育生产环节具有特殊性，一方面是生产结果并不明晰，如果不知道要生产什么，学校也就不知道该如何实施教学活动；另一方面是生产过程受到家长、社会和政府等外部环境的高度关注，使得教育的生产要关注和满足多方的期待，增加了生产过程的复杂性。教育要实现生产过程的优化，首先需要明确生产流程与生产结果之间的关系；其次要了解什么样的生产流程会影响家长、社会和政府的满意度；最后核算生产某项成果所需的资源和成本。

管理系统的变革是为了使组织的绩效表现得更好。管理系统包括组织结构、规章制度的制定程序、人事系统、管理信息和控制系统。管理系统变革的核心是管理上的创新，以提高生产力和向监督者汇报的质量、采纳重要的产品或程序创新、使组织富有活力。管理系统的变革涉及组织运作的全局，必须从战略的高度进行整体性的筹划。

实际上，生产程序和管理系统的创新需要谨慎行之，不恰当的创新反而会降低组织的绩效，损害原有的生产基础。巴纳德（Barnard，1966）指出，组织的创新必须在组织成员的"冷漠区"（zone of indifference）内进行；否则，会激起组织成员的抵触情绪，导致创新的失败。同时，创新也需要考虑到组织是否可以有政治支持和足够的资源实施变革。

3.3.2 教育预算指导下的财政资源配置

教育预算是教育收入和支出的一份规划文件，是计划、分配和使用资源的过程，更是教育部门不断进行自我监控和评估的重要管理工具。教育部门实现高效创造公共价值的生产再造需要预算为其提供行动指导。

    预算的核心是为应对资源稀缺问题确定资金分配的优先性。科伊（Key，1940）在《缺乏预算理论》（*The Lack of a Budgetary Theory*）一文中，提出了"基于什么决定将 X 美元分配给活动 A 而不是活动 B？"的经典之问，促进了预算资金配置的理论探索。随后，预算渐变理论、预算改革理论、政策过程预算理论、后现代预算理论、交易费用预算理论等多元化地为不同政治、经济背景下的预算资金配置提供理论解释。这些理论在解释教育预算安排时，均有一定的解释力，但是在我国的现实环境下，教育预算需要考虑的最主要问题并不是预算的基数或选民的偏好，而是如何高效地创造公共价值。正如索伦森和戈德史密斯（Sorenson & Goldsmith，2012）所倡导的，教育预算的资金配置必须要基于教育发展愿景和规划，三者相互整合，才能使学校成功发展，如图 3 – 4 所示。愿景要求学校等教育部门明确他们的目标是让所有的学生实现学习上的成功；规划要基于数据的收集、分析和教育部门决策者对教育资源需要优先性的判断；预算体现财政资源、时间和人员的投入。索伦森和戈德史密斯认为，数据的收集和分析是教育预算安排的重要一环，因为学校面临的环境是不断变化的，不存在一劳永逸的预算模型，需要学校依赖数据时刻观察可能存在的变动，并对预算的安排进行调整。

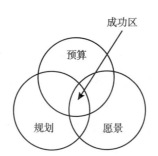

图 3 – 4　基于规划和愿景的预算模型

    资料来源：Sorenson R D，Goldsmith L M. The principal's guide to school budgeting ［M］. Corwin Press，2012.

    索伦森和戈德史密斯（2012）提出了 Sorenson – Goldsmith 整合预算模型，体现了教育预算实施的具体框架和步骤，也表达了二人对数据使用的青睐，模型如图 3－5 所示，教育预算的实施是教育部门领导者持续协调、统筹定义利益相关者、选择利益相关者、收集数据、分析数据、识别优先性、设定目标、确定绩效目标、制定行动计划等 8 个元素的结果。其中，数据的收集包括对学生相关信息，包括收入、能力、成绩、性别、民族、健康等方方面面的信息收集，并且将其标准化为一个持续的过程。不可否认，我国的教育部门存在大量的信息采集行为，但是却缺乏对信息采集的追踪和数据的分析。尽管数据的收集费时费力，需要专业化的分析，但是数据分析的意义在于可以提炼现状、发现问题、识别需要，进而对这些需要进行优先性排序，确定预算资金的配置。田志磊等（2019）对我国两县近 400 所试点学校进行了支出功能分类研究，对于揭示学校内部资源配置的规律具有重要价值，不同功能的支出价值理应从功能的实现情况来衡量，如投入教学的经费应该提高教学质量、投入校园绿化的经费对学生教学过程难以发挥作用。基于这样的数据分析，教育部门和学校才了解钱应该花在哪里，财政资源配置和使用才能有效地创造公共价值。

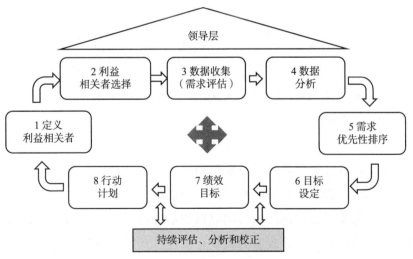

图 3－5 Sorenson－Goldsmith 整合预算模型

资料资源：Sorenson R D，Goldsmith L M. The principal's guide to school budgeting［M］. Corwin Press，2012.

3.4　本章小结

本章构建了一个"使命—政治—运作"的三维框架，如图3-6所示，从使命层、政治层、运作层分别解释、分析政府配置义务教育财政资源的原因和目标、各级政府配置行为的差异和博弈、高效创造价值的财政资源配置优化选择。

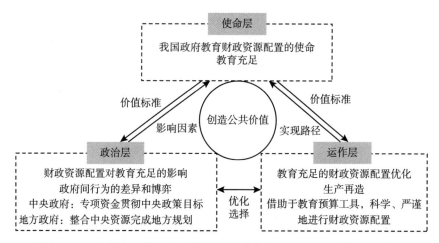

图3-6　义务教育充足的财政资源配置"使命—政治—运作"分析框架

资料来源：作者绘制。

使命是教育财政资源配置的标准和价值诉求，义务教育公共产品或俱乐部产品的属性决定了政府配置财政资源提供义务教育的主体责任。外部环境的多变化要求公共部门的行动应以创造公共价值为使命，用较低的成本满足公众的期望，巩固政府的执政合法性。从我国现阶段的发展需求来看，义务教育充足是政府配置财政资源创造公共价值的应有之义。

从政治层的角度出发，我国的政治体制下中央政府更有动力创造公共价值。但由于各级地方政府的行为差异，教育的公共价值难以实现。中央政府希望通过项目制，即规定财政资金的具体用途，调动地方落实中央政策的积极性。但是地方政府和基层单位仍旧存在较强自主性利用专项资金满足自身的发展规划。

面对政府间行为差异的影响，财政资源配置在运作过程中需要优化配置方式，更高效地实现义务教育充足使命。高效地实现使命需要明确组织使命、生产过程的优化和管理系统的变革。同时，教育部门需要运用预算工具指导教育资金的分配和使用。预算只有建立在愿景和规划之上，才能保证资金运作的成功，预算资金如何在不同的活动上分配应该经过数据的收集和分析，识别关键需求，将资金优先分配到创造价值最需要的领域。

第 4 章

政府使命：义务教育充足标准体系分析

判断政府义务教育充足使命的实现程度，前提是明确义务教育充足如何衡量。对义务教育充足的衡量应具有系统性、动态性和可操作性。本章在借鉴国内外现有的充足评价标准的基础上，通过对改革开放至 2018 年中央政府的义务教育相关政策文本进行量化分析，从政策的引导逻辑变化中确认适用于我国的义务教育充足标准体系。基于确认的标准体系，本章还以 434 个样本县为例，计算了我国各省份 2017 年的义务教育充足指数，分析了我国义务教育充足的现状。

4.1 义务教育充足标准的发展和借鉴

本节内容意在以历史的视角审视国内外现有义务教育充足标准的优缺点，取其可取之处、弃其不适应我国教育发展之处，为后文的义务教育充足标准体系的确认提供基础。

4.1.1 我国义务教育充足标准的发展

我国现有的教育充足研究缺乏系统的充足标准，有的研究将我国历个《教育事业发展五年规划》中的入学率目标作为充足标准（汪栋等，2017），对教育充足内涵的理解过于单一。有的研究为实现充足所需的资源或经费设置了一定的标准，如基于教师工资、公用经费、新修校舍经费、危房改造经费测算实现充足所需的最低经费（邓丽琳，2006）；以 OECD 国家的教育经费投入水平作为北京市教育发展的充足标准（张荣馨，2018）；建立充足标准模型，综合考虑教育需求、教育目标和标准、教育生产要素及价格、财政收入水平等因素的影响（卜紫洲等，2011）。此类标准的构建虽然部分考虑了我国教育发展的复杂性和多样性，但是在教育生产"黑箱"中，经费充足和教育充足的关系并不明晰，什么类型的经费、经费如何分配才能实现教育充足等问题还需进一步思考。

政府和相关机构对义务教育发展进行测评的实践中，通常针对公平进行分析。虽然公平无法体现充足的效率性和结果导向性，但公平也是充足的一个方面，公平标准的维度和指标能够为充足标准体系提供一定线索。2012 年，教育部印发的《县域义务教育均衡发展督导评估暂行办法》中，对我国县域内的义务教育均衡情况进行了测评，测评考虑了县级人民政府推进义务教育均衡发展工作情况和公众满意度，并从校舍、设备、图书、教师四个方面构建了八个指标测量县域内校际办学条件的差异（如表 4 - 1 所示）。结合学者对于义务教育均衡发展评价的研究结果，不难看出，研究者和实践者在构建义务教育均衡的测评标准时，虽然基于不同的理论和原则，但是由于指标可获得性的限制，最终选择的指标大同小异，主要包括学生教育机会（入学率、辍学率、升学率、巩固率等）、经费情况（生均事业经费、生均公用经费等）、教师数量和质量（师生比、教师学历、教师职称等）、办学条件（校舍面积、教学仪器、图书资料等）等投入性指标（熊彼燕等，2015；王善迈等，2013；朱家存等，2010；翟博，2006）。这些指标能够反映教育资源分配的现状，但是反映学生知识和能力的产出性指标少之甚少，因此无法体现教育资源分配与学生成长之间的关系。此外，对于均衡的衡量一般使用差异系数、基尼系数、泰尔系数、极值等方式，没有考虑到不同地区教育资源需求、发展阶段和目标本身的差异性，其均衡计算结果并不能反映不同地区教育的现状和发展趋势。

表 4-1 教育部县域义务教育均衡发展督导评估标准

测评内容	测评维度		标准
县级人民政府推进义务教育均衡发展工作评估	入学机会、保障机制、教师队伍、质量与管理		评估得分在 85 分以上
校际办学条件的差异	校舍	生均教学及辅助用房面积 生均体育运动场馆面积	小学和初中差异系数分别小于或等于 0.65 和 0.55
	设备	生均教学仪器设备值 每百名学生拥有计算机台数	
	图书	生均图书册数	
	教师	师生比 生均高于规定学历教师数 生均中级及以上专业技术职务教师数	
公众满意度	适龄儿童少年就近入学 县域内学校校际办学条件差距 县域内校际教师队伍的差距 县域内义务教育择校情况 政府在推进义务教育均衡发展方面的努力程度等		供参考

资料来源：教育部关于印发《县域义务教育均衡发展督导评估暂行办法》的通知 [EB/OL]. (2012-01-20) [2022-03-20]. http://old.moe.gov.cn/publicfiles/business/htmlfiles/moe/moe_1789/201205/136600.html.

2017 年，教育部进一步发布了《县域义务教育优质均衡发展督导评估办法》，从资源配置、政府保障程度、教育质量、社会认可度四个维度提高对县域义务教育均衡的要求。优质均衡的评估标准不但对资源投入的绝对值和差异系数提出了更高的要求，同时增加了对教育质量和社会认可度等产出性指标的重视，具体如表 4-2 所示。从本质上看，义务教育优质均衡是基本均衡的高级阶段，凸显教育质量的重要性，将资源配置与教育结果相联系，体现了充足的内涵。但对于评价义务教育充足来说，表 4-2 的评估标准的结构和内容还存在如下几个问题：

首先，该标准的系统性和层次性有待加强。在表 4-2 的指标维度中，更倾向于评价政府工作的有效性，而非以教育过程为导向。虽然政府保障程度的维度中主要从教育机会和资源投入的角度来衡量，但是该标准基于教育充足的系统性和层次性被减弱。

其次，部分指标对教育充足的度量程度不高。虽然优质均衡评估标准已经将生均图书册数和每百名学生拥有计算机台数等无实质意义的指标删除，但仍然存在一些价值不高的指标。例如，并无资料证明学校规模在什么范围内能有助于教学活动的实施。在现实中，往往是优质的学校能够吸引更多的学生，而落后的乡村学校学生数量不断降低。以 2000 人作为合格优质学校的分割点显然是有待商榷的，如果具备良好的组织结构和充足的资源投入，大规模带来的管理效率低下问题是可以被解决的。

最后，部分教育质量和社会认可维度的指标并没有清晰且客观的标准，会导致测评结果的主观差异。如对学校管理和教学信息化、德育工作、校园文化建设、课业负担等指标，目前在学术界和社会界并没有形成统一的评价标准，甚至尚存争议。

无疑，优质均衡评估标准的全面性是值得肯定的。如果用于评价义务教育充足，该评估标准应更加与充足的体系对话，指标的选择更应该考虑可行性。

表 4 - 2　　　　　　　教育部县域义务教育优质均衡发展督导评估标准

维度	指标	标准		
		小学	初中	总体
资源配置	每百名学生拥有高于规定学历教师数	>4.2 人	>5.3 人	至少 6 项指标达到要求，余项不能低于要求的 85%；所有指标校际差异系数，小学 ≥0.50，初中 ≥0.45
	每百名学生拥有县级以上骨干教师数	>1 人	>1 人	
	每百名学生拥有体育、艺术（美术、音乐）专任教师数	>0.9 人	>0.9 人	
	生均教学及辅助用房面积	>4.5m²	>5.8m²	
	生均体育运动场馆面积	>7.5m²	>10.2m²	
	生均教学仪器设备值	>2000 元	>2500 元	
	每百名学生拥有网络多媒体教室数	>2.3 间	>2.4 间	

维度	指标	标准	
		小学	初中
政府保障程度	学校规划布局合理	符合国家规定要求	
	城乡办学条件标准统一	学校建设、教师编制、生均公用经费基准定额、基本装备配置统一	
	每12个班级配备音乐、美术专用教室	小学和初中均＞1间，每间音乐专用教室面积≥96平方米，每间美术专用教室面积≥90平方米	
	学校规模	小学和初中＜2000人，九年一贯制学校、十二年一贯制学校义务教育阶段≤2500人	
	班级规模	≤45人	≤50人
	不足100名学生村小学和教学点公用经费	按100名学生核定	
	特殊教育学校生均公用经费	≥6000元	
	义务教育学校教师平均工资收入水平	不低于当地公务员平均工资收入水平，按规定足额核定教师绩效工资总量	
	教师5年360学时培训完成率	100%	
	统筹分配各校教职工编制和岗位数量	—	
	全县每年交流轮岗教师的比例	≥符合交流条件教师总数的10%，其中，骨干教师≥交流轮岗教师总数的20%	
	专任教师持有教师资格证上岗率	100%	
	城区和镇区公办小学、初中（均不含寄宿制学校）就近划片入学比例	100%	＞95%
	全县优质高中招生名额分配比例	≥50%，并向农村初中倾斜	
	全县符合条件的随迁子女在公办学校和政府购买服务的民办学校就读的比例	≥85%	
教育质量	全县初中三年巩固率	＞95%	
	全县残疾儿童少年入学率	＞95%	
	实现学校管理与教学信息化		

续表

维度	指标	标准	
		小学	初中
教育质量	全县所有学校按照不低于学校年度公用经费预算总额的 5% 安排教师培训经费		
	教师能熟练运用信息化手段组织教学，设施设备利用率达到较高水平		
	所有学校德育工作、校园文化建设水平达到良好以上		
	课程开齐开足，教学秩序规范，综合实践活动有效开展		
	无过重课业负担		
	在国家义务教育质量监测中，相关科目学生学业水平达到Ⅲ级以上，且校际差异率低于 0.15		
社会认可度	学生、家长、教师、校长、人大代表、政协委员及其他群众对有关部门落实教育公平政策、推动优质资源共享，以及义务教育学校规范办学行为、实施素质教育、考试评估制度改革、提高教育质量等方面取得的成效的认可度达到 85% 以上		

注："—"表示无具体指标。

资料来源：教育部关于印发《县域义务教育优质均衡发展督导评估办法》的通知［EB/OL］.（2017 - 04 - 26）［2022 - 03 - 20］. http：//www. moe. gov. cn/srcsite/A11/moe_1789/201705/t20170512_304462. html.

4.1.2　国外义务教育充足标准的借鉴

教育充足的概念起源于 20 世纪末美国基础教育财政改革的诉讼。经过30 年的发展，美国在充足标准上具有一定的理论和实践经验可供借鉴。

4.1.2.1　美国的教育充足评价标准

美国教育充足的概念在教育财政改革的诉讼中逐渐形成，由法院判决教育是否充足。法院判决后，立法部门制定相应的改革方案或法律、法规，最后交由行政部门实施，保障教育充足地落实。

1973 年，新泽西州最高法院在罗宾森案（Robinson v. Cahill）中，对"彻底且有效（thorough and efficient）"教育系统的表述是"教育机会要使所有的学生具备承担公民角色和劳动力市场竞争者的能力"①。1989 年，肯塔基州最高法院在罗斯案（Rose v. Council for better education）的判决中认为，肯塔基州的整个教育财政系统，包括学校课程、学校管理、政府统治与学校财政公平，与要满足所有学生具备充足的教育条件的州宪法教育条款不符，并指出充足的教育应是②：

（1）足够的语言和写作交流能力，使学生能够适应复杂且迅速变化的环境；

（2）足够的经济、社会和政治知识，使学生能够明智地选择；

（3）足够了解政府过程，使学生理解重大事项对学生所处的社区、州和国家的影响；

（4）足够的自我认知及与自身心理和生理幸福感相关的知识；

（5）足够的艺术基础，使每个学生能够欣赏所处地的文化和历史遗产；

（6）足够的学术或职业训练或让学生准备好接受更高级的训练，使每个学生能够明智地选择和追求一生的事业；

（7）足够的学术或职业技术，使公立学校的学生在学术领域或劳动力市场上能够与邻州的同龄人相比更有竞争力。

法院多从公民性的角度判决州教育是否充足，其充足标准是长期的、指导性的、不具体的、难以测量的标准。随着教育问责政策的兴起和标准化考试的发展，公共核心标准（common core standard）或州政府为州内教育的课程内容和学生应达成的成就建立的标准，促使学校进行基于标准的教育改革（standard-based education reform），保证学生具有升学和就业的能力。

奥登和皮克斯等通过循证法构建了一个能够有效实现教育充足（全面、高质量教学）的典型学校，并列出了典型学校的特征和理想的资源使用情况，如表 4 - 3 所示。奥登和皮克斯的充足典型学校考虑到学生结构对教育结果的影响，并基于有效的证据，将学生助教、英语学习指导、教学延长、暑期学校、特殊学生额外拨款等项目作为典型学校中提高困难学生学习成

---

① Robinson I (1973)，295.
② Rose v. Council for better education, Inc., 790 S. W. 2d 186 (Ky. 1989).

果的手段。典型学校的作用在于当面临一所有待改善的学校时，可以按照典型学校的特征和学区的特征调整学校的资源安排，并根据学区各项资源的成本计算实现教育充足所需的经费投入。典型学校所列出的项目和所需的资源能够使政府教育经费的拨款更加科学化，每个项目的目标和所需资源被明确化，资源和成果的关系也更易于辨别。这不仅对美国学校和学区如何运作有实践指导意义，而且对我国教育财政拨款的改进具有借鉴价值。

表4－3　　　　　　　　典型小学和初中学校所需的充足资源

类别		小学	初中
学校特征	年级	K－5	6－8
	学校规模	450人	450人
	班级规模	K－3：15　4－5：25	25
	全日制学前班	是	无
	教师工作天数	200天，包括10天的集中培训	200天，包括10天的集中培训
	残疾学生的比例	12%	12%
	享受免费午饭和低价午餐的贫困学生比例	50%	50%
	学习英语的学生比例	10%	10%
人员资源	1. 核心课程教师	26人	18人
	2. 专业教师	5.2人	3.6人
	3. 指导员	2.25人	2.25人
	4. 困难学生助教	2.25人	2.25人
	5. 学习英语学生所需额外教师	0.45人	0.45人
	6. 教学延长所需额外教师	1.875人	1.875人
	7. 暑期学校所需额外教师	1.875人	1.875人
	8. 轻微残疾所需额外教师	3位教师和1.5个辅助岗位	3位教师和1.5个辅助岗位
	9. 重度残疾学生生均州支出	25美元	25美元

类别		小学	初中
人员资源	10. 天才学生生均拨款	25 美元	25 美元
	11. 替代教师	1~9（教师数量的 5%）	1~9（教师数量的 5%）
	12. 指导咨询员	5.5 人	6.3 人
	13. 校园护士	0.6 人	0.6 人
	14. 非指导辅助人员	2 人	2 人
	15. 图书管理员	1 人	1 人
	16. 校长	1 人	1 人
	17. 学校秘书	2 人	2 人
	18. 教师职业发展	10 天集训和生均 100 美元用于其他职业发展活动	10 天集训和生均 100 美元用于其他职业发展活动
	19. 生均技术支出	250 美元	250 美元
	20. 生均指导、图书馆、评估材料支出	165 美元	165 美元
	21. 生均学生活动支出	250 美元	250 美元

注：核心课程教师为数学、科学、阅读、英语/写作、历史、世界语言等课程的教师；专业教师包括艺术、音乐、体育等课程教师；指导员的责任包括职业指导、课程设计、技术协调等专业人员；困难学生是指必须付出更多努力和时间才能达到相同学业水平的学生，例如贫困学生、英语非母语学生和残疾学生。

资料来源：Odden A，Picus L. School finance：a policy perspective：5th Edition ［M］. New York：McGraw – Hill，2014：76 – 120.

中国照搬奥登和皮克斯的充足典型学校显然是不合理的，一方面，奥登和皮克斯的充足典型学校是以美国有效的研究和实践作为证据设计的充足资源安排，在美国行之有效的资源安排在我国可能会"水土不服"。我国应该以本土化的有效研究和实践作为证据，设计适合于我国的教学项目，安排充足资源将学生的教学成果提高至充足水平。另一方面，美国学校的基础设施已经相当完善，典型学校主要关注人员资源的安排。但是我国的中小学还存在一定规模的危房，教学及辅助用房、教学设施和设备不足的情况在部分偏远农村地区也未消除。我国教育充足的标准与美国相比存在较大差异，应更多地考虑我国现状。

4.1.2.2　国际组织的教育评价标准

国际组织一般从人权伦理、公平正义、人类发展、地区交融等比较宏观且抽象的角度评价教育发展。

联合国通过的一系列文件对于教育的评价提供了不同的视角和维度。1948 年的《世界人权宣言》中提出"人人都有受教育的权利"，"教育的目的在于充分发展人的个性并加强对人权和基本自由的尊重。教育应促进各国、各种族或各宗教集团的了解、容忍和友谊，并应促进联合国维护和平的各项活动。"1996 年的《学会生存——教育世界的今天和明天》一文中指出，"学会做人、学会做事、学会学习、学会与他人共同生活"是教育的四大支柱，表达了教育对人的发展应具备的功能性产出。2000 年的《联合国千年宣言》中倡导的"男女儿童都享有平等的机会"强调了教育的公平性。2015 年 9 月，联合国可持续发展峰会审议通过了《变革我们的世界——2030 年可持续发展议程》（以下简称《议程》）。《议程》在变革愿景中将建立"一个人人都识字的世界""一个人人平等享有优质大中小学教育的世界"作为人类发展的方向，倡导平等、优质教育。《议程》包含 17 个可持续发展目标，第四个发展目标为"确保包容和公平的优质教育，让全民终身享有学习机会"。如表 4-4 所示的 10 项子目标关注于学生受教育权利、教育质量、教育成果、教育环境和教师培训。虽然《议程》中并未提及教育充足，但是优质教育及对教育质量和成果的要求已然体现了充足的内涵。

表 4-4　　　《变革我们的世界——2030 年可持续发展议程》

中教育目标的具体内容

目标 4. 确保包容和公平的优质教育，让全民终身享有学习机会
4.1　到 2030 年，确保所有男女童完成免费、公平和优质的中小学教育，并取得相关和有效的学习成果。
4.2　到 2030 年，确保所有男女童获得优质幼儿发展、看护和学前教育，为他们接受初级教育做好准备。
4.3　到 2030 年，确保所有男女平等获得负担得起的优质技术、职业和高等教育，包括大学教育。

目标4. 确保包容和公平的优质教育，让全民终身享有学习机会

4.4 到2030年，大幅增加掌握就业、体面工作和创业所需相关技能，包括技术性和职业性技能的青年和成年人数。

4.5 到2030年，消除教育中的性别差距，确保残疾人、土著居民和处境脆弱儿童等弱势群体平等获得各级教育和职业培训。

4.6 到2030年，确保所有青年和大部分成年男女具有识字和计算能力。

4.7 到2030年，确保所有进行学习的人都掌握可持续发展所需的知识和技能，具体做法包括开展可持续发展、可持续生活方式、人权和性别平等方面的教育、弘扬和平和非暴力文化、提升全球公民意识，以及肯定文化多样性和文化对可持续发展的贡献。

4.a 建立和改善兼顾儿童、残疾和性别平等的教育设施，为所有人提供安全、非暴力、包容和有效的学习环境。

4.b 到2030年，在全球范围内大幅增加发达国家和部分发展中国家为发展中国家，特别是最不发达国家、小岛屿发展中国家和非洲国家提供的高等教育奖学金数量，包括职业培训和信息通信技术、技术、工程、科学项目的奖学金。

4.c 到2030年，大幅增加合格教师人数，具体做法包括在发展中国家，特别是最不发达国家和小岛屿发展中国家开展师资培训方面的国际合作。

资料来源：联合国公约与宣言检索系统. 变革我们的世界：2030 年可持续发展议程［EB/OL］. (2015 – 09 – 25)［2022 – 03 – 20］. https：//www. un. org/zh/documents/treaty/files/A – RES – 70 – 1. shtml.

OECD 的教育评价标准将角度和维度具体到如何测评上。OECD 在 2021 年发布的《教育概览》（*Education at a Glance* 2021）中，从教育机构的产出和教育的影响，教育机会、参与和进步，投入教育的财政资源，教师、学习环境和学校组织四个维度评价 OECD 国家的教育发展情况，如表 4 – 5 所示，全方位地体现了教育的投入、使用、成果和效果。这样的综合性评价标准不仅能全面评价教育系统的运行情况，而且有助于研究者发现问题，例如运用投入和产出的关系，分析教育生产的效率，再从资源使用过程中提取不同效率的资源使用特征。

表 4 – 5　　　　　　　　　2021 年 OECD 的教育评价标准

一级指标	二级指标
A　教育机构的产出和教育的影响	A1　成年人受教育程度 A2　教育到工作的转变 A3　受教育程度对参与劳动力市场的影响 A4　教育带来的收入优势 A5　教育投资的经济动力 A6　教育的社会产出 A7　成年人平等接受教育和学习的程度

续表

一级指标	二级指标
B 教育机会、参与和进步	B1 教育接受者的人口特征 B2 早期儿童教育在世界各国间的差异 B3 谁能从高中毕业 B4 谁能进入大学教育 B5 谁能从大学毕业 B6 国际流动学生的特征
C 投入教育的财政资源	C1 教育机构的生均支出 C2 国家财富投入教育机构的比例 C3 教育机构的公共投资和私人投资 C4 教育的总公共支出 C5 大学生的个人花费和接受的公共支持 C6 教育支出花费在什么资源和服务上 C7 教师工资成本的影响因素
D 教师、学习环境和学校组织	D1 学生在班级的时长 D2 生师比和班级规模 D3 支付给教师和校长的金额 D4 教师和校长在教学和工作上花费的时长 D5 教师的人口特征 D6 公共经费分配到学校的方式 D7 教师离开教学职业的比率

资料来源：OECD（2021），Education at a glance 2021：OECD Indicators，OECD Publishing，Paris，https：//doi. org/10. 1787/b35a14e5 – en.

4.2 我国政府对义务教育充足的要求
——基于政策文本量化分析

美国教育充足标准的定义来自法院判决，再通过立法和行政环节予以执行。在我国，中央政府通过政策对教育发展的引导与美国的诉讼判决具有类似的指导作用。中央政府对于教育充足发展的展望，一方面是基于国家和社会发展的需要，另一方面是基于政府现有的实力。在确认义务教育充足的标准体系时，为保证标准体系的可操作性，有必要了解政府对义务教育发展的布局和规划。本节内容将对中央政府关于义务教育的政策文本进行量化分析，了解政府对义务教育充足发展的要求和规划。

4.2.1　政策文本的选择和基本描述

我国与义务教育相关的政策包括法律、政府工作报告、规划和文件等不同类别。在"依法治国"基本方略下，法律条款对义务教育发展具有强制性约束，本书搜集了7份与教育相关的法律文件进行分析，包括《中华人民共和国教育法》《中华人民共和国义务教育法》《中华人民共和国教师法》及其修订版。五年召开一次的中国共产党代表大会和五年规划纲要绘制了我国中长期发展的蓝图。本书也搜集了改革开放以来的8份党代会报告文本和17份五年规划建议、纲要的文本进行分析。1986年颁布的《中华人民共和国义务教育法》中规定义务教育实行"国务院领导，省级统筹，县级为主"的管理体制，这一表述一直延续到该法2015年的修订版。我国中央政府虽然不直接提供义务教育，但是对义务教育如何发展起到至关重要的引导作用，中央政府对于义务教育的政策表述直接影响义务教育的发展。本书在中国政府网的政策库（http：//www. gov. cn/zhengce/ index. htm）搜集整理了1984～2019年8月的50份与教育直接相关的政策文件进行分析。具体选择的法律和政策文件（下统称为政策）信息见附录。

对政策文本发布的时间和主体进行分析发现，如图4-1所示，改革开放后，中央层面针对义务教育的政策文件数量有较大幅度的提升，于1986年、2001年、2005年、2012年和2015年形成了政策数量的高峰。2000年之前，每年能涉及义务教育的中央政策数量仅为0～3份。2001年增长至4份政策文件，2005年和2012年分别颁布了7份政策文件。2014年后，逐年出台的相关政策文件不低于3份。政策文件数量的增长主要来自中共中央、中共中央办公厅、国务院、国务院办公厅、教育部、财政部等中央部委出台的政策。此外，自"十一五"规划以来，在国民经济和社会发展规划纲要的基础上，制定国家教育事业发展五年规划纲要成为惯例，可见中央层面对教育发展重视程度的提升。

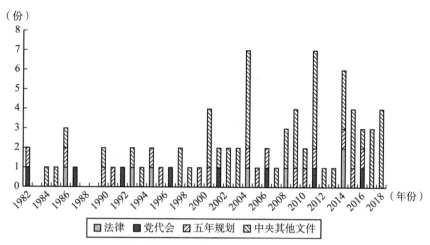

图 4-1　改革开放后我国教育各类相关政策文件数量变化

资料来源：作者整理，具体的政策文件见附录。

　　不同政策产生的影响是有差异的，研究者和政策实践者更加关注具有高影响性的政策。政策之间具有一定的联系，如果一项政策在其他政策中反复被提及，可以认为该政策的重要性更高、影响范围更广。在分析政策内容时，如果在政策内容中提及是"贯彻"某项政策、在某项政策的"基础"上制定、是某项法律（条例）的修订，本书即认为提及和被提及的政策之间是相关的。按照这一逻辑，在梳理每项政策文本后，运用 Nvivo 12.0 根据政策网络关系，计算出集中度较高的政策节点度、进入度、出去度和中间度，如表 4-6 所示。不难看出，改革开放至 2019 年，《国家中长期教育改革和发展规划纲要（2010—2020 年）》（下称《纲要》）进入度数最高（为 10），即被其他政策提及的频次最高；出去度数为 0，表明该政策具有划时代的影响力。高影响的政策中主要包括党代会、法律、五年规划纲要，这也与这些类别的政策在我国具有提纲挈领的中长期规划作用一致。党的十九大报告于 2017 年发布，其被提及的频次仅次于《纲要》。十九大报告中对义务教育的表述值得被关注。在中央其他文件中，《国务院关于进一步加强农村教育工作的决定》《国务院关于基础教育改革与发展的决定》和《中国教育改革和发展纲要》在义务教育的政策中也具有较强的影响。这些政策对于义务教育体制改革、农村教育发展具有重要意义。

表 4 - 6   高影响政策一览表

政策名称	节点的度	进入度数	出去度数	中间度
国家中长期教育改革和发展规划纲要（2010—2020 年）	10	10	0	861.775
党的十九大报告	13	9	4	1418.552
中华人民共和国教育法（1995 年）	6	6	0	922.614
国家"十二五"规划纲要	7	5	2	360.743
国家"十一五"规划纲要	7	5	2	539.128
党的十八大报告	8	5	3	878.584
国家"十五"计划纲要	6	4	2	1367.895
党的十七大报告	6	4	2	1099.175
国务院关于进一步加强农村教育工作的决定	5	4	1	288.843
中华人民共和国义务教育法（2006 年）	4	3	1	284.067
国家"十三五"规划纲要	5	3	2	345.850
国务院关于基础教育改革与发展的决定	7	3	4	1289.938
中华人民共和国义务教育法（1986 年）	3	3	0	265.176
中国教育改革和发展纲要	4	3	1	286.829
国家"八五"计划纲要	4	2	2	266.000
国家"九五"计划	4	2	2	512.000
中华人民共和国教师法（1993 年）	2	2	0	134.000
党的十六大报告	3	2	1	545.614
党的十四大报告	3	2	1	291.838

注：节点度是进入度和出去度的总和；进入度表示该政策在其他政策中被提及的频次；出去度表示该政策中提及其他政策的频次；中间度是对政策节点在网络关系图中集中程度的衡量，中间度越高，该政策的在网络关系图中的集中程度越高。

资料来源：作者在 Nvivo 12.0 中，根据政策关系计算而得。

4.2.2　政策文本分析框架：愿景—目标—规划

中央政府出台的政策文本是传达中央政策的载体。在响应义务教育充足使命的过程中，中央政府会通过政策的方式，将使命逐步具体化为愿景、目标和规划方案，便于利益相关者了解并执行。

对搜集到的政策文本内容进行梳理后发现，政策文本主要从"培养什么样的人才""如何培养人才""资源如何配置"三个层次来引导义务教育发展。"培养什么样的人才"体现的是教育发展的终极愿景，指导"如何培养人才"的教育体系构建目标。"如何培养人才"的目标又进一步明确人力（教师）、物力（办学条件）、财力（教育经费）和制度（教育体制机制）等"资源如何配置"的规划。三者是由抽象到具体的层级关系（如图4-2所示），共同支撑了政府对实现义务教育充足使命的要求。规划层教育资源的配置是实现义务教育充足的基础，可以反映资源投入的充足情况；目标层如何培养人才可以反映资源投入的产出充足情况；愿景层培养什么样的人才可以反映资源产出的成果充足情况。"愿景—目标—规划"反映的"成果—产出—投入"的三层分析框架，有助于识别如何优化其生产过程，使资源配置与充足结果相匹配。

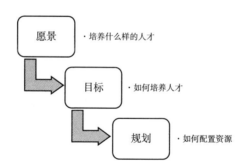

图 4-2　义务教育充足使命下的政策分析框架

资料资源：作者绘制。

下文将在"愿景—目标—规划"框架下，对挑选的政策文本内容进行分析，明确中央政策对义务教育充足的具体要求。

4.2.3　"愿景—目标—规划"框架下的政策文本量化分析

按照"愿景—目标—规划"框架，本书运用文本量化分析方法，对纷繁复杂的政策文本内容进行分类和词频量化处理。本书认为，政策文件中关键性词句出现的频次越高，政府对该问题的重视程度也越高；不同时期内词频的变化可以体现政策变化的趋势，乃至中央政府对义务教育发展的内在逻辑。分析时，本书首先对政策文本中的单句进行了分类处理，得到306 条愿景层的政策表述、873 条目标层的政策表述和 1996 条规划层的政策表述；然后分别对各层次的政策表述进行了分词，并以 2000 年和 2010 年作为时间节点分阶段统计词频，展现政策引导的动态过程。

4.2.3.1 愿景层政策表述词频统计和分析

对政策文件中的表述进行分类后，共挑选出 306 条旨在表达"培养什么样的人才"的单句，体现政府对义务教育发展愿景的要求。单句分词后的词频表和词云图见表 4 - 7 和图 4 - 3。政策对义务教育愿景的要求从单词、词频以及词频的变化中体现了如下特征：

（1）"素质"的词频逐渐下降，对劳动者素质的要求细化。20 世纪 90 年代末，"素质"一词在政策中出现了 20 次，占据绝对的数量优势。其具体表达为"提高国民素质和劳动者素质""培养高素质劳动者"，并没有具体阐释素质是什么，什么样的人才是高素质劳动者。20 世纪后，"素质"一词在政策中出现的频率不超过 10 次，取而代之的是"思想道德素质""科学文化素质""健康素质""身体素质""审美素质"等更细致的表达。

（2）学生的全面发展反复被提及，其内涵不断丰富。21 世纪之前，"德智体全面发展""有理想、有道德、有文化、有纪律"是学生全面发展的主要内涵。2000 年后，其内涵拓展至"德智体美""创新精神""实践能力""体质"等。2012 年党的十八大报告中将"立德树人"作为教育的根本任务，该词在 2010 年后在政策中出现了 16 次，进一步强调了学生品德培养的重要性。

（3）人才培养与国家和社会发展的关系密切。我国人才培养最基本的目的是培养"社会主义建设者和接班人"，支撑"社会主义现代化建设"。进入 21 世纪后，政策表述中"科教兴国"和"人才强国"出现的频次攀升，全面建设小康社会的战略任务体现了对人才的要求。2010 年后，中华民族的伟大复兴和中国梦成为新时代人才培养的重要目标。同时，教育也承担其社会责任，如建设"和谐社会""学习型社会"，促进"民族团结"，加强学生的"社会责任感"。

表 4 - 7　　1982 ~ 2019 年义务教育愿景层政策表述中 TOP15 词与词频

1982 ~ 2000 年		2001 ~ 2010 年		2011 ~ 2019 年	
词	词频（次）	词	词频（次）	词	词频（次）
素质	20	科教兴国	10	全面发展	16
全面发展	7	全面发展	8	立德树人	16
社会主义	7	体质	6	社会主义建设者和接班人	14
社会主义现代化建设	6	创新精神	6	德智体美全面发展	13
科教兴国	6	人才强国	5	人力资源强国	8
建设者和接班人	5	素质	5	创新精神	8
德智体全面发展	5	全面建设小康社会	4	实践能力	8
有文化	5	实践能力	4	中华民族伟大复兴	7
有理想	5	德智体美全面发展	4	中国梦	6
有纪律	5	社会主义建设者和接班人	4	社会责任感	6
有道德	5	人力资源强国	3	科教兴国	6
科学文化	5	和谐社会	3	人才强国	5
出好人才	3	德智体美	3	全面建成小康社会	4
创新能力	3	残疾学生	3	学习型社会	4
多出人才	3	民族团结	3	素质	4

资料来源：作者利用 R 软件对政策文本表达的整理。

图 4 - 3　1982 ~ 2019 年义务教育政策愿景层表述词云图

资料来源：作者利用 R 软件对政策文本表达的整理。

政策对教育（包括义务教育）愿景的要求，一方面包含了学生各方面能力的培养和学生的全面发展，目前尤其重视人才创新精神和实践能力的培养；另一方面对人才能力的要求与国家和社会的发展需求相一致，这体现了教育的外部性特征，也是政府提供义务教育的重要驱动因素。

4.2.3.2　目标层政策表述词频统计和分析

中央政策中与"构建什么样的教育体系"目标相关的政策表述中有 873 条。这些表述中的高频词汇表和词云图见表 4 - 8 和图 4 - 4，不难看出：

（1）1982 ~ 2019 年的各时间段内，"质量"在政策中出现的频率最高。可见政府对于教育质量的重视程度。质量是对结果的衡量，判别教育结果是否合格，更多地体现效率性。如果以是否实现了教育愿景来评价教育质量，那么实施"素质教育""德育""美育"，教育具备"现代化""信息化""中国特色"与教育愿景的要求是一致的。2010 年后，"优质"一词出现的频次较高，进一步提高了对质量的要求。

（2）2010 年后，义务教育"普及"一词从第二高频词跌落前 15 个高频词之外；"均衡"的词频增加至 35 次，成为新的第二高频词。改革开放初期，我国的教育体系逐渐恢复，但是面临着教育基础薄弱、教育资源不足的困境，公众的受教育程度普遍较低。在当时的时代背景下，教育的主要任务是"基本普及义务教育，基本扫除文盲"的"两基"任务。21 世纪初，随着"两基"攻坚任务完成，2010 年全面普及义务教育的任务实现，"普及"成为历史表述，在政策文件中鲜有提及，"均衡"成为义务教育的新关注点。目标层梳理的近 900 条单句中，有 181 条涉及中西部、农村、老少边穷、民族等区域的教育均衡问题，126 条涉及保障随迁子女、残疾儿童、少数民族的受教育权利问题。

表 4 - 8　　1982 ~ 2019 年义务教育目标层政策表述中 TOP15 词与词频

1982 ~ 2000 年		2001 ~ 2010 年		2011 ~ 2019 年	
词	词频（次）	词	词频（次）	词	词频（次）
质量	16	质量	34	质量	67
普及	13	普及	26	均衡	35
社会主义	11	素质教育	24	现代化	35
素质教育	10	农村	22	公平	31
效益	9	均衡	16	城乡	23
文盲	7	公平	15	素质教育	19
现代化	7	现代化	13	农村	18
面向世界	7	西部	13	优质	16
面向未来	7	德育	12	民族	13
改革	6	两基	10	一体化	11
中国特色	5	城乡	10	中西部	11
农村	5	巩固	10	均等化	11
德育	5	信息化	9	巩固率	10
美育	5	民族	9	巩固	9
面向现代化	5	优先	8	权利	9

资料来源：作者利用 R 软件对政策文本表达的整理。

图 4 - 4　1982～2019 年义务教育政策目标层表述词云图

资料来源：作者利用 R 软件对政策文本表达的整理。

构建什么样的教育体系与教育的发展阶段有关，与教育愿景具有一致性。可以明确的是我国义务教育的目标经历了从"普及"向"均衡"的转变。目前，政策更加强调区域间和群体间的义务教育公平，提高巩固率和教育质量，实现优质发展，也就是党的十九大报告中提出的"公平而有质量"的教育。

4.2.3.3　规划层政策表述词频统计和分析

规划层的相关单句表达的是资源配置的安排，以实现义务教育的愿景和目标。政策中规划层的表述内容最为丰富，共有 1996 条相关表述。该类政策表述又体现了对教师、经费、设施、制度等四方面资源的安排和要求，可以做进一步的分类，如图 4 - 5 所示。"善之本在教，教之本在师"，教育是劳动密集型产业，教师是教育生产过程中最主要的资源投入，政策文本中对教师资源的配置表述也最为丰富，将近 40% 的单句对于需要多少教师（教师队伍）、教师应具备什么样的能力（教师资质）和如何留住教师（教师待遇）等方面进行了表述。经费是教育体系得以运转的"血液"，义务教育的经费投入主要来自政府的财政投入，政府给多少钱？怎么给钱？这些问题均是政策表述的关注点。教育活动的实现还需要教学场地和设备等必要设施的投入，同时教育管理制度通过规范的制度安排也能保障教育活动的顺利开展。

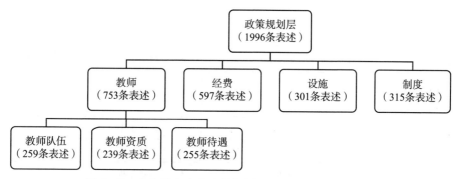

图 4 - 5　义务教育中央政策规划层结构和相关表述数量

资料来源：作者整理。

（1）关于教师的政策表述词频统计和分析。

教师资源配置的首要问题是要弄清教师队伍的构成，即不同地区或学校需要多少教师、需要什么类型的教师。政策中关于义务教育教师队伍的表述单句共有 259 条，其中的高频词汇表和词云图见表 4 - 9 和图 4 - 6。

表 4 - 9　　　　　　　　1982～2019 年义务教育规划层政策教师队伍
表述中 TOP15 词与词频

1982～2000 年		2001～2010 年		2011～2019 年	
词	词频（次）	词	词频（次）	词	词频（次）
少数民族地区	3	教职工编制	12	乡村学校	18
非师范	3	教师队伍	11	交流	16
任教	2	农村学校	8	倾斜	13
师资队伍	2	编制	7	轮岗	13
拓宽教师来源渠道	2	师资队伍	6	教学点	11
民办教师	2	西部地区	5	编制	11
超编	2	非师范	5	乡村教师	10
一年以上	1	农村中小学	4	教师队伍	10

1982~2000 年		2001~2010 年		2011~2019 年	
词	词频（次）	词	词频（次）	词	词频（次）
下岗	1	一年以上	3	村小学	9
中小城市（镇）学校教师	1	乡村中小学	3	乡村教师队伍	8
人员编制标准	1	交流	3	教职工编制标准	8
任教经历	1	任教服务期制度	3	县域内	7
优秀大学毕业生	1	优秀人才	3	薄弱学校	7
优秀民办教师	1	城镇中小学教师	3	乡村	6
体育	1	城镇薄弱学校	3	体育教师	6

资料来源：作者利用 R 软件对政策文本表达的整理。

图 4-6　1982~2019 年义务教育政策规划层对教师队伍表述的词云图

资料来源：作者利用 R 软件对政策文本表达的整理。

1982~2000 年，政策中关于教师队伍的表述较少，鲜有反复出现的高频词汇。该段时期内，全国各地普遍存在教师数量不足的问题，学校代课教师较多。少数民族地区情况更甚，存在无教师、缺教师，学生在庙中由僧人教课的情况。因而拓宽教师来源渠道，吸引非师范优秀大学生从教，将优秀代课教师转正等措施成为教师队伍壮大的主要方式。

进入 21 世纪后，教师供给不足的问题有了一定的缓解，一部分经济发达地区教师数量和质量不断提升，但西部地区、农村学校和城镇薄弱学校仍旧存在教师缺编、少编的现象。义务教育的教师岗位具有国家事业编制的性质，教师队伍受到编制的影响和制约，而编制的结构相对固化，难以随着现实的需要灵活地调整。因此，除了进行人事制度改革，统一城乡教职工编制标准，教师编制向薄弱学校倾斜外，还需要通过制度创新弥合落后地区学校的教师数量和质量不足的问题，如城镇中小学教师到乡村任教服务期制度、城乡"校对校"教师定期交流制度、教师校长轮岗交流机制、退休教师到农村学校支教讲学、城镇教师职称评定有一年以上在农村学校或薄弱学校任教经历等。此外，农村义务教育学校缺乏音体美教师的现象至今仍旧存在，如何补充相关学科的教师、开足学校课程也是当前政策的关注点。

教师资源配置的第二个重要问题是教师应具备什么样的素质和能力，即教师资质的问题。政策表述中有 239 条单句体现了义务教育教师应满足的条件，其高频词汇的词频表和词云图如表 4 - 10 和图 4 - 7 所示。2010年之前，义务教育阶段教师的"学历"要求在政策中被提及的频率最高。改革开放初期，我国中小学教师主要输送来源是中等师范专科学校，还包括诸多"子顶父职"的教师、识字较多的代课教师，教师的整体学历水平较低。1999 年，《中共中央 国务院关于深化教育改革，全面推进素质教育的决定》中提出："2010 年前后，具备条件的地区力争使小学和初中阶段教育的专任教师的学历分别提升到专科和本科层次"，提高了对小学和初中教师的学历要求。此外，政策也将取得教师资格证书作为教师的必备条件。随着教师资格认证体系的完善，教师的教学能力、业务素质等专业化水平得到了保障。2010 年后，小学和初中教师的学历合格率基本达到了政策制定的要求，政策中对教师"学历"的要求不再高频出现。相对应地，政策中对教师师德师风、思想政治素质的要求超过了对教师业务能力的要求。

表 4 - 10 　　　　1982 ~ 2019 年义务教育规划层政策教师资质

表述中 TOP15 词与词频

1982 ~ 2000 年		2001 ~ 2010 年		2011 ~ 2019 年	
词	词频（次）	词	词频（次）	词	词频（次）
学历	9	学历	12	师德	35
专科	6	校长	10	乡村教师	11
业务素质	6	素质	8	师风	11
教师资格	6	业务水平	7	思想政治素质	11
素质	5	业务素质	6	校长	10
教书育人	4	师德	5	高素质	10
校长	4	教师资格	5	专业化	7
为人师表	3	教育教学	5	教育教学	7
思想政治素质	3	职业道德	5	素质	6
本科	3	专科	4	专业化水平	5
热爱教育事业	3	高素质	4	教书育人	5
业务水平	2	师资水平	3	教师资格	5
中等师范	2	专业化	2	业务精湛	4
尊重学生人格	2	为人师表	2	专业标准	3
岗位规范	2	优秀人才	2	业务能力	3

资料来源：作者利用 R 软件对政策文本表达的整理。

图 4 - 7　1982 ~ 2019 年义务教育政策规划层对教师资质表述的词云图

资料来源：作者利用 R 软件对政策文本表达的整理。

如何保障教师的工作、学习和生活且留住教师是教育资源配置的难点问题，政策文本中关于教师待遇的表述为 255 条，其高频词汇的词频表和词云图见表 4 – 11 和图 4 – 8。教师待遇可以分为物质待遇和精神待遇。物质待遇中教师工资的重要性从词频中可以窥见。1993 年，《中华人民共和国教师法》中明确规定"教师的平均工资水平应当不低于或者高于国家公务员的平均工资水平"，从法律层面为教师工资的投入建立了标准。2001 年，随着"以县为主"的农村义务教育管理体制的确立，农村教师的工资全面由县级政府负责。同时，为了保证教师工资按时足额发放，省级政府具有统筹责任，通过调整财政体制和增加转移支付的办法为财力不足、发放教师工资确有困难的县解决教师工资发放问题。2016 年，《国务院关于统筹推进县域内城乡义务教育一体化改革发展的若干意见》中提出"乡村教师实际工资收入水平不低于同职级县镇教师工资收入水平"的要求，为乡村教师工资建立了标准，加大对乡村、艰苦边远地区、集中连片特困地区教师的工资倾斜政策。除了工资以外，医疗、住房是教师物质待遇的另一组成部分，为教师提供良好的生活条件。精神待遇主要包括对教师的奖励、表彰以及社会地位的肯定。近年来，政府一方面希望通过绩效工资提升教师工作的积极性；另一方面积极倡导表彰、奖励、"尊师重教"的社会氛围，提高教师的精神待遇。

表 4 – 11　　　　　1982~2019 年义务教育规划层政策教师待遇
表述中 TOP15 词与词频

1982~2000 年		2001~2010 年		2011~2019 年	
词	词频（次）	词	词频（次）	词	词频（次）
工资	10	工资	19	乡村教师	39
奖励	7	农村	15	绩效工资	17
社会地位	7	特殊教育教师	6	倾斜	15
待遇	5	农村教师	5	表彰	13

续表

1982～2000 年		2001～2010 年		2011～2019 年	
词	词频（次）	词	词频（次）	词	词频（次）
民办教师	5	待遇	5	周转宿舍	11
生活条件	5	表彰	5	艰苦边远地区	10
住房	4	地方各级人民政府	4	工资	10
公办教师	4	按时足额发放	4	生活补助	9
合法权益	4	教职工	4	待遇	8
农村教师	3	生活条件	4	乡村学校教师	7
医疗	3	倾斜	3	奖励	7
工作、学习	3	奖励	3	集中连片特困地区	7
生活待遇	3	工资经费保障机制	3	优秀教师	6
农村	2	教师待遇	3	教学点	6
县级财政	2	省级人民政府	3	村小学	6

资料来源：作者利用 R 软件对政策文本表达的整理。

图 4－8 1982～2019 年义务教育政策规划层对教师待遇表述的词云图

资料来源：作者利用 R 软件对政策文本表达的整理。

（2）关于经费的政策表述词频统计和分析。

经费是教学活动得以进行的基础，充足经费是充足教育的前提保证。

经费由谁提供、怎么提供、提供多少、怎么分配等问题在政策文本中共有 597 条单句涉及。相关单句中高频词汇的词频表和词云图见表 4－12 和图 4－9。从不同时期内高频词汇的变化可以看出我国教育经费配置的阶段性变化。

表 4－12　　　　　**1982～2019 年义务教育规划层政策经费**
表述中 TOP15 词与词频

1982～2000 年		2001～2010 年		2011～2019 年	
词	词频（次）	词	词频（次）	词	词频（次）
教育费附加	22	农村	37	中央财政	23
教育经费	11	转移支付	21	转移支付	18
乡人民政府	6	中央财政	17	公用经费	15
各级政府	6	中央	16	各级人民政府	14
地方各级人民政府	5	地方各级人民政府	14	教育经费	14
增值税	5	家庭经济困难学生	14	地方各级人民政府	13
按在校学生人数平均的教育费用逐步增长	5	免费提供教科书	11	国务院	11
挪用	5	省级人民政府	11	所需经费	10
教育投入	5	教育投入	10	生均公用经费基准定额	10
教育费附加率	5	教育经费	9	寄宿制学校	9
营业税	5	补助寄宿生生活费	9	小规模学校	9
财政经常性收入	5	义务教育经费	8	农村	8
专款专用	4	地方教育附加	8	教学点	8
中央	4	家庭经济困难	8	财政支出结构	8
中央财政	4	捐赠	8	两免一补	7

资料来源：作者利用 R 软件对政策文本表达的整理。

图4-9　1982～2019年义务教育政策规划层对经费表述的词云图

资料来源：作者利用R软件对政策文本表达的整理。

改革开放初期至21世纪初，在我国经济发展落后、义务教育经费严重不足的情况下，政策主要强调教育经费的筹集。国家为了激发地方发展教育的积极性，将农村的义务教育经费筹措下压至乡人民政府，允许乡人民政府征收教育事业费附加，鼓励社会力量捐资办学。其结果导致了"农村教育农民办""义务教育不义务"的情况，学生缴纳学费、杂费的情况普遍存在。同时，政府也为教育经费的投入建立法定增长标准，如表4-13所示，1985年的《中共中央关于教育体制改革的决定》和1986年的《中华人民共和国义务教育法》中对国家教育经费提出了"两个增长"的要求。1993年，"国家财政性教育经费支出占国民生产总值的比例占4%"的要求首次在《中国教育改革与发展纲要》中被提出。1995年《中华人民共和国教育法》又进一步提出"两个提高""三个增长"的要求。

表4-13　　　　　　　　　　关于教育经费增长的政策一览表

《中共中央关于教育体制改革的决定》（1985年）
- "两个增长"：中央和地方政府的教育拨款的增长要高于财政经常性收入的增长，并使按照在校学生人数平均的教育费用逐步增长

《中华人民共和国义务教育法》（1986年）
- 义务教育"两个增长"：国家用于义务教育的财政拨款的增长比例，应当高于财政经常性收入的增长比例，并使按照在校学生人数平均的教育费用逐步增长

续表

《中国教育改革与发展纲要》（1993 年）
- 4%：逐步提高国家财政性教育经费支出占国民生产总值的比例，21 世纪末达到百分之四。
- 15%：1990 ~ 1995 年各级财政支出中教育经费所占的比例逐步提高到全国平均不低于百分之十五

《中华人民共和国教育法》（1995 年）
- "两个提高"：国家财政性教育经费支出占国民生产总值的比例应当随着国民经济的发展和财政收入的增长逐步提高；全国各级财政支出总额中教育经费所占比例应当随着国民经济的发展逐步提高
- "三个增长"：各级人民政府教育财政拨款的增长应当高于财政经常性收入的增长，并使按照在校学生人数平均的教育费用逐步增长，保证教师工资和学生人均公用经费逐步增长

《面向 21 世纪教育振兴行动计划》（1998 年）
- "1 ~ 2 个百分点"：省（自治区、直辖市）财政支出中教育经费所占的比例，也应根据各地实际每年提高 1 ~ 2 个百分点

《中共中央　国务院关于深化教育改革，全面推进素质教育的决定》（1999 年）
- "1 个百分点"：1998 年起至 2002 年的 5 年中，提高中央本级财政支出中教育经费所占的比例，每年提高 1 个百分点

《中华人民共和国义务教育法》（2006 年）
- 义务教育"三个增长"：国务院和地方各级人民政府用于实施义务教育财政拨款的增长比例应当高于财政经常性收入的增长比例，保证按照在校学生人数平均的义务教育费用逐步增长，保证教职工工资和学生人均公用经费逐步增长

《中共中央关于构建社会主义和谐社会若干重大问题的决定》（2006 年）
- 4%：逐步使财政性教育经费占国内生产总值的比例达到4%

《国家中长期教育改革和发展规划纲要（2010—2020 年）》（2010 年）
- 4%：提高国家财政性教育经费支出占国内生产总值比例，2012 年达到4%

《国家教育事业发展"十三五"规划》（2017 年）
- 不低于4%：保证国家财政性教育经费支出占国内生产总值的比例一般不低于4%。
- "两个只增不减"：确保财政一般公共预算教育支出逐年只增不减，确保按照在校学生人数平均的一般公共预算教育支出逐年只增不减

资料来源：作者整理。

2001 ~ 2010 年，在举国上下齐心协力下，义务教育实现了全面免费和普及的历史任务。该时期内义务教育经费保障机制保障了财政性教育经费的增长，尤其是中央财政和省级财政通过转移支付和宏观统筹的方式加大对教育的投入，以及对中西部、农村薄弱地区的经费倾斜。"两免一补"（免杂费、免书本费、补助寄宿生生活费）政策是义务教育经费保障机制

的重要内容，该政策所需经费由中央财政和省级财政分项目、按比例分担，为梳理中央和省级政府义务教育责任提供了实操经验。

2010 年后，虽然义务教育全面普及的任务已经实现，但学校间的经费差异较大，尤其是公用经费。对学生来说，"有学上"但因为学校无法缴纳电费、取暖费而"上不好学"仍旧是不公平、不均衡、不充足的义务教育。对此，中央于 2009 年制定了中小学公用经费基准定额，要求农村义务教育阶段中小学公用经费基准定额于 2010 年全部落实到位。2015 年，中央进一步地统一了城乡义务教育学校生均公用经费基准定额。

（3）关于办学设施的政策表述词频统计和分析。

教育的办学设施包括教学楼、教学用场地、设备、学习资料以及信息化资源。设施是有形的教育资源，是一个实质性学校存在的载体。政策文本中有 301 条表述涉及教育办学设施，体现了政府对建什么样的学校、学校应具有哪些设施的要求。办学设施的政策表述中高频词汇的词频表和词云图见表 4 - 14 和图 4 - 10。20 世纪末至今，办学设施相关的政策表述出现的高频词汇均围绕着学校建设，包括学校选址建校和学校类型、建设标准的选择。

表 4 - 14　　　　　　　1982～2019 年义务教育规划层政策办学
设施表述中 TOP15 词与词频

1982～2000 年		2001～2010 年		2011～2019 年	
词	词频（次）	词	词频（次）	词	词频（次）
办学条件	16	办学条件	16	学校标准化建设	17
特殊教育学校	13	特殊教育学校	13	大班额	16
寄宿制学校	7	寄宿制学校	7	办学条件	14
危房改造	6	危房改造	6	学校布局	13
图书	6	图书	6	寄宿制学校	12
学校标准化建设	6	学校标准化建设	6	体育设施	9
计算机教室	6	计算机教室	6	食堂	9

续表

1982~2000 年		2001~2010 年		2011~2019 年	
词	词频（次）	词	词频（次）	词	词频（次）
国家贫困地区义务教育工程	5	国家贫困地区义务教育工程	5	薄弱学校	8
教学光盘播放设备	5	教学光盘播放设备	5	乡村小规模学校	6
薄弱学校	5	薄弱学校	5	小规模学校	6
薄弱学校改造	5	薄弱学校改造	5	就近入学	6
农村中小学现代远程教育工程	4	农村中小学现代远程教育工程	4	图书	5
合理布局	4	合理布局	4	撤并	5
寄宿制工程	4	寄宿制工程	4	农村义务教育薄弱学校改造计划	4
成套教学光盘	4	成套教学光盘	4	合理布局	4

资料来源：作者利用 R 软件对政策文本表达的整理。

图 4 - 10 1982~2019 年义务教育政策规划层对办学设施表述的词云图

资料来源：作者利用 R 软件对政策文本表达的整理。

学校选址的政策要求为"合理布局"，保障学生就近入学。直至 20 世纪末，我国偏远地区由于地理和经济等因素无法为学生提供教育服务。1995~2000 年教育部和财政部实施了第一期的"国家贫困地区义务教育工程"，帮助贫困地区新建 3842 所中小学，改、扩建 28478 所中小学。2001~

2005 年国家继续实施第二期"国家贫困地区义务教育工程",继续将校舍建设和改造作为重点,扩大义务教育的提供。

政策关注的学校类型包括"特殊教育学校、寄宿制学校和乡村小规模学校"。这些类型学校的建设对于保障不同群体的受教育权,促进教育均衡具有重要意义。城镇化的进一步扩大促使农村孩子进入城镇入学,乡村学校学生流失导致学校规模不断缩小。办学规模经济的下降使得学校不断撤并,建设寄宿制学校和乡村小规模学校有利于保障农村学生的入学需要。

2011 年至今,"学校标准化建设"在政策表述中出现的频次最高(17次)。对标准化的强调实际上是对办学设施充足的强调。标准化的学校不仅要具备安全的校舍和图书、计算机、教学光盘和播放设备等教学资源,而且要具有厕所、取暖设备、体育器材等基本设施。

(4)关于制度的政策表述词频统计和分析。

制度也是一项重要的资源,有效的教育管理和学校管理体制机制同样能促进教育事业的发展。有关制度的 315 条政策单句中高频词汇的词频表和词云图见表 4-15 和图 4-11。

表 4-15 　　　　　　1982~2019 年义务教育规划层政策教育
制度表述中 TOP15 词与词频

1982~2000 年		2001~2010 年		2011~2019 年	
词	词频 (次)	词	词频 (次)	词	词频 (次)
分级管理	5	对口支援	12	控辍保学	13
地方各级人民政府	5	民办教育	10	学校联盟	6
地方负责	4	义务教育均衡发展	8	督导评估	6
改革	4	公办学校	8	进城务工人员随迁子女	6
县级以上	3	以县为主	7	公办学校	5
国务院	3	农村义务教育管理体制	6	学校办学自主权	5
多种形式	3	国务院领导下	5	对口帮扶	5

续表

1982～2000 年		2001～2010 年		2011～2019 年	
词	词频（次）	词	词频（次）	词	词频（次）
就近入学	3	工程	5	集团化办学	5
指导	3	改革试点	5	县级人民政府	4
政府办学为主	3	社会力量	5	民办学校	4
教育体制改革	3	进城务工人员随迁子女	5	省级政府	4
新体制	3	东部地区学校	4	辍学学生	4
分级管理体制	2	分级管理	4	一体化办学	3
办学体制改革	2	地方政府负责	4	两类学校	3
办学模式	2	多种形式	4	中心学校	3

资料来源：作者利用 R 软件对政策文本表达的整理。

图 4－11　1982～2019 年义务教育政策规划层教育制度的词云图

资料来源：作者利用 R 软件对政策文本表达的整理。

改革开放初期，谁来提供教育是政策在教育制度上要解决的首要问题。该时期内，"国务院""地方各级人民政府"等主体性词汇出现频次较高。1985 年，《中共中央关于教育体制改革的决定》中确定了"基础教育由地方负责、分级管理"的原则，将基础教育管理权划归地方。2001 年，《国务院关于基础教育改革与发展的决定》中进一步确定了"在国务院领导下，由地方政府负责、分级管理、以县为主"的农村义务教育管理体制。此后，义务教育管理体制并未出现较大的调整。

随着我国东部地区经济的迅速发展，地区间经济发展的差异产生了大量的人口流动，"进城务工人员随迁子女"入学问题在政策中被提及的频次上升。自2003年《教育部等部门关于进一步做好进城务工就业农民子女义务教育工作意见的通知》中提出"流入地政府负责进城务工就业农民子女接受义务教育工作，以全日制公办中小学为主"，以流入地为主、以公办学校为主的"两为主"政策成为进城务工随迁子女接受义务教育问题的基本原则。2010年后，中央政策积极倡导各地完善随迁子女在当地参加升学考试的办法和方案。

从"对口支援""民办学校""学校联盟"等高频词汇来看，办学体制和模式改革是近年政策关注的另一重点领域。政策鼓励民办学校的发展，也积极倡导多种形式的办学模式。2010年，《国务院办公厅关于开展国家教育体制改革试点的通知》中指出，要在上海市等地探索营利性和非营利性民办学校分类管理办法，民办学校的分类管理在2018年《民办教育促进法》中被落实。城乡对口帮扶、一体化办学、学区化集团化办学或学校联盟等办学模式在政策中高频出现，意在推进办学的均衡化。

2010年后，"控辍保学""督导评估"等词在政策中频繁出现。义务教育全面普及后，控辍保学成为义务教育领域的重要任务。督导评估的目的在于问责，给予各级政府保障义务教育的压力。2016年，教育督导局挂牌成立，并成立国家教育督导组，对县域内义务教育均衡发展情况进行督导。政策积极推进控辍保学督导机制、考核问责机制、建立控辍保学动态监测机制，将义务教育控辍保学工作纳入地方各级政府考核体系，强化督导成果的应用。

政策是政府根据国家发展和社会需要制定的行动指南，是对老百姓的承诺书。从可操作的层面来说，充足的义务教育首先要实现政策对教育资源配置的规划，其次完成目标层对有质量、现代化、均衡的素质教育的要求，最后支撑义务教育培养全面发展人才、完成国家和社会发展的愿景。

教师上，农村地区面对教师短缺的问题，需要通过制度创新吸引优秀人才到农村和偏远地区任教。教师质量在经历了对学历和业务能力的要求后，当前更加注重师德师风的建设。留住好教师不仅要在工资等物质待遇上保障教师的工作、学习和生活，也要提高教师的职业自豪感。

经费上，教育经费在国家财力不足时，积极拓宽经费的筹集渠道，激发地方投入教育的积极性。随着国家经济实力的增强，政府加大了义务教育的经费投入，保障义务教育的全面普及和均衡发展，"有学上"的历史任务已完成。近年，政策的关注点为公用经费标准定额保障学生"上好学"、提高教育经费的使用效率、合理划分中央和地方的教育支出责任。

设施上，改革开放初期，我国的义务教育基础薄弱，建校、扩校、薄弱学校改造是 20 世纪末至 21 世纪初教育设施的主要任务。随着学校基础设施的不断完善，近年来，城镇化带来的乡村学校学生流失不可避免地给乡村学校的办学带来挑战，如何有效地为留在乡村的学生提供教育服务是学校建设的新任务。

制度上，义务教育"分级管理、以县为主"的管理体制已经确立并稳定运行了 20 多年。民办教育的分类管理、城乡对口支援、一体化和集团化办学等模式正在不断探索中。近年，政策对于控辍保学、监督评估的政策表述增多，从问责的角度提高办学质量。

4.3 我国义务教育充足指标的确认

基于前文对国外教育充足标准的借鉴，以及对我国中央政策对义务教育愿景、目标和规划要求的梳理，本节内容将根据政策文本分析中 2011 年至今的政策要求确认适合我国国情的义务教育充足指标，并通过县级数据展现我国各省义务教育充足指标的情况。

4.3.1 数据来源和结构

本节内容在确认义务教育充足指标时，会以县级数据为单位呈现我国各省充足指标的情况，并为后文充足指数的计算和分析提供基础。指标分析的数据主要来源于：

（1）官方统计数据。包括《中国教育统计年鉴》《国家统计年鉴》、国民经济和社会发展统计公报、中国妇女儿童状况统计资料、国家颁布的标准，以及官方对中小学校基本情况、教育经费收入和支出情况的统计。

（2）义务教育质量监测数据。2015～2017年，教育部基础教育质量监测中心为科学评估全国义务教育质量总体水平，组织实施了第一周期的国家义务教育质量监测，从全国31个省（自治区、直辖市，不包含港澳台地区）抽取样本县，对四年级和八年级学生的成绩进行标准化测试。样本县是按照随机原则抽取的，具有全国代表性。本书所用数据是2017年434个区县四年级和八年级学生的语文、美术、音乐测试成绩。

（3）教育督导局对国家义务教育发展基本均衡县（市、区）督导检查结果的公布。2013年，教育部组建了国家教育督导检查组，在全国范围内，对申报"义务教育发展基本均衡县"的地区进行全面督导，评估该地区县域内小学和初中学校的基本办学条件平均值和综合差异系数情况①。本书搜集了通过均衡评审的2513个县办学条件综合差异系数，作为教育均衡衡量指标②。

考虑到不同指标的数据来源不同，能获得的样本量也不同，本书在计算充足指数时所用的县级数据与义务教育质量监测数据中随机抽取的434个县级单位相匹配。由于部分数据获取受限，本书主要以2017年的数据展开分析。

4.3.2 愿景层指标的选择和分析

根据前文政策愿景层的分析结果，教育负担培养全面发展的人以及国

---

① 包括生均教学及辅助用房面积、生均体育运动场馆面积、生均教学仪器设备值、每百名学生拥有计算机台数、生均图书册数、师生比、生均高于规定学历教师数、生均中级及以上专业技术职务教师数8项指标。通过均衡督导的条件是小学和初中校际综合差异系数分别小于或等于0.65和0.55。

② 所获得的县级数据并非同一年份的，因为督导组的督导认定是分不同时期的。但本书认为，各区县在实现基本均衡后，短期内缺乏动力大幅度提高均衡程度，且大部分样本数据来源于2015～2017年，样本间具有一定的可比性。

家和社会发展的责任。全面发展是指学生德智体美劳等多维度的成长，涉及学生个体层面的素质。因资料来源受限，本书暂不对该维度进行分析。从国家和社会发展来看，随着我国经济发展步入"新常态"，加之人口红利的降低，产业转型升级是必然趋势，对人才质量的需求也会随之提高。仅仅完成义务教育已然不能满足劳动力市场对人才的需求，劳动力市场对学历的需求至少是完成高中阶段的教育。因此，保证学生完成义务教育，且将学生成功地输送到高中阶段是当前义务教育最基本的愿景。

　　义务教育完成情况可以用义务教育巩固率来衡量。从全国总体情况来看，2010 年以来，我国九年义务教育巩固率稳步提升，2020 年超过 95%，2021 年继续增长至 95.4%，相比于 2010 年的 91.1% 稳步提升了 4.3 个百分点（见图 4 - 12）。由于我国省级以下的九年义务教育巩固率数据公布不全，本书用 "t 年初中毕业班学生数量/t - 9 年小学一年级学生数量" 的方式来测算不同地区第 t 年九年义务教育巩固率的情况。该测算方式虽无法剔除学生学籍变化的影响，但对于理解现实仍具有参考价值。

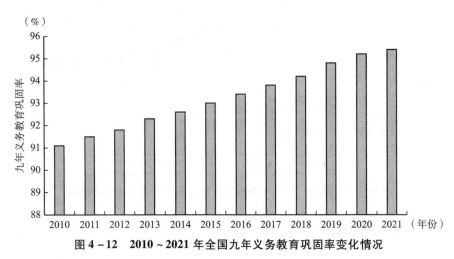

图 4 - 12　2010 ~ 2021 年全国九年义务教育巩固率变化情况

资料来源：中华人民共和国国民经济和社会发展统计公报和中国妇女儿童状况统计资料。

　　分省份来看，如图 4 - 13 所示，2007 年和 2017 年全国 31 个省（自治区、直辖市，不包含港澳台地区）九年义务教育巩固率的变化中，天津、江苏、山东、重庆、贵州、新疆、内蒙古、云南、西藏、宁夏、青海、甘肃等 12 个省份的义务教育巩固率有所提升，其他 19 个省份的义务教育巩固率有不同程度的下降。由于测算方式没能考虑学生的流动情况，北京、上海、浙江、广东等东部发达地区的义务教育巩固率可能因为部分进城务工随迁子女返乡参加中考而被低估，但这也说明"两为主"保障进城务工随迁子女平等接受义务教育的政策在这些地区并未得到有效落实。这些地区尽管可能提供了优质的义务教育，但并没有完成满足公众期望的义务教育使命。这些地区 2007 年小学一年级的学生数相比往年增加，2017 年的初中毕业生人数相比往年减少的同时，并没有让周边省份的义务教育巩固率大幅度提高。因此，那些随父母流动的学生很可能因为无法在流入地入学或升学而终止了学业。针对流动儿童如何实现"控辍保学"仍然是一项挑战。

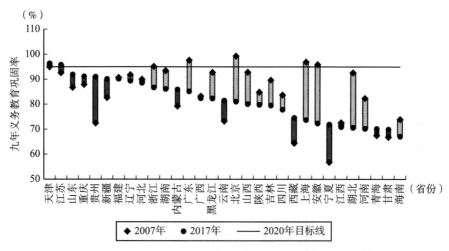

图 4 – 13　2007～2017 年各省份九年义务教育巩固率变化情况

注：t 年九年义务教育巩固率 = t 年初中毕业班学生数量/t − 9 年小学一年级在校学生数
资料来源：作者根据《中国教育统计年鉴》数据计算所得。

学生被成功地输送到高中阶段的情况可以用初中毕业生升学率的指标来衡量。初中毕业生升学率同样缺乏官方公布的统计数据，故用"初中毕业生升学率 =（普通高中一年级学生数 + 中等职业学校招生中应届初中毕业生数）/初中毕业生数"的方式测算初中毕业生继续接受高中阶段教育的比例。测算结果表明，初中毕业生升学率有较大程度的提升，2007～2017 年该比例从 72.4% 上升至 85.82%。

分省来看，如图 4－14 所示，2017 年重庆、安徽、陕西、天津、上海、内蒙古、四川、浙江、新疆、海南等 10 个省（自治区、直辖市）初中毕业生继续接受高中阶段教育的比例达 90% 以上；云南、贵州、江西、西藏 4 个省（自治区）的学生进入高中阶段学习的比例最低，不足 80%。相比于 2007 年，中西部省份初中毕业生升学率有较大幅度的提高，安徽、新疆、海南、黑龙江、广西、云南、贵州等省（自治区）初中毕业生升学率十年间增长 20 多个百分点，重庆、陕西、四川、吉林、河北、山西、甘肃、广东、河南、西藏增长幅度在 10 个百分点以上。北京市和上海市初中毕业生升学率呈现负增长①。从升学类别看，2017 年进入高中阶段学习的初中毕业生有 2/3 进入普通高中学习，该比例在 2007 年为 60%，普通高中越来越成为学生升学的主要选择。

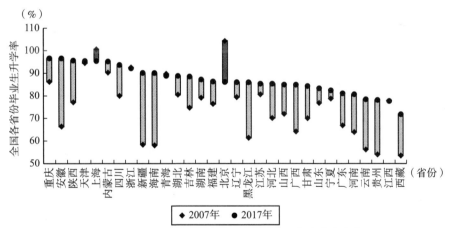

图 4－14　2007～2017 年各省份初中毕业生升学率变化图

注：初中毕业生升学率＝（普通高中一年级学生数＋中等职业学校招生中应届初中毕业生数）/初中毕业生数
资料来源：作者根据《中国教育统计年鉴》数据计算所得。

---

①　其原因可能是 2010 年前两地区中等职业学校在本地无法招到足够的学生，会将招生范围扩展到周边省份，随着普通高中入学率的提高以及中等职业教育的免费和扩招政策，两地区在外省招生的学生比例降低，从而使虚高的初中毕业生升学率逐渐降低。也可能是本书的测算方式不准确，没有考虑流动学生和出国学生的影响。

将九年义务教育巩固率和初中毕业生升学率两项指标相乘，衡量义务教育目标完成情况。如表4-16所示，北京、上海、广州因为受人口流动的影响，其结果可能偏低。如果按照政策要求，将九年义务教育巩固率为95%、初中毕业生升学率为90%作为2020年的发展目标①，义务教育目标完成指数标准应为85.5%，2017年达到该标准的仅有天津和重庆。

表4-16　　　　　2017年各省份义务教育愿景完成指数　　　　单位：%

编号	省份	2017年九年义务教育巩固率	2017年初中毕业生升学率	义务教育目标完成指数
1	天津	96.35	95.47	91.98
2	重庆	91.16	96.62	88.07
3	内蒙古	85.87	95.22	81.77
4	江苏	95.80	85.33	81.75
5	新疆	90.13	90.14	81.25
6	浙江	86.66	92.17	79.88
7	福建	90.13	86.32	77.80
8	辽宁	89.30	86.00	76.80
9	山东	91.92	83.29	76.56
10	陕西	79.79	95.64	76.31
11	河北	88.51	85.32	75.51
12	湖南	86.07	87.20	75.05
13	四川	77.83	93.67	72.90
14	贵州	91.03	78.14	71.14
15	黑龙江	82.25	85.96	70.69
16	吉林	79.51	88.52	70.39
17	上海	73.71	95.37	70.29

① 九年义务教育巩固率为95%为《国家中长期教育改革和发展规划纲要（2010—2020年）》设定的2020年目标；初中毕业生升学率为90%是借鉴《高中阶段教育普及攻坚计划（2017—2020年）》提出的"到2020年我国高中阶段教育毛入学率将要达到90%"的要求。

续表

编号	省份	2017年九年义务教育巩固率	2017年初中毕业生升学率	义务教育目标完成指数
18	广西	82.35	84.89	69.91
19	安徽	72.34	96.59	69.88
20	北京	81.04	86.10	69.78
21	广东	85.12	81.08	69.01
22	山西	80.07	84.91	67.99
23	云南	81.46	78.44	63.89
24	湖北	70.64	88.79	62.73
25	青海	70.19	88.83	62.35
26	海南	67.13	90.09	60.48
27	宁夏	71.92	82.40	59.26
28	甘肃	69.94	84.31	58.96
29	河南	70.23	80.66	56.65
30	江西	70.91	77.68	55.08
31	西藏	74.56	71.77	53.51

资料来源：作者计算。

4.3.3 目标层指标的选择和分析

政策的目标层分析中，质量和均衡（或公平、均等化）是2011年至今政策导向最主要的两个方面，其本质体现了政策对教育效率和公平的共同要求。相对应地，本书将质量和均衡作为目标层充足度的衡量指标。

国内外通常用学生成绩作为基础教育阶段教育质量的衡量指标。在我国以考试成绩为升学依据的模式下，成绩更是家长和教师评价教育质量的重要指标。实际上，成绩因受到家庭和学生自身投入的影响，并不能完全反映学校教育的质量。但至少，成绩能够帮助我们识别哪些地区的教育质量更需要被提高。本书将2017年国家义务教育质量监测对四年级和八年级

学生语文、音乐、美术成绩按照 6∶2∶2 的比例①计算成综合成绩，并将县
级数据按照东、中、西部地区划分计算平均值，分析地区间义务教育质量
的差异。

如表 4 - 17 所示，我国西部地区小学和初中的综合成绩低于其他地区，
意味着教育质量最需要提高；东部地区和中部地区的学生综合成绩均高于
平均值，二者的差异并不明显。这样的现象似乎与"经济发达程度越高，
教育质量越高"的传统思维不相符。一种可能的解释是：东部地区经济发
展较快，教育资源也比较丰富，学生和家长对义务教育的需求更为多元化，
并不单纯地追求学生成绩。中部地区存在一定的自然禀赋，人口较为密集，
经济发展水平不及东部地区，也存在一些非常贫困的地区，但并不像西部
地区那样，在教育方面享受诸多转移支付和倾斜政策。在这样的背景下，
反而产生了一种"中部焦虑"，中部地区的家长和学生更加期望通过考试
实现向东部地区流动的地区跨越和阶级跨越。成绩的"指挥棒"作用在中
部地区更加明显。现实中，全国的高考大户基本上都出现在中部地区，如
河北衡水、六安毛坦厂、湖北黄冈等。

表 4 - 17　　　2017 年我国东、中、西部地区小学和初中平均综合成绩　　单位：分

地区	小学综合成绩	初中综合成绩
东部	499. 27	488. 74
中部	497. 54	491. 27
西部	476. 13	472. 87
总体	492. 80	485. 37

注：综合成绩为语文、音乐、美术课程的综合成绩。东部地区包括北京、天津、辽宁、上海、
江苏、浙江、山东、福建、广东等 9 省（直辖市）；中部地区包括河北、山西、吉林、黑龙江、安
徽、河南、江西、湖南、湖北、海南等 10 省份；西部地区包括内蒙古、重庆、四川、贵州、广西、
云南、陕西、甘肃、青海、宁夏、西藏、新疆等 12 个省（自治区、直辖市）。下文皆按照此标准划
分东中西地区，本地区划分不包括港澳台地区。

资料来源：义务教育质量监测数据。

① 该比例的划分存在一定的主观性。语文是中小学的主要科目之一，更能反映学生的教学质
量，应占成绩的主要部分。音乐和美术成绩与学生个人兴趣爱好、天赋、是否参加专业兴趣班等其
他因素有关，为了更全面地反映学生的综合素质，将音乐和美术的成绩按照 20% 的比例折合。本
书仅能获得语文、音乐、美术三门课的成绩数据，故以此为例做尝试性研究。

均衡是一个相对概念，可以用不同主体所拥有的资源数量差异来衡量。不论是从公平正义的社会学角度、人权伦理角度，还是从经济学角度来看，学生享受的教育资源不应该受其家庭经济背景、地域等非环境因素的影响。按照全国教育督导局对义务教育基本均衡县督导结果的公布，全国 2513 个通过督导的县小学平均的办学条件综合差异系数为 0.43；初中的整体差异水平低于小学，差异系数为 0.35。分省份来看，如图 4－15 和图 4－16 所示，上海、青海、广西、广东、西藏、江苏、天津、四川、浙江的全国义务教育基本均衡县小学平均的办学条件综合差异系数最低，在 0.3 ~ 0.4 之间；海南和山西最高，差异系数在 0.5 以上。西藏、青海、广西、内蒙古初中的综合差异系数最低，不足 0.3；山西、北京、湖南最高，在 0.4 以上①。

整体上看，西部地区小学和初中办学条件的均衡程度较高。西部地区的财政资源有大量来自中央政府，中央政府对义务教育的发展逻辑是以公平为导向的，因此西部地区在配置义务教育财政资源时，也要贯彻中央转移支付的公平逻辑。其中，陕西作为西部地区经济发展的核心和枢纽，其

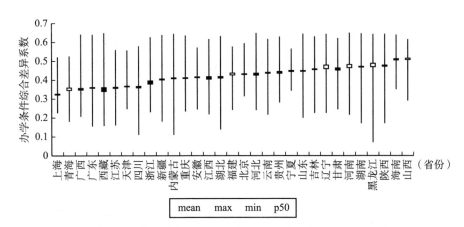

图 4－15　各省份小学县域内办学条件综合差异系数箱线图

资料来源：教育督导局. 义务教育均衡发展督导评估认定 ［EB/OL］.（2019 – 09 – 27）［2022 – 03 – 20］. http：//www. moe. gov. cn/s78/A11/s8393/s7657.

① 初中办学条件综合差异系数的数值可能与各区县初中学校的数量有关，如西藏各区县仅有 1 ~ 2 所初中学校，差异系数较低。

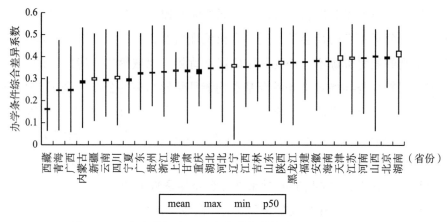

图 4 - 16　各省份初中县域内办学条件综合差异系数箱线图

资料来源：同图 4 - 15。

义务教育均衡情况是偏低的，各县之间也存在一定的差异，虽然有部分县的差异系数低于 0.2，但存在一定数量的县差异系数在 0.5 以上。上海、广东、浙江等东部发达地区的均衡程度较高，与之相对应的是北京、天津、辽宁、山东的均衡程度较低，该"南北差异"的成因并不明晰。中部地区省份平均的县域义务教育办学条件差异系数在 31 个省中排在高位，均衡程度最低，结合上文中部地区义务教育学生成绩较高的发现会引起这样的思考：中部地区义务教育资源配置是否是以均衡为代价换取高成绩？后文会对此进行分析。

4.3.4　规划层指标的选择和分析

规划层的政策表述包括对教师、经费、办学设施、制度等教育资源的分配和使用要求。虽然教育生产的"黑箱"还未被打开，教育资源投入充足不一定产生教育成果充足，但可以肯定的事实是，不充足的教育资源投入无法得到充足的教育产出。本部分内容在选择教育资源投入的充足指标时，不单独分析制度资源投入，因为制度资源是否充足会在其他层次和类别的指标中被反映，如随迁子女"两为主"政策和"控辍保学"政策的实施充足情况会在文章计算的巩固率和升学率中呈现。

4.3.4.1　教师资源指标的选择和分析

规划层政策表述中关于教师资源的表述关注于教师数量、质量和待遇三个方面。教师数量可以用师生比来衡量，即在职教职工数量与学生数量的比值，师生比越高，说明每个学生拥有的教师资源数量越高。教师质量的政策引导虽然近年来越来越强调师德的重要性，但是师德作为一种价值倡导，难以用客观的标准来衡量，本书按照传统的教师学历和职级指标来衡量教师的专业水平和业务能力。教师工资是教师待遇的主要组成部分，政策中将教师工资与当地公务员平均工资水平挂钩已形成常态。由于各地公务员工资并无公开的统计数据，本书用教师工资与《中国统计年鉴》中国家机构在岗职工平均工资的差值衡量各地教师工资的充足水平。

（1）教师数量：师生比。

2017年各省份县级的小学和初中平均师生比情况如图4－17和图4－18所示，为避免100人以下小规模学校会导致师生比数值虚高，本书仅计算各县中非小规模学校的平均师生比。全国县级平均的非小规模学校小学和

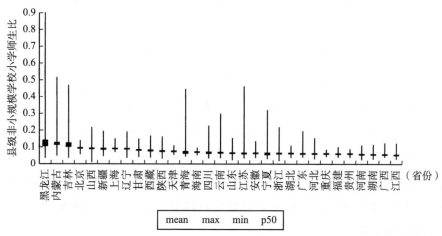

图4－17　2017年各省份中县级非小规模学校小学师生比分布箱线图

资料来源：中小学校基本情况统计表。

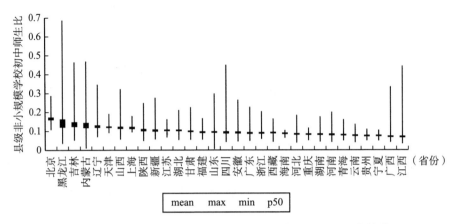

图 4 - 18　2017 年各省份县级非小规模学校初中师生比分布箱线图

资料来源：同图 4 - 17。

初中师生比分别为 0.076 和 0.10①。由于教师数量受到编制分配的限制，全国各区县小学和初中的师生比基本在 0.2 以内，差异并不大。黑龙江、内蒙古、吉林三省存在较多高师生比的区县，拉高全省的平均水平。北京、上海、天津小学和初中师生比水平较高，均在 0.07 和 0.11 以上。除此之外，山西、陕西、新疆、甘肃等地的师生比也处于平均水平之上。河南、湖南、江西、广西、贵州等地小学和初中的师生比低于全国平均值，有待提高。

　　整体来看，师生比高低的差异并没有呈现出东部、中部、西部地区间的显著差异，东部、中部、西部地区均有部分省份的平均师生比较高或较低。师生比的高低由于教师数量在编制限制下难以调整，因此更多地受学生数量的影响。如果一个地区人口流失严重，如黑龙江、吉林等地，学生数量减少，师生比随之提高。河南、湖南、江西等地人口数量较多，虽然这些地区有大量的人口流向北京、上海等发达地区，但是受学籍的影响，这些地区的学生难以随父母流动而留在户籍地读书，低师生比的情况比较普遍但也难以解决。

----

　　① 如果包含小规模学校，该数值分别会增长至 0.14 和 0.13，但是小规模学校享受到的高师生比待遇并不能体现充足，而是资源的冗余。

（2）教师质量：教师学历和职级。

图 4 - 19 至图 4 - 22 呈现的是各省份县级小学和初中教师质量的分布情况，包括小学生均高于规定学历教师数和初中生均高于规定学历教师数两项指标。该数据来自教育督导局对义务教育均衡发展督导评估认定的 2513 个县办学情况的公布数据。

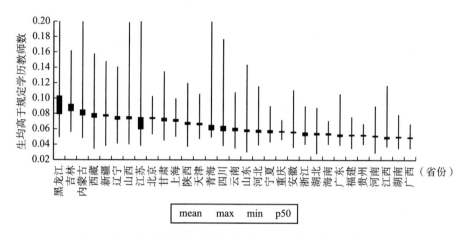

图 4 - 19　各省份县级小学生均高于规定学历教师数箱线图

注：最大值不仅限于 0.2，存在少数大于 0.2 的极端值未在图中体现。

资料来源：教育督导局. 义务教育均衡发展督导评估认定 [EB/OL]. (2019 - 09 - 27) [2022 - 03 - 20]. http：//www. moe. gov. cn/s78/A11/s8393/s7657.

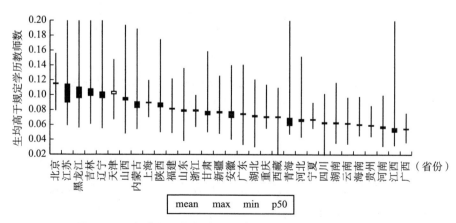

图 4 - 20　各省份县级初中生均高于规定学历教师数箱线图

注：最大值不仅限于 0.2，存在少数大于 0.2 的极端值未在图中体现。

资料来源：同图 4 - 19。

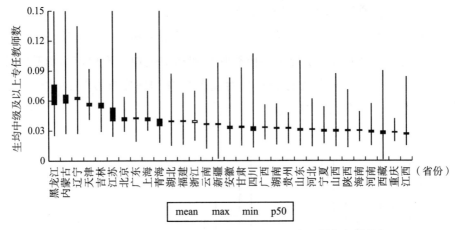

图 4-21　各省份县级小学生均中级及以上专任教师数箱线图

注：最大值不仅限于 0.15，存在少数大于 0.15 的极端值未在图中体现。
资料来源：同图 4-19。

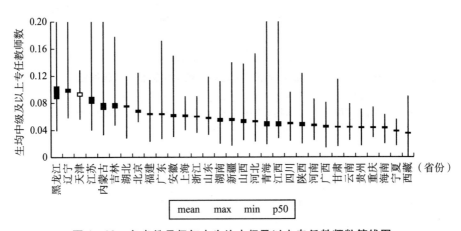

图 4-22　各省份县级初中生均中级及以上专任教师数箱线图

注：最大值不仅限于 0.2，存在少数大于 0.2 的极端值未在图中体现。
资料来源：同图 4-19。

全国义务教育均衡县小学和初中生均高于规定学历教师数的平均值分别为 0.06 和 0.08，与生师比的数值相差并不大，说明大部分教师的学历已经达到了规定的学历。各省份生均高于规定学历教师数的高低情况与师生比的情况也差异不大，黑龙江、吉林、辽宁、内蒙古、北京、上海、山西、陕西等地小学和初中生均高于规定学历教师数高于平均值，河南、湖南、广西、江西、贵州等地教师学历水平较低。但是涉及教师职级时，各省份的情况出现了变化。

全国义务教育均衡县小学和初中生均中级及以上专任教师数的平均值分别为 0.04 和 0.06，该数值显著低于师生比和生均高于规定学历教师数。除内蒙古外，生均中级及以上专任教师数的平均值高于整体平均值的省份均为东部和中部省份。省域内各区县的差异较大，尤其是黑龙江、内蒙古、吉林、江苏等地，存在大量的生均中级及以上专任教师数显著高于平均值的区县。尽管目前政策引导教师职级的评定向西部地区倾斜，但是西部地区生均中级及以上专任教师数仍旧普遍较低。综合来看，西部地区很多区县并不缺教师，但是缺有经验、有水平的好教师。这种现象的产生与西部地区留不住好教师的情况有关，有经验和资历的教师在评完职称或达到既定年限后，有机会便会离开西部地区。部分中部省份的教师数量和质量情况值得被关注，如江西、湖南、海南、河南等地，师生比、生均高于规定学历教师数和生均中级及以上专任教师数均排在末尾。

（3）教师待遇：教师工资与公务员工资的差值。

图 4-23 和图 4-24 呈现的是 2017 年全国各省份县级小学和初中教师和当地公务员年收入的差值情况。全国各县小学和初中教师和当地公务员年收入差值的平均值分别为 19427.82 元和 22224.33 元，大部分区县小学和初中教师平均收入高于公务员平均收入，有不到 15% 的区县教师平均收入低于公务员的平均收入。教师平均收入低于公务员平均收入的区县大部分集中在山东、广东、江苏、河南等省份。北京、上海、陕西、青海、西藏的义务教育阶段教师收入比公务员收入平均高 5 万元。天津、江西、甘肃、山东、广西、黑龙江、安徽、江苏等省（自治区、直辖市）各区县义务教育阶段教师的平均工资水平几乎与公务员平均工资水平持平，年收入差异在 1 万元以内。广东、新疆、湖北、河南省（自治区）内各区县的教师工资的差异程度较高，尤其是广东省有 10% 的区县教师收入比公务员收入高 10 万元以上，但是也有近 40% 的区县教师收入低于公务员收入。

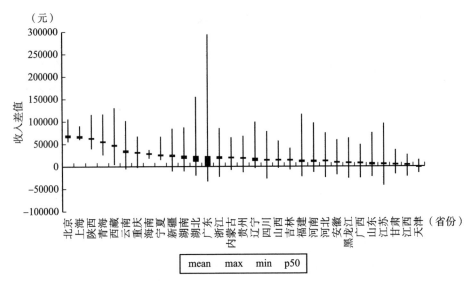

图 4 – 23   2017 年各省份县级小学教职工与当地公务员年收入差值箱线图

资料来源：教职工人均年收入数据来源于中小学校教育经费支出统计，当地公务员平均年收入数据以《中国统计年鉴》中各省国家机构在岗职工平均工资作为替代值。

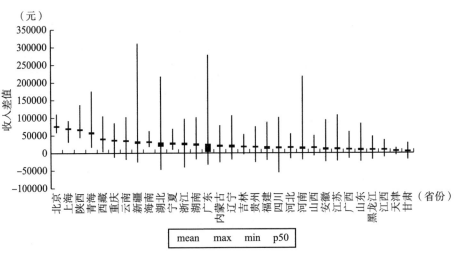

图 4 – 24   2017 年各省份县级初中教职工与当地公务员年收入差值分布情况

资料来源：同图 4 – 23。

4.3.4.2 经费资源指标的选择和分析

从政策针对教育经费的引导看，全面普及义务教育和"两免一补"政策使得学生"有学上"的目标已经达成，中央和地方的教育经费支出责任也形成了初步的框架，保障充足的公用经费让学生"上好学"是当前最主要的经费问题。中央确定的 2016 年生均公用经费基准定额为：中西部地区普通小学每生每年 600 元、普通初中每生每年 800 元；东部地区普通小学每生每年 650 元、普通初中每生每年 850 元。为了剔除 100 人以下小规模学校的极端影响，本书以小学和初中非小规模学校生均公用经费与基准定额的差值来衡量公用经费的充足程度。

如图 4–25 和图 4–26 所示，全国超过 99% 的区县小学和初中生均公用经费（不包括小规模学校，下同）超过中央政策规定的基准定额，小学和初中分别平均比基准定额高 1178.80 元和 1193.76 元，说明中央对公用经费的基准定额并不会影响地方义务教育支出的结构。从各省之间的比较来看，东部省份和西部省份义务教育的生均公用经费较高，尤其是北京、

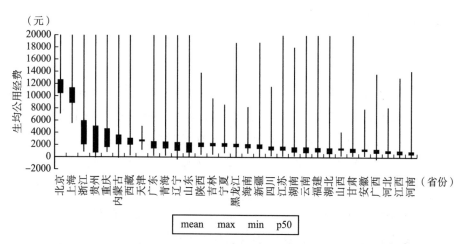

图 4–25 2017 年各省份县级小学非小规模学校生均公用经费箱线图

注：最大值不仅限于 20000 元，存在少数大于 20000 元的极端值未在图中体现。

资料来源：各区县公用经费数据来源于中小学校教育经费支出统计，公共经费基准定额按照《国务院关于进一步完善城乡义务教育经费保障机制的通知》（国发〔2015〕67 号）的规定，中西部的小学是 600 元，初中是 800 元。

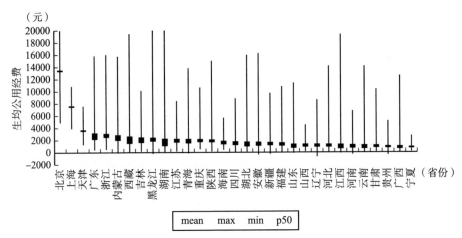

图 4 – 26　2017 年各省份县级初中非小规模学校生均公用经费箱线图

注：最大值不仅限于 20000 元，存在少数大于 20000 元的极端值未在图中体现。

资料来源：同图 4 – 25。

上海的平均值在 1 万元左右，远高于其他省份的平均值。中部省份中，除了吉林、黑龙江的义务教育生均公用经费较高，其他省份在各省中的排位比较靠后。河北、江西、河南等省份生均公用经费与基准定额差值在 1000 元左右，仅为北京、上海的十分之一。

4.3.4.3　办学设施指标的选择和分析

前文政策文本量化分析结果表明，2011 ~ 2019 年中央政策对于办学设施的关注集中在学校布局、大班额、体育运动场和危房改造四个方面。

（1）学校布局：寄宿制学校和乡村小规模学校。

合理的学校布局是为了保证学生就近入学，最理想的状态是人口聚集使得学校具有规模经济。由于受到地理因素和人口分布的影响，一些人口分布稀疏的山区如果确保每一名学生就近入学，必定会存在大量的小规模学校（或教学点）。目前，乡村小规模学校已经成为乡村义务教育面临的一大困境。小规模学校的存在意味着资源的不充分利用，学生缺乏同伴之间的影响，教师也缺乏教学的热情，其教学质量难以得到保证。相对应地，建设寄宿制学校将学生聚集到一处能够解决小规模撤并带来的学生上学不便和办学规模不经济的问题①。

乡村小规模学校和乡镇寄宿制学校之间的关系可以体现学校布局的不同层次：①层次一，乡村具有难以撤并的小规模学校，并未出现寄宿制学校；②层次二，建设了一批寄宿制学校，同时存在较多的小规模学校；③层次三，因为寄宿制学校的建立，小规模学校逐渐被撤并、减少；④层次四，小规模学校和寄宿制学校均比较少。显然，层次一办学效率低，教学资源无法有效利用；层次二、三处于过渡期，改变办学低效率的情况；层次四是最为理想的状态，办学容易形成规模经济，无须通过乡村小规模学校和乡镇寄宿制学校保证学生就近入学。

本书按照乡村小规模学校和乡镇寄宿制学校数量的平均数划分成上述四个层次，对上述四个层次分别赋值为 1~4 作为学校布局指数，为全国各区县方便学生入学的学校布局提供一个指数参考。全国各区县小学和初中学校布局指数赋值结果如图 4-27 和图 4-28 所示。全国有 43% 以上的区县小学和初中的学校布局情况处于层次四，即乡村小规模学校和乡镇寄宿制学校数量较少，学校办学的效率较高。小学有 15% 的区县处于层次一，存在

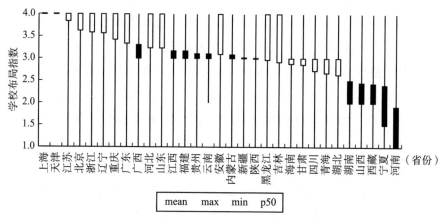

图 4-27　2017 年各省份县级小学学校布局指数箱线图

资料来源：乡村小规模学校和乡镇寄宿制学校信息来自中小学校基本情况统计。

---

① 校车也是解决小规模学校的一种措施，由于校车制度实施的复杂性，本书暂不作讨论。

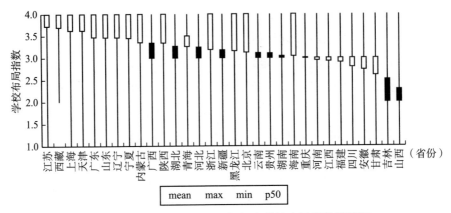

图4-28 2017年各省份县级初中学校布局指数箱线图

资料来源：同图4-27。

大量的乡村小规模学校，该比例比初中高7个百分点。在地理因素影响下，东部地区的区县小学和初中学校布局指数更高，西部区县的学校布局指数更低。

（2）大班额：生均教学及辅助用房面积。

大班额问题是一个班级中学生数量过多，导致教师难以有效地关注每名学生的学习需求，难以维持课堂秩序，因此也难以保证教学质量。由于班级层面数据的缺乏，本书无法直接用班级规模来分析大班额问题存在的程度。从大班额问题存在的原因来看，大班额由两个直接因素导致：其一是教师资源不足，即师生比过低，在教师资源指标中已做分析；其二是教学用地不足，即缺乏可用校舍，可以用生均教学及辅助用房面积来衡量。图4-29和图4-30反映的是2017年全国各省县级小学和初中非小规模学校生均教学及辅助用房的面积情况，其平均值分别为6.82平方米和9.41平方米。东部和西部省份小学和初中的生均教学及辅助用房面积相对较高，如北京、上海、西藏、内蒙古等省（自治区、直辖市）内区县的平均值在10平方米左右；中部地区偏低，如河北、河南、江西省内区县的平均值在4~7平方米左右。

（平方米）

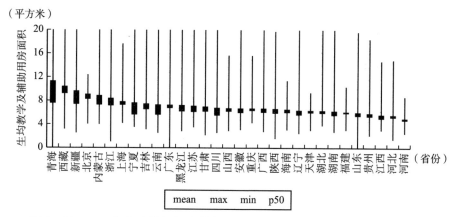

图 4 – 29 2017 年各省份县级小学非小规模学校生均教学及辅助用房箱线图

注：最大值不仅限于 20 平方米，存在少数大于 20 平方米的极端值未在图中体现。
资料来源：中小学校基本情况的统计。

（平方米）

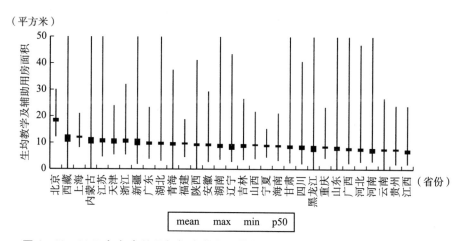

图 4 – 30 2017 年各省份县级初中非小规模学校生均教学及辅助用房面积箱线图

注：最大值不仅限于 50 平方米，存在少数大于 50 平方米的极端值未在图中体现。
资料来源：同图 4 – 29。

（3）体育设施：生均体育运动场馆面积。

政策中对中小学体育设施的重视与素质教育的推行密切相关。学校不光要教授知识，更要保证学生德智体美劳全面发展。在中小学生课业负担压力下，培养学生体育运动爱好、增强学生体质的必要性不断提高，体育运动场馆成为学校办学的必要设施之一。图 4 – 31 和图 4 – 32 呈现了全国

2513 个通过义务教育均衡评估县小学和初中生均体育运动场馆面积情况，其平均值分别为 9.08 平方米和 11.63 平方米。分省份来看，各省平均的县级生均体育运动场馆面积排序与在教育资源上的排序存在差异，北京、上海等东部发达地区在此指标上并不占优势，一方面可能由于东部发达地区"寸土

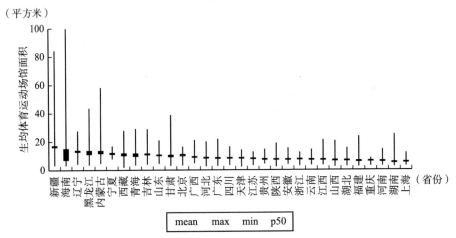

图 4 - 31　各省份县级小学生均体育运动场馆面积箱线图

资料来源：教育督导局. 义务教育均衡发展督导评估认定［EB/OL］.（2019 - 09 - 27）［2022 - 03 - 20］. http：//www. moe. gov. cn/s78/A11/s8393/s7657.

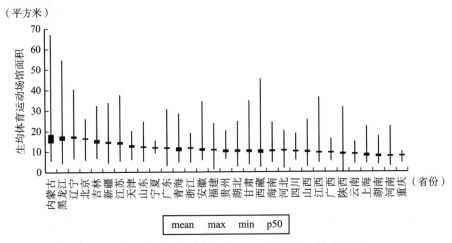

图 4 - 32　各省份县级初中生均体育运动场馆面积箱线图

　资料来源：同图 4 - 31。

寸金"，学校难以获得体育运动场馆的建设用地；另一方面可能是社会承担了部分体育运动场馆的提供责任，部分替代了学校的提供责任。东三省（黑龙江、吉林、辽宁）和内蒙古、新疆等省（自治区）的生均体育运动场馆面积相对较大，这些地区中的学校有动力将经费投入到大面积的体育场馆建设上值得思考。

（4）危房改造：危房面积。

消除危房是薄弱学校改造工程的重点任务。马斯洛的需求层次理论表明，当安全需求未被满足时，人类就不会追求更高层次的社交需求、尊重需求和自我实现需求。而教育活动实施是为了满足人类对这些更高层次的需求。因此，学校范围内不应该出现危房，但该目标在我国部分地区并没有实现。如图 4-33 和图 4-34 所示，2017 年我国小学和初中分别有 8 个省份 237 个县、22 个省份 248 个县存在危房，总危房面积为 595 万平方米，初中存在危房的情况更普遍，但小学危房的总面积更大（332 万平方米）。云南和甘肃义务教育阶段学校存在危房的情况最为严重，有近一半的区县存在危房，总危房面积超过百万平方米。如果要实现充足的办学实施，学校的危房必须要全面改造，那些存在危房的地区无疑需要更多的资源投入。

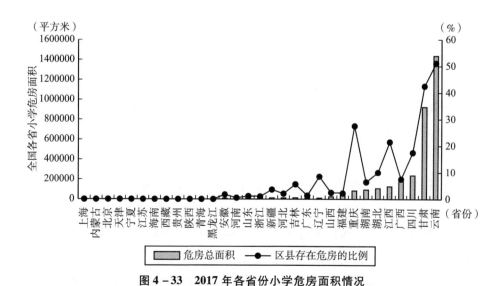

图 4-33　2017 年各省份小学危房面积情况

资料来源：中小学校基本情况统计资料。

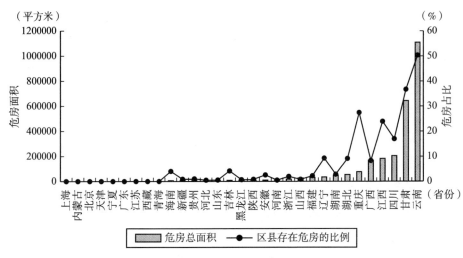

图 4 – 34　2017 年各省份初中危房面积情况

资料来源：同图 4 – 33。

4.4　我国义务教育充足度分析

前文从政策要求中确认了义务教育充足的愿景、目标、规划三层次衡量指标，本节将利用确认的指标进一步计算、分析我国义务教育的充足情况。首先，按照政策的引导强度计算指标的权重，完善义务教育充足的指标体系；其次，以随机抽取的 434 个县级单位为例，计算充足指数，分析我国义务教育充足的现状；最后，通过最小二乘回归分析愿景、目标、规划各层次充足度之间的关系。

4.4.1　义务教育充足标准体系指标权重的确定

基于前文的指标选择和分析，本书从"愿景—目标—规划"三个层次确认了适合于本国情况的义务教育充足度量标准体系。愿景层的充足程度用义务教育完成和升学情况来度量，即巩固率和毕业升学率的乘积。目标层的充足程度用义务教育质量和均衡两个维度来衡量，即学生综合成绩和办学条件综合差异系数两项指标。规划层的充足程度是教育各项资源的投入充足程度，包括教师资源、经费资源和办学设施三个维度。教师资源的数量用师生比来度量，质量用教师学历和职级来度量，待遇用教师工资和当地公务员工资的差值来度量；经费资源以生均公用经费与中央制定的公用经费基准定额的差异来衡量充足程度；办学设施的政策关注点在学校布局、大班额、体育设施和危房改造等方面，用学校布局指数、非小规模学校生均教学及辅助用房面积、生均体育运动场馆面积、危房面积等指标来衡量。具体的标准体系如表 4 – 18 所示。借助标准体系计算充足指数还需确定标准体系的指标权重。

表 4 – 18　　　义务教育充足"愿景—目标—规划"标准体系

层次	权重（%）	维度	权重（%）	指标（权重）
愿景层	33.33	义务教育完成和升学情况	—	巩固率×毕业生升学率
目标层	33.33	义务教育质量	28.46	学生语文、音乐、美术综合成绩
		义务教育均衡	71.54	办学条件综合差异系数（负向指标）
规划层	33.33	教师资源	45.61	非小规模学校师生比（34.40%） 生均高于规定学历教师数（31.74% × 34.09%） 生均中级及以上专任教师数（31.74% × 65.91%） 教职工与当地公务员年收入差值（33.86%）
		经费资源	36.16	非小规模学校生均公用经费与公用经费基准定额的差值
		办学设施	18.23	学校布局指数（55.42%） 非小规模学校生均教学及辅助用房面积（19.28%） 生均体育运动场馆面积（10.84%） 危房面积（14.46%，负向指标）

资料来源：作者总结归纳，权重由政策文本量化分析的结果计算。

　　标准体系包含愿景、目标、规划三个层次，其内涵分别为培养什么样的人才、构建什么样的教育体系、教育资源如何配置。三者在政策中被提及的频次虽然不同，但其对于义务教育充足的重要程度难分伯仲，因此该三个层次的权重各占 1/3。各层次的衡量维度和具体指标选择来自政策文本量化分析所展现的政策关注和引导逻辑，相关的词频出现次数越多，其政策关注度越强。因此本书按照政策文本量化分析对 2011～2019 年政策中词频的统计结果，计算各维度和指标的权重。

　　目标层 2011～2019 年（下同）关于质量的关键词出现频率是 35 次，关于公平的关键词出现频率为 88 次（包括均衡 35 次、公平 31 次、均等化 11 次、一体化 11 次），按照关键词出现频率划分质量和均衡的比重分别为 28.46% 和 71.54%。

　　规划层教师资源、经费资源、办学设施三个维度的权重由政策表述的条数来划定，分别为 45.61%（753 条）、36.16%（597 条）、18.23%（301 条）。其中，教师资源的教师数量、质量和待遇的政策表述条数的比例分配为 34.40%（259 条）、31.74%（239 条）、33.86%（255 条）。教师数量对应生师比指标，权重即为 34.40%。教师质量中关于教师学历的关键词出现频次为 15 次，包括教师资格 5 次、高素质 10 次；关于教师职级的关键词出现频次为 29 次，包括专业化 7 次、教育教学 7 次、专业化水平 5 次、业务精湛 4 次、专业标准 3 次、业务能力 3 次，因此生均高于规定学历教师数和生均中级及以上专任教师数的权重为 31.74%×34.09% 和 31.74%×65.91%。教师待遇用教职工与当地公务员年收入差值来衡量，权重即为 33.86%。

　　办学设施的衡量指标中，针对学校布局的关键词有 46 条，其中学校布局 13 条、寄宿制学校 12 条、小规模学校 6 条、就近入学 6 条、合理布局 4 条、撤并 5 条；针对大班额的关键词有 16 条；针对体育设施的关键词有 9 条；针对薄弱学校的关键词有 12 条，包括薄弱学校 8 条和农村薄弱学校改造工程 4 条。因此四项指标的权重分配分别为 55.42%、19.28%、10.84%、14.46%。

　　需要指明的是，义务教育充足标准体系并不是静态不变的，会随着国家发展需要和教育发展程度的变化而变化。此外，本书构建的义务教育充足标准体系是基于中央政府层面对全国义务教育发展的需要，是国家标准。各省份、各地区由于经济发展程度不同，对于义务教育充足的要求可能存在差异，这些差异具有地域性，应以国家标准为基本前提。

4.4.2 样本县义务教育充足指数的计算

按照义务教育充足的"愿景—目标—规划"标准体系和前文对各项指标的分析，本书共匹配了 434 个县级数据计算综合的教育充足指数。该 434 个县主要是由义务教育质量监测按照随机原则在全国各省份抽样所得，可以代表各省份平均的义务教育充足情况。由于不同指标的量纲不同，需要对数据进行去量纲化处理（标准化处理）后，才能计算义务教育充足指数。标准化处理最常用的方法是 Z 标准化（zero-mean normalization），按照原始数据的均值（mean）和标准差（standard deviation）对原始数据进行线性转化，使转化的数据满足均值为 0、标准差为 1 的标准正态分布，计算过程如下式：

$$x_{ij}^z = \frac{x_{ij} - \mu_i}{\delta_i}$$

将各项指标的原始数据 x_{ij} 减去各项指标的均值，再除以标准差，即得标准化后的无量纲数 x_{ij}^z。该方法标准化后，数据围绕 0 上下波动，大于 0 的值即高于总体平均值，小于 0 的值即低于总体平均值。

此外，办学条件综合差异系数和危房面积为负向指标，在标准化时，加负号处理。

标准体系中的各项指标经过标准化处理后，按照指标权重进行加总，最终计算出各省份样本县小学和初中教育充足综合指数情况，如图 4 - 35 和图 4 - 36 所示。

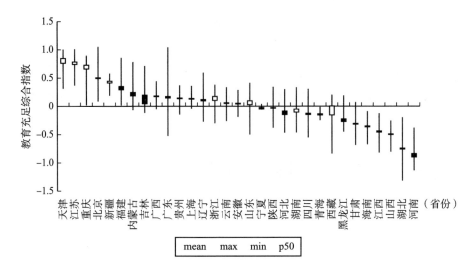

图4-35 2017年各省份小学教育充足综合指数情况

资料来源：作者按照表4-18的义务教育充足体系计算所得。

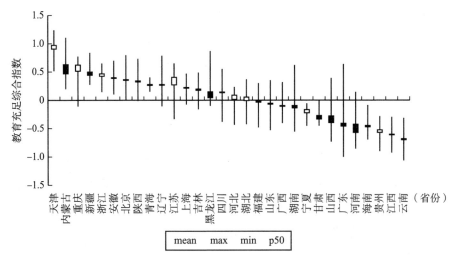

图4-36 2017年各省份初中教育充足综合指数情况

注：西藏自治区计算初中教育充足综合指数的数据不足，因此在图中未呈现。
资料来源：同图4-35。

天津、江苏、重庆、北京、新疆、福建的小学平均综合教育充足程度较高，样本区县的教育充足综合指数均在平均值以上。小学综合教育充足指数在0.5（比平均水平高0.5个标准差）以上的区县出现在天津、江苏、重庆、北京、新疆、福建、内蒙古、吉林、广东、辽宁等省份，尤其是北京、广东、江苏和天津等省市存在部分区县的小学综合充足指数在 1 以上。河南、湖北、江西、山西、海南等省份的小学平均综合教育充足指数最低，样本区县的教育充足指数均在平均值以下，这些省份整体的小学教育充足程度需要进一步提高。此外，西藏、甘肃、广东也存在部分区县的小学综合充足指数低于平均水平 0.5 个标准差，这些省（自治区）低充足水平的区县也需要加强小学教育的投入和生产效率。

天津、内蒙古、重庆、新疆、浙江、安徽、北京、山西、青海等省（自治区、直辖市）初中的平均教育充足综合指数较高，其样本区县的初中教育充足综合指数基本均在平均水平之上。云南、江西、贵州、海南、甘肃、宁夏等省（自治区）初中的平均教育充足综合指数较低，样本区县的充足综合指数均在平均值以下，河南、广东、山西有大部分区县的充足综合指数在平均值以下，其初中教育充足程度有待提高。无论是小学还是初中，东部和部分西部地区教育充足综合指数较高，充足综合指数偏低的地区大部分集中在中部和部分西部地区。

教育充足综合指数体现的是不同地区教育整体的充足情况。进一步分析不同地区各层次、各维度的差异可以看出不同地区教育发展的现状和改进思路。一个基本的思路是，愿景—目标—规划三层次充足水平均较高的地区是教育优质充足区，这些地区的教育发展无须多加干预；三层次充足水平均较低的地区应是重点扶持区，需全面提高发展；规划层的充足程度高而目标层、愿景层的充足程度低的地区属于教育资源配置和使用低效区，应加强重视，提高教育生产效率；高目标、愿景充足指数和低规划充足指数应作为高效示范区，分析其教育资源配置特征能够明晰高效的教育生产方式，为其他地区的教育资源配置和教育生产改进提供策略。

表 4-19 和表 4-20 呈现了全国各省（自治区、直辖市）样本区县小学和初中各层次的分项充足指数的平均值。充足综合指数较高的省（自治区、直辖市）各层次的分项指数也具有优势，如天津、内蒙古、上海，相对应的充足综合指数较低的省（自治区、直辖市）分项指数均不占优势，如河南、湖北、湖南。西藏、青海、陕西等省（自治区、直辖市）的规划

层资源投入的充足指数较高，但是愿景层和目标层的充足指数偏低，这些地区义务教育生产效率偏低，该现象可能与这些地区的外在因素有关，如教育发展落后、地理环境闭塞，需要更多的资源投入才能实现充足；也可能与资源配置的不合理有关。福建、重庆、安徽等省（直辖市）规划层资源投入充足指数较低，愿景层和使命层的充足指数较高，教育资源投入和产出的效率较高。

表 4-19　　2017 年各省份小学教育充足综合指数和各层次分项指数情况

省份	区县数量（个）	综合	愿景层	目标层	规划层	教师资源	公用经费	办学设施
北京	10	0.50	-0.93	0.28	2.14	1.35	3.95	0.55
天津	6	0.76	0.97	0.83	0.48	0.39	0.62	0.45
河北	6	-0.09	0.64	-0.52	-0.29	-0.23	-0.35	0.01
山西	10	-0.50	-0.66	-0.82	-0.03	0.34	-0.33	-0.38
内蒙古	8	0.24	0.40	-0.16	0.48	1.07	-0.08	0.14
辽宁	8	0.12	0.52	-0.43	0.26	0.70	-0.31	0.31
吉林	7	0.20	0.05	-0.16	0.69	1.34	0.18	0.11
黑龙江	7	-0.23	-0.80	-0.40	0.52	0.60	0.59	-0.01
上海	6	0.13	-2.33	1.11	1.61	0.98	2.97	0.48
江苏	10	0.74	1.59	0.80	-0.16	-0.32	-0.17	0.21
浙江	7	0.10	0.14	0.12	0.06	-0.03	-0.02	0.38
安徽	12	0.05	-0.02	0.45	-0.27	-0.38	-0.22	-0.12
福建	10	0.35	1.13	0.20	-0.28	-0.23	-0.42	-0.13
江西	12	-0.46	-0.78	-0.14	-0.45	-0.65	-0.45	0.05
山东	16	0.03	0.46	-0.13	-0.25	-0.16	-0.42	-0.14
河南	13	-0.84	-1.63	-0.36	-0.53	-0.35	-0.59	-0.83
湖北	11	-0.76	-1.79	-0.09	-0.40	-0.36	-0.47	-0.38
湖南	11	-0.11	0.37	-0.31	-0.39	-0.42	-0.29	-0.55
广东	120	0.17	0.25	0.27	0.00	-0.12	0.05	0.19
广西	9	0.18	0.96	0.02	-0.44	-0.42	-0.60	-0.09

续表

省份	区县数量（个）	综合	愿景层	目标层	规划层	教师资源	公用经费	办学设施
海南	20	− 0.37	− 0.14	− 1.05	0.08	0.09	0.05	0.10
重庆	7	0.66	1.97	0.09	− 0.08	− 0.05	0.07	− 0.08
四川	11	− 0.13	− 0.27	0.23	− 0.38	− 0.39	− 0.05	− 0.43
贵州	12	0.14	1.06	− 0.33	− 0.31	− 0.28	− 0.48	− 0.03
云南	12	0.06	1.03	− 0.58	− 0.28	− 0.02	− 0.52	− 0.50
西藏	4	− 0.16	− 0.71	− 0.65	0.88	0.71	1.27	0.53
陕西	8	− 0.04	− 0.30	− 0.06	0.26	0.75	− 0.29	0.12
甘肃	8	− 0.32	− 0.72	− 0.07	− 0.17	− 0.13	− 0.28	− 0.16
青海	6	− 0.14	− 0.62	− 0.02	0.22	0.32	0.10	0.22
宁夏	5	− 0.02	− 0.42	0.25	0.09	0.01	0.38	− 0.26
新疆	4	0.41	0.89	0.19	0.16	0.37	− 0.42	0.37

资料来源：同图 4 − 36。

表 4 − 20　　2017 年各省份初中教育充足综合指数和各层次分项指数情况

省份	区县数量（个）	综合	愿景层	目标层	规划层	教师资源	公用经费	办学设施
北京	10	0.36	− 1.12	− 0.10	2.30	1.89	3.59	0.77
天津	6	0.91	1.95	0.09	0.68	0.72	0.62	0.70
河北	6	0.02	0.77	− 0.42	− 0.31	− 0.15	− 0.34	− 0.16
山西	10	− 0.28	− 0.29	− 0.33	− 0.22	0.10	− 0.46	− 0.53
内蒙古	8	0.63	1.20	0.50	0.19	0.53	− 0.28	0.26
辽宁	8	0.28	0.54	− 0.10	0.39	0.93	− 0.37	0.51
吉林	7	0.18	0.39	− 0.07	0.20	0.79	− 0.15	− 0.56
黑龙江	6	0.15	0.60	− 0.65	0.45	0.30	0.78	− 0.10
上海	6	0.22	− 1.10	0.58	1.20	0.88	1.99	0.40
江苏	10	0.27	0.55	− 0.02	0.24	0.29	0.11	0.33
浙江	7	0.42	0.82	0.41	0.04	− 0.07	0.04	0.16
安徽	12	0.40	1.43	0.00	− 0.24	− 0.20	− 0.27	− 0.29

省份	区县数量(个)	综合	愿景层	目标层	规划层	教师资源	公用经费	办学设施
福建	10	-0.04	0.12	-0.11	-0.11	0.13	-0.38	-0.18
江西	12	-0.61	-1.10	-0.18	-0.56	-0.72	-0.50	-0.26
山东	16	-0.07	-0.05	0.04	-0.20	-0.05	-0.51	0.04
河南	13	-0.42	-0.41	-0.40	-0.46	-0.51	-0.44	-0.30
湖北	11	-0.01	0.05	0.05	-0.12	0.09	-0.38	-0.11
湖南	10	-0.10	0.32	-0.34	-0.26	-0.28	-0.25	-0.31
广东	120	-0.41	-1.45	0.08	0.15	0.00	0.27	0.26
广西	9	-0.10	-0.25	0.54	-0.57	-0.70	-0.65	-0.09
海南	20	-0.45	-0.56	-0.62	-0.16	-0.20	-0.16	-0.08
重庆	7	0.51	1.63	0.04	-0.22	-0.22	0.01	-0.45
四川	10	0.14	0.65	0.28	-0.40	-0.46	-0.08	-0.49
贵州	12	-0.57	-1.19	-0.04	-0.49	-0.53	-0.52	-0.31
云南	12	-0.68	-1.47	-0.11	-0.46	-0.36	-0.49	-0.73
西藏	0	—	-2.17	—	0.03	0.06	-0.23	0.47
陕西	8	0.34	0.74	-0.07	0.34	0.80	-0.20	0.27
甘肃	8	-0.27	-0.73	0.44	-0.52	-0.46	-0.53	-0.66
青海	5	0.28	-0.19	0.92	0.14	-0.10	0.27	0.47
宁夏	5	-0.22	-0.65	0.27	-0.29	-0.36	-0.58	0.45
新疆	4	0.50	0.76	0.82	-0.08	0.00	-0.54	0.49

注：西藏自治区计算初中教育充足综合指数的愿景层数据不足，因此无法计算综合充足指数。

资料来源：同图4-36。

4.4.3 "愿景—目标—规划"各层次间充足度的关系

"愿景—目标—规划"的义务教育充足标准体系的三层结构体现的是教育成果、教育产出和资源投入的教育生产过程。前文中义务教育充足度的分析表明不同地区所体现的"愿景—目标—规划"三层关系存在差异，规划层不同教育资源的充足程度所带来的愿景和目标指数的充足程度并不相同。对此，下文分为东部、中部、西部地区对 434 个样本县不同层次和维度的充足情况进行最小二乘回归分析，通过回归系数刻画不同层次和维度充足度的关系[1]，尝试找出不同地区义务教育资源配置可能的逻辑和规律。

4.4.3.1 规划层各类教育资源与目标层教育质量和均衡的关系

规划层教师、经费和办学设施等教育资源的配置是为了进行教育生产，实现"公平而有质量"的教育目标。将规划层各项资源的指标作为解释变量、成绩和办学条件综合差异系数作为因变量进行最小二乘回归，分地区分析规划层和目标层的关系，小学和初中的回归结果分别如表 4 - 21 和表 4 - 22 所示。从回归的拟合优度来看，资源投入对成绩回归的 R^2 值在 0.6 左右，对办学条件差异系数回归的 R^2 值在 0.2 左右，资源投入对教育质量的解释力高于对教育均衡的解释。东、中、西部地区的各类教育资源配置的充足度与教育质量和均衡的关系存在差异。

表 4 - 21   东、中、西部地区小学教育资源配置与质量和均衡的
最小二乘回归结果

变量	成绩			差异系数		
	东部	中部	西部	东部	中部	西部
师生比	703.79 * (1.76)	13.72 (0.05)	- 634.72 * (- 1.70)	1.34 (1.20)	- 0.58 (- 0.68)	0.84 (0.68)
生均高于规定学历教师数	731.44 (1.38)	571.65 (1.17)	1542.21 (2.63)	0.83 (0.54)	3.63 ** (2.38)	0.94 (0.50)
生均中级及以上专任教师数	- 1052.07 (- 3.64)	291.87 (0.92)	377.80 (0.87)	- 1.57 * (- 1.90)	- 2.84 ** (- 2.63)	0.72 (0.67)
教师与公务员工资差	- 6.61e - 05 (- 0.86)	- 9.16e - 04 *** (- 4.80)	- 4.23e - 04 (- 1.48)	5.59e - 08 (0.28)	2.90e - 06 *** (4.97)	- 1.80e - 07 (- 0.29)
生均公用经费与基准差值定额	- 3.51e - 03 ** (- 2.18)	- 1.34e - 03 (- 0.54)	- 9.70e - 03 ** (- 2.01)	- 5.27e - 06 (- 1.18)	1.50e - 05 *** (2.75)	4.61e - 06 (0.47)

---

① 本部分的实证分析仅做相关性探讨，无须进行因果探讨。

续表

变量	成绩			差异系数		
	东部	中部	西部	东部	中部	西部
生均教学及辅助用房面积	−2.83** (−2.04)	0.41 (0.15)	2.91 (0.94)	5.07e−04 (0.11)	−2.01e−03 (−0.25)	−6.23e−03 (−0.79)
学校布局	−3.14 (−1.26)	−2.23 (−0.74)	−9.43* (−1.79)	−0.02*** (−3.00)	0.01 (0.70)	4.19e−03 (0.38)
生均体育运动场面积	0.64 (0.66)	−0.33 (−0.38)	−0.40 (−0.28)	0.01 (2.17)	−0.01 (−2.42)	−1.29e−03 (−0.32)
危房面积	2.71e−03 (0.86)	−2.92e−04 (−1.40)	−2.45e−04 (−0.86)	1.56e−05 (1.04)	−1.4e−06*** (−3.11)	1.27e−06** (2.13)
县级特征	YES	YES	YES	YES	YES	YES
Observations	191	108	94	191	108	94
R − squared	0.69	0.69	0.70	0.24	0.38	0.21

注：括号中为标准误；*$p<0.1$，**$p<0.05$，***$p<0.01$。

县级特征包括：学生家庭经济社会背景，学生家庭经济社会背景的平方，人均 GDP，人均财政收入，是否为贫困县，是否为连片特困地区，是否为革命老区，是否为陆地边境县，是否为少数民族县。

表 4 − 22　　　　　东、中、西部地区初中教育资源配置

与质量和均衡的最小二乘回归结果

变量	成绩			差异系数		
	东部	中部	西部	东部	中部	西部
师生比	23.27 (0.21)	28.75 (0.17)	53.62 (0.17)	0.23 (0.77)	1.02** (2.19)	−1.05 (−1.51)
生均高于规定学历教师数	759.55*** (4.72)	343.32* (1.76)	220.99 (0.47)	0.99** (2.27)	−1.24* (−1.75)	1.77 (1.57)
生均中级及以上专任教师数	−438.61*** (−3.23)	−170.38 (−0.73)	−263.24 (−0.63)	0.04 (0.11)	0.35 (0.48)	0.78 (0.84)
教师与公务员工资差	5.06e−05 (0.81)	−7.21e−04*** (−3.02)	−1.89e−04 (−0.58)	−1.97e−07 (−1.22)	1.05e−06* (1.97)	1.84e−07 (0.27)

续表

变量	成绩			差异系数		
	东部	中部	西部	东部	中部	西部
生均公用经费与基准差值定额	$-4.16e-03$ *** (-3.43)	$-7.66e-04$ (-0.66)	$-8.94e-03$ (-1.62)	$1.14e-07$ (0.05)	$9.4e-06$ *** (3.16)	$-8.98e-06$ (-0.84)
生均教学及辅助用房面积	-0.70 (-1.17)	-2.37 * (-1.88)	3.57 * (1.71)	$-1.30e-04$ (-0.07)	$-3.84e-03$ (-0.85)	$4.60e-03$ (1.34)
学校布局	0.09 (0.04)	-3.22 (-0.83)	-4.68 (-1.04)	-0.01 (-1.14)	$-2.83e-03$ (-0.31)	-0.01 (-1.35)
生均体育运动场面积	0.38 (0.70)	0.09 (0.14)	-0.26 (-0.22)	$-1.93e-03$ (-1.25)	$-2.44e-03$ (-0.99)	$-3.45e-03$ (-1.16)
危房面积	0.01 (2.66)	$-1.37e-04$ (-0.59)	$-5.75e-04$ (-1.21)	$5.85e-06$ (0.72)	$-2.43e-07$ (-0.27)	$-2.01e-07$ (-0.19)
县级特征	YES	YES	YES	YES	YES	YES
Observations	191	107	92	191	106	88
R – squared	0.75	0.62	0.59	0.18	0.22	0.25

注：括号中为标准误；* $p<0.1$，** $p<0.05$，*** $p<0.01$。县级特征的控制变量同表 4 – 21。

东部地区小学和初中的成绩显著与教师的数量和质量、公用经费、学校建筑面积相关。除了生师比（小学）和生均高于规定学历学生数（初中）[①] 与学生成绩呈现正向关系外，教师职级、公用经费和学校可用建筑面积[②]对学生成绩的关系是负向的。也就是说，东部地区中，在同样的县级特征下，小学学生成绩越差的区县，虽然教师总数越低，但是生均中级及以上教师数越高，生均公用经费越高，生均可用教学面积也越大。东部地区小学办学条件差异越大的区县，生均中级及以上教师数越低，学校布局越难以有效地实现就近入学，生均体育运动场面积越高；初中办学条件差异越大的区县，生均高于规定学历教师数越高。

———————————

① 东部地区的初中阶段的教师基本都高于规定学历，因此生均高于规定学历学生数实际上体现的教师数量。

② 危房面积为非可用建筑面积，对东部初中成绩为正。

中部地区教师工资与小学和初中学生成绩的关系最为显著，在区县特征一致的情况下，学生成绩越低的区县教师工资越高。初中的学生成绩与生均高于规定学历教师数具有正相关性，与生均教学及辅助用房面积具有负相关性。中部地区办学条件的差异程度显著与教师工资和公用经费等流量型经费指标呈现正相关，教师工资和公用经费越高的区县办学条件的差异程度越高。此外，教师数量与区县办学条件的差异程度也呈现正相关性，而教师质量与办学条件的差异程度呈负相关性。

西部地区小学的学生成绩与教师数量和质量、公用经费和学校布局有显著相关性。在区县特征一致的情况下，学生成绩越低的区县，师生比越高，教师学历越低，公用经费越高，学校布局越有利于就近入学。与初中学生成绩相关的资源因素是生均教学及辅助用房面积，二者具有正相关性。各项资源配置因素对西部地区办学条件的均衡情况几乎不产生影响，仅小学的危房面积对差异程度具有正相关性。

规划层教育资源配置对目标层教育质量和均衡的回归结果表明，东、中、西部地区在教育资源配置上会向教育质量较低的地区倾斜，东部地区在教师职级、公用经费和学校可用建筑面积等资源上倾斜；中部地区在教师工资上倾斜；西部地区在教师数量、公用经费等资源上倾斜，但低成绩的区县仍旧无法吸引高质量的教师。资源配置与教育均衡的关系并不显著，中部地区教师工资和公用经费等流量型资源越多的区县办学条件的差异水平越大。由于本书采用的均衡数据是教育部督导局公布的已通过义务教育均衡县认定的区县的情况，因此该结果说明中部地区义务教育财政资源配置在达到国家既定目标后，并不会进一步追求均衡。

4.4.3.2　目标层教育均衡与质量的关系

效率和公平在公共经济学领域通常被认为是此消彼长的关系。学生成绩通常被视为教育的产出，反映的是效率问题，办学条件的差异系数体现的是公平问题。本书用学生成绩和办学条件的差异系数进行最小二乘回归，初步探索教育投入效率和公平的关系，小学和初中的回归结果分别如表 4-23 和表 4-24 所示。如果不加任何控制条件，成绩与均衡呈现正相关性（小学

的系数不显著），但是这一关系可能受各地区经济条件和其他地区特征因素
的影响，例如经济发达地区有更多的资源同时促进均衡和公平的发展，使
得成绩和均衡程度都很好；而一些落后地区教育基础差，尽管学校采取了
多项措施，但学生成绩也很难提高。添加办学条件、学生家庭社会经济背
景、生均教育支出、地区人均 GDP 等区县特征变量后，回归结果仍旧是越
不均衡的区县学生成绩越好。考虑到东、中、西部地区义务教育的发展逻
辑可能不同，进一步分地区进行回归。

表 4 - 23　　　小学办学条件差异系数对成绩的最小二乘回归结果

变量	总体	总体	东部	中部	西部
办学条件差异系数	23.87 (26.45)	63.92*** (17.56)	116.10*** (25.70)	-39.94 (28.37)	14.32 (38.86)
办学条件	NO	1.53*** (0.49)	0.11 (0.66)	2.13*** (0.80)	5.23*** (1.35)
省级特征	NO	YES	YES	YES	YES
Observations	400	393	191	108	94
R - squared	2.08e - 03	0.59	0.66	0.59	0.70

注：括号中为标准误；$*p < 0.1$，$**p < 0.05$，$***p < 0.01$。县级特征的控制变量同表 4 - 21。办学条件为义务教育均衡督导的八项指标标准化后的平均值。

表 4 - 24　　　初中办学条件差异系数与成绩的最小二乘回归结果

变量	总体	总体	东部	中部	西部
办学条件差异系数	119.16*** (30.27)	57.19** (25.62)	47.95 (35.63)	17.37 (34.27)	81.72 (72.73)
办学条件	NO	-0.10 (0.44)	0.27 (0.52)	2.10*** (0.76)	3.33** (1.35)
省级特征	NO	YES	YES	YES	YES
Observations	395	385	191	106	88
R - squared	0.04	0.56	0.69	0.59	0.58

注：括号中为标准误；$*p < 0.1$，$**p < 0.05$，$***p < 0.01$。县级特征的控制变量同表 4 - 21。办学条件为义务教育均衡督导八项指标标准化后的平均值。

东部地区小学和初中办学条件差异系数与成绩呈现正相关（初中在90％的显著性下不显著）。东部地区教育资源相对丰富，超过国家的标准办学条件，公众对教育的差异化需求较多，学校办学并不凸显成绩的重要性，经济背景大致相同的情况下，将资源更多地运用于保障均衡的区县学生成绩也更差，意味着的确存在追求均衡还损失效率的情况。中部地区小学和初中均衡和成绩的关系在90％的显著性下均不显著，但是小学呈现了负向的系数。实际上，中部是对教育最焦虑的地区，教育资源最为匮乏，经济发展动力不足，人们期待通过教育向东部经济发达地区流动，因而教育更加注重学生的成绩（高考大省均来自中部地区），不论区县办学条件是否均衡，学校都会尽力提高学生成绩。成绩更多地受资源存量（办学条件）和经济发展水平的影响，而与均衡的相关性较低。西部地区小学和初中成绩与均衡的关系虽然系数均为正，但均不显著。西部地区学生的成绩同样更多地受家庭经济背景和办学条件的影响，与中部地区不同的是，西部地区的办学经费大部分来自中央转移支付，因此办学必须贯彻中央对于义务教育均衡的要求，西部地区各区县办学条件的均衡程度也较高，如表 4 - 25 所示。

表 4 - 25 　　东、中、西部地区平均办学条件综合值和差异系数情况

地区	办学条件综合值		办学条件差异系数	
	小学	初中	小学	初中
东部	0.87	2.33	0.38	0.34
中部	- 1.59	- 1.97	0.47	0.39
西部	0.05	- 2.49	0.42	0.32
Total	- 1.57e - 08	1.47e - 09	0.41	0.35

注：办学条件综合值为标准化后的数值。

资料来源：教育督导局. 义务教育均衡发展督导评估认定 ［EB/OL］. (2019 - 09 - 27) ［2022 - 03 - 20］. http://www. moe. gov. cn/s78/A11/s8393/s7657/.

4.4.3.3 目标层教育均衡和质量与愿景层巩固率和升学率的关系

目标层均衡和质量的充足是教育生产的直接产出，其最终目标为，让学生具备完成学业、进入更高层级教育的能力。表 4－26 至表 4－28 分别呈现了东、中、西部地区目标层充足程度与愿景层充足程度的关系。

表 4－26　东部地区成绩和均衡程度与愿景指数的最小二乘回归结果

变量	小学			初中		
	目标指数	巩固率	升学率	目标指数	巩固率	升学率
成绩	0.04 *** （0.01）	0.03 *** （0.01）	0.02 *** （0.01）	0.13 *** （0.01）	0.10 *** （0.01）	0.05 *** （0.01）
差异系数	－1.81 （3.11）	－2.35 （1.92）	1.05 （2.79）	11.60 ** （5.67）	13.94 *** （5.10）	－0.67 （3.13）
省级特征	YES	YES	YES	YES	YES	YES
Observations	191	191	191	191	191	191
R－squared	0.30	0.17	0.37	0.43	0.39	0.53

注：括号中为标准误；＊$p<0.1$，＊＊$p<0.05$，＊＊＊$p<0.01$。县级特征的控制变量同表 4－21。

表 4－27　中部地区成绩和均衡程度与目标指数的最小二乘回归结果

变量	小学			初中		
	目标指数	巩固率	升学率	目标指数	巩固率	升学率
成绩	－3.80e－04 *** （－2.63）	－3.13e－04 ** （－2.14）	－8.9e－05 *** （－3.62）	5.00e－04 *** （2.82）	7.81e－04 *** （5.79）	－2.23e－04 （－1.52）
差异系数	－9.01e－03 （－0.15）	0.03 （0.54）	－0.05 *** （－4.96）	－3.17e－03 （－0.05）	0.08 ** （2.29）	－0.08 （－1.31）
省级特征	YES	YES	YES	YES	YES	YES
Observations	111	111	111	110	110	110
R－squared	0.10	0.09	0.39	0.18	0.54	0.11

注：括号中为标准误；＊$p<0.1$，＊＊$p<0.05$，＊＊＊$p<0.01$。县级特征的控制变量同表 4－21。

表 4 – 28　　　　　西部地区成绩和均衡程度与目标指数的最小二乘回归结果

变量	小学			初中		
	目标指数	巩固率	升学率	目标指数	巩固率	升学率
成绩	$-1.64e-04$ (-1.13)	$-2.35e-04$ ** (-2.04)	$8.48e-05$ * (1.75)	$2.38e-04$ (1.26)	$1.82e-05$ (0.39)	$2.41e-04$ (1.17)
差异系数	0.07 (1.23)	0.07 (1.58)	$-3.26e-03$ (-0.16)	-0.08 (-1.16)	-0.02 (-0.89)	-0.07 (-1.02)
省级特征	YES	YES	YES	YES	YES	YES
Observations	95	95	95	91	91	91
R – squared	0.33	0.32	0.53	0.50	0.38	0.48

注：括号中为标准误；* $p<0.1$，** $p<0.05$，*** $p<0.01$。县级特征的控制变量同表 4 – 21。

东部地区小学和初中学生成绩与愿景充足指数存在正相关性，且与升学率和巩固率皆具有正相关性。小学办学条件差异系数与愿景充足指数无显著关系，初中办学条件差异系数与愿景充足指数具有正相关性，且该相关性来自与升学率的关系，即初中办学条件差异越大的区县，学生的升学率越高。学生成绩对于教育的利益相关者来说是一种信号，向学生和家长传达教育收益率的信息，学生成绩越好，学生和家长预计的教育收益率越高，完成学业、接受更多教育的动力越强。这一逻辑在东部地区是成立的。由于东部地区义务教育存在以均衡"牺牲"效率的现象，因此会存在办学条件差异系数越大巩固率越高的现象。

成绩的信号逻辑在中部地区和西部地区不完全成立。中部地区小学学生成绩与目标充足指数有负相关性，该负相关性对巩固率和升学率均显著；初中学生成绩与目标充足指数为正相关，该相关性仅对巩固率显著。差异系数与小学的升学率呈现负相关，与初中的巩固率呈现正相关。针对此现象，一个猜想是，中部地区小学毕业是学生选择是否选择进一步学习的节点，小学学生成绩好的区县将优质教育资源集中给部分"有潜力"的学生，提高区县的整体成绩，这种方式下"好学生"顺利地进入初中，并完成初中的学业，而其他学生因为看不到教育带来的希望，早早辍学。另外，中部地区有大量的进城务工人员，他们的子女如果有升学的潜力，会返回本地参加中考，使得中部地区初中教育是高质量学生的竞争，学生成绩越好，越有动力完成初中教育。

西部地区小学成绩与巩固率有负相关性，与升学率有正相关性。西部地区的学生可能在小学过程中已经存在学生的流失，不断有学生辍学，坚持读完小学的学生大概率会升入初中继续学习，初中阶段的巩固率和升学率已经不受学生成绩的影响。由于西部地区的资源配置以均衡为导向，其差异性较低，对目标充足指数的影响并不显著。

4.5 本 章 小 结

本章内容基于我国现有的教育充足评价标准和对国际标准的借鉴，将中央政策对义务教育发展的要求作为义务教育充足的内涵起源。通过对 82 份中央政府关于义务教育政策文本的量化分析，本书从"愿景—目标—规划"三个层次整理出中央政策对义务教育培养什么样的人才、怎样培养人才、资源如何配置的需求或承诺，确认了"愿景—目标—规划"的三层次义务教育充足标准体系。该体系具有系统性、动态性和全过程性，分析维度和指标选择的可操作性，指标权重的客观性等优势。本书确认的标准体系属于国家标准，地方可以根据自身发展要求提出更高的标准体系。

基于标准体系计算的 434 个样本县的义务教育充足指标结果表明，天津、北京、内蒙古、新疆等地平均的义务教育充足程度较高，江西、河南、海南等地平均的义务教育充足程度较低，义务教育充足存在"中部塌陷"问题。从各层次充足指数的数值高低上看，高充足综合指数的地区是各层次的充足指数均不拖"后腿"的优质区，低充足综合指数的地区需要全方面提高充足度，中等程度的充足综合指数包括高规划充足指数、低目标和愿景充足指数的低效区（如西藏、青海、山西等地）以及低规划充足指数、高目标和愿景充足指数的高效区（如福建、重庆、安徽等地）。

"愿景—目标—规划"三层次是教育成果、教育产出和教育投入的教育生产过程，三层次充足指数之间的关系呈现了东、中、西部地区不同的义务教育发展方式。规划层和目标层充足指数的关系表明，教师、经费、办学设施等教育资源会向成绩较低的区县倾斜，东部地区在教师职级、公用经费和教学可用面积上倾斜，中部地区在教师工资上倾斜，西部地区在教师数量和公用经费上倾斜。目标层质量与均衡的关系表明，东部地区存在以教育均衡损失教育效率（成绩）的情况。目标层与愿景层充足指数的关系表明，目标层教育产出向愿景层教育成果的转化主要依赖于教育质量（学生成绩），学生成绩作为教育预期收益的信号影响学生完成学业和升学的动力。

第 5 章

政府行为：财政资源配置对义务教育充足影响的实证

实现义务教育充足不仅需要充足的财政资源支持，更需要科学合理的配置行动。实证分析政府财政资源配置行为对义务教育充足的影响，是为了解答政府配置的财政资源是否能够满足义务教育充足的发展需求、政府的配置行为如何影响义务教育充足的实现等问题。本章以我国义务教育财政资源配置的情况为实证背景，从财政资源配置政府行为的角度，提出了省级差异和转移支付影响义务教育充足的两个假设；运用县—省的两层线性模型对假设进行了验证；最后，进一步地剖析了转移支付对义务教育充足影响的路径，期望为完善转移支付的财政资源配置方式提供清晰的指导。

5.1 实证分析的背景和假设

本节内容将从规模、结构、主体、逻辑等方面，剖析"有多少财政资源""财政资源如何被配置""谁来配置财政资源""财政资源配置是否为义务教育充足逻辑"等现实背景，并基于现实背景找出财政资源配置影响义务教育充足的"蛛丝马迹"，提出相应的假设。

5.1.1 经济增长放缓下义务教育财政保障力度松弛

国家财政性教育经费是教育经费中具有财政性质的经费，包括公共财政预算安排的教育经费，政府性基金预算安排的教育经费、企业办学中的企业拨款、校办产业和社会服务收入用于教育的经费和其他属于国家财政性教育经费，是衡量我国教育财政资源总量的常用指标。

1996～2020年小学和初中的财政资源总规模不断增加，如图5-1所示，小学国家财政性教育经费从541亿元增长至13693亿元，年增长率为16%；初中国家财政性教育经费从352亿元增长至8551亿元，年增长率为16%。二者的增长率远高于同时期GDP的增长速度。从财政资源总规模的增长趋势来看，2006年修订的《中华人民共和国义务教育法》明确规定国家将义务教育全面纳入财政保障范围，直至2010年我国全面普及义务教育，小学和初中国家财政性教育经费的增长趋势最为明显，5年间的年均增长率分别为22%和23%。2010年后，随着全面普及义务教育目标的实现、教育经费总量的增加，以及国家经济增长趋势的放缓等多重因素的影响，小学和初中国家财政性教育经费的增长趋势放缓，年增长率分别为16%和14%。

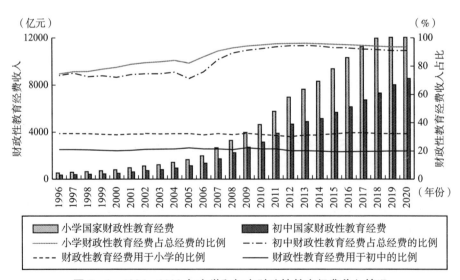

图5-1　1996～2020年小学和初中财政性教育经费收入情况

资料来源：中国教育经费统计年鉴。

从小学和初中总经费中财政性教育经费所占比例的变化上同样可以看出财政对小学和初中的保障力度不断提高。虽然1986年的《中华人民共和国义务教育法》写明了九年义务教育具有公共性和强制性，但是直至 20 世纪末，我国一度出现了"义务教育不义务""人民教育人民办"的情况，小学和初中总经费中近 30% 为非财政性经费，且国家财政性教育经费所占比例的增长比较平缓。2005 年后，该情况有所转变，小学和初中总经费中国家财政性教育经费的占比迅速增长至 90% 以上。2010 年后，该增长趋势放缓。2013 年后，财政对小学和初中的保障力度有下滑趋势。国家财政性教育经费用于小学和初中的比例基本保持在小学占 32% 左右、初中占 20% 左右的水平，即国家财政性教育经费超过 50% 的规模用于保障义务教育的发展。

分省来看，2002 ~ 2020 年大部分省份义务教育的国家财政性教育经费占比有大幅度的提升，如图 5 - 2 和图 5 - 3 所示。湖北、江苏、湖南小学经费中财政性经费的比例增长了 15 个百分点以上。新疆、云南、青海、西藏、上海自 2002 年开始财政经费对小学的保障程度较高，至 2020 年增长的幅度有限，不超过 5 个百分点。浙江、重庆、山东、湖南、海南初中总经费中财政性教育经费比例提高了 20 多个百分点。山西、西藏、安徽、宁夏、江苏、陕西等地 2002 年财政纳入范围并不低，至 2020 年提高幅度不超过 10 个百分点。可能由于受到 2012 年国家财政性教育经费占 GDP 的比

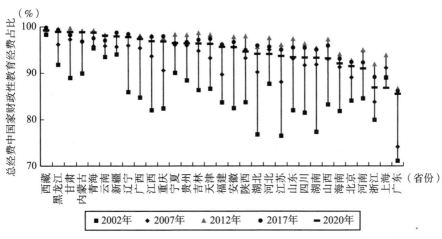

图 5 - 2　2002 ~ 2020 年各省份小学总经费中国家财政性教育经费占比情况

资料来源：同图 5 - 1。

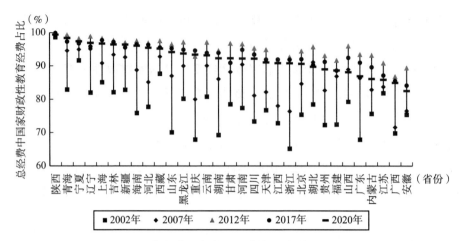

图 5 – 3　2002 ~ 2020 年各省份初中总经费中国家财政性教育经费占比情况

资料来源：同图 5 – 1。

重达到 4% 目标的影响，大部分地区 2012 年小学和初中国家财政性教育经费的占比最高，至 2020 年全国各省该比例普遍有所下降。尤其是初中，相比 2012 年，山西、内蒙古、安徽、广东、湖北等地 2020 年的国家财政性教育经费占比下降幅度超过 5 个百分点，江苏、甘肃、河南、贵州、云南、北京、天津、黑龙江、四川等地下降幅度超过 3 个百分点。

义务教育非财政性经费产生的原因有二：其一是居民对教育的差异化需求多，公办学校无法满足，进而选择优质的民办学校接受教育；其二是流动人口入学难以在公办学校解决，只能依赖于民办学校，如打工子弟学校。无论是哪种情况，非财政性经费的占比高都意味着政府的教育提供没有满足当地常住居民的需求。

5.1.2　义务教育财政资源配置在项目、城乡、学校规模上呈现新特点

从配置结构上看，义务教育财政资源在不同用途、地区和学校间的分配均具有不同的侧重点。是否存在不合理的财政配置结构、不合理财政配置结构存在的原因需要受到关注。

5.1.2.1　财政支出中项目性质的经费较多，挤压商品及服务支出

我国教育经费的统计口径中，教育经费支出按照经济性分类主要包括事业性经费支出和基本建设支出两大部分。其中，事业性经费支出包括个人部分和公用部分，个人部分的经费用作对教师工资福利支出以及对个人和家庭的补助支出（包括对学生的助学金）；公用部分的经费用于维持学校日常运行，如商品和服务支出和其他资本性支出①。基本建设支出来自发展和改革委员会的拨款，主要用于校舍和校园基础设施的建设，在经费功能上，与资本性支出中的专项项目支出有重合的部分。

在教育经费总规模持续增长下，各类生均教育支出在 2007～2020 年均有不同程度的增长。生均专项项目支出和生均基本建设支出两项与校舍建设有关的支出在 2012 年之前增长趋势十分显著，年均增长率在 30% 以上。2012 年后，该两项支出基本保持平稳，增长幅度不大，基本建设支出出现了负增长。另一项带有项目性质的生均专项公用支出 2012 年之前的年增长率为 23%，2012 年后的年增长率为 6%。用于日常教学活动的生均商品及服务支出 2012 年前的年均增长率为 17%，随后跌落为 8%。生均人员支出的增长最为平稳，2012 年前后的年均增长率分别为 15% 和 13%。可见，2012 年之前在 4% 的目标驱动下，各项经费增长幅度更大，增长最为显著的是校园建设支出和来自项目拨款的支出。具体见表 5 - 1。

表 5 - 1　　　　　　　2007～2020 年义务教育生均经费支出结构

年份	生均人员支出	生均商品及服务支出	生均资本性支出	生均专项公用支出	生均专项项目支出	生均基本建设支出
2007	2094 元	489 元	383 元	124 元	210 元	49 元
	69.48%	16.21%	12.70%	4.10%	6.98%	1.62%

---

①　其他资本性支出又包括专项公用支出和专项项目支出，该部分支出的经费来自项目拨款。专项公用支出包括办公设备购置、专用设备购置、信息网络及软件购置更新、公务用车购置、其他交通工具购置等支出；专项项目支出包括房屋建筑物构建、大型修缮等支出。

续表

年份	生均人员支出	生均商品及服务支出	生均资本性支出	生均专项公用支出	生均专项项目支出	生均基本建设支出
2008	2365 元	602 元	500 元	157 元	279 元	64 元
	65.82%	16.74%	13.91%	4.36%	7.77%	1.78%
2009	2954 元	680 元	670 元	166 元	389 元	115 元
	66.67%	15.34%	15.12%	3.74%	8.78%	2.59%
2010	3352 元	775 元	781 元	179 元	482 元	121 元
	66.35%	15.34%	15.47%	3.54%	9.54%	2.39%
2011	3705 元	939 元	1158 元	281 元	757 元	119 元
	62.14%	15.75%	19.42%	4.71%	12.70%	2.00%
2012	4197 元	1081 元	1620 元	354 元	1079 元	186 元
	58.90%	15.17%	22.73%	4.97%	15.15%	2.61%
2013	4636 元	1181 元	1730 元	391 元	1195 元	143 元
	59.46%	15.14%	22.19%	5.02%	15.33%	1.84%
2014	5145 元	1218 元	1820 元	389 元	1307 元	125 元
	60.22%	14.26%	21.30%	4.56%	15.29%	1.46%
2015	6057 元	1283 元	1723 元	412 元	1209 元	102 元
	64.46%	13.66%	18.34%	4.39%	12.86%	1.09%
2016	6627 元	1371 元	1719 元	419 元	1168 元	133 元
	65.88%	13.63%	17.09%	4.16%	11.61%	1.32%
2017	7119 元	1413 元	1776 元	440 元	1207 元	128 元
	66.70%	13.24%	16.64%	4.13%	11.31%	1.20%
2018	9625 元	1818 元	2144 元	575 元	1569 元	186 元
	69.88%	13.20%	15.56%	4.17%	11.39%	1.35%
2019	10370 元	1945 元	2148 元	572 元	1575 元	215 元
	70.65%	13.25%	14.63%	3.90%	10.73%	1.46%
2020	10939 元	2021 元	2217 元	589 元	1628 元	234 元
	70.98%	13.12%	14.39%	3.82%	10.56%	1.52%
2018 年 OECD 平均水平	70.45%	21.05%	8.50%			

资料来源：中国教育经费统计年鉴；Education at a Glance 2018；OECD Indicators.

我国义务教育的支出结构中以人员支出为主，占比在 60% 左右。从变化趋势上看，人员支出的比例在 2007~2013 年从 69% 下降至 59%，至 2020 年又持续增长至 70% 以上。商品及服务支出的占比呈现逐步下降的趋势，从 2007 年的 16.21% 降低至 2020 年 13.12%。取而代之的是资本性支出，尤其是专项项目支出占比的增长。2012 年前后专项项目支出占比和基本建设支出占比分别达到 15% 和 2% 以上的峰值，随后开始下降。

从国际对比来看，我国义务教育经费支出结构中，2019 年开始人员经费占比基本与 OECD 的平均水平持平，差异最明显的是公用部分的经费支出。2018 年 OECD 商品及服务支出占比和资本性支出占比分别为 21.05% 和 8.05%，相比之下，我国该两项经费的占比存在倒挂现象，商品及服务支出占比持续降低至 13.12%，而资本性支出的占比基本在 14% 以上。如表 5-2 所示，全国 31 个省（自治区、直辖市，除港澳台）中，除了最为发达的上海市和北京市商品及服务支出的占比与 OECD 国家的水平一致，其他省份基本都存在倒挂现象。根据学校财政支出的基本规律，商品及服务支出是维持日常教学正常运转的基本支出，与学生培养直接相关。吊诡的是，在我国教育经费的高速增长下，商品及服务支出的比例却在持续下降。财政资源总量的充足很可能在配置结构的扭曲中，无法实现教育过程和教育结果的充足。

表 5-2　　　　2020 年各省份义务教育支出结构

省份	生均教育支出（元）	人员支出占比（%）	商品和服务支出占比（%）	专项公用支出占比（%）	专项项目支出占比（%）
北京	49207	70.63	19.91	3.43	2.40
天津	24112	79.17	12.04	2.46	5.41
河北	10715	71.13	13.23	3.87	11.40
山西	13766	71.75	16.19	4.45	6.67
内蒙古	19077	74.52	11.58	3.76	9.29
辽宁	16400	79.68	12.17	1.83	5.19
吉林	19132	75.65	11.31	3.41	8.51

续表

省份	生均教育支出（元）	人员支出占比（%）	商品和服务支出占比（%）	专项公用支出占比（%）	专项项目支出占比（%）
黑龙江	19033	80.25	11.05	2.44	5.76
上海	41815	64.31	24.05	5.77	5.64
江苏	19248	73.92	10.53	3.45	11.71
浙江	24570	68.23	13.66	3.66	13.00
安徽	13365	69.87	11.99	4.70	12.80
福建	14512	68.49	12.26	4.93	13.67
江西	12820	61.07	8.18	7.01	22.55
山东	13807	72.12	11.13	3.52	13.12
河南	9525	68.36	14.37	3.02	13.30
湖北	14462	72.62	11.63	3.03	12.71
湖南	12118	68.53	14.41	3.99	12.33
广东	18404	70.01	17.24	4.17	5.35
广西	11062	71.12	11.13	3.77	12.91
海南	18083	62.71	15.20	8.56	10.88
重庆	19131	70.75	12.82	3.17	8.94
四川	15077	70.90	13.86	4.17	10.02
贵州	13255	76.74	10.40	2.18	10.14
云南	15336	80.24	8.98	1.55	7.85
西藏	31383	73.91	7.97	3.91	9.88
陕西	14867	62.22	14.13	5.62	13.87
甘肃	15058	74.19	9.23	3.47	12.20
青海	22373	69.64	9.22	3.28	11.81
宁夏	16579	68.17	12.58	6.94	11.41
新疆	17254	69.69	10.91	3.19	9.64

资料来源：中国教育经费统计年鉴2021。

5.1.2.2   全国多地农村义务教育生均财政支出高于总体生均财政支出

城乡间义务教育均衡是促进教育均衡发展的重要一环。在义务教育城乡一体化推进过程中，农村的教育财政经费投入不断提高，与总体的差距也在不断缩小。如图 5－4 和图 5－5 所示，小学农村生均一般公共预算事业费和基础建设费 1997～2020 年的增长幅度为 17.41％，比总体的增长幅度高近 1 个百分点；初中农村生均一般公共预算事业费和基础建设费的增长幅度为 16.23％，同样比总体的增长幅度高近 1 个百分点。这表明农村教育财政支出的增长速度更快。从总体和农村生均教育财政支出的差异来看，1997 年小学和初中总体生均教育财政支出比农村分别高 22％和 27％，2012 年该差异分别降低至 2％和 3％，2020 年提高至 5％和 11％。

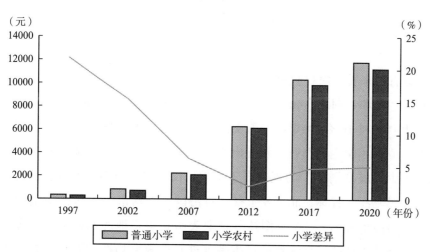

图 5－4   1997～2020 年普通小学和农村小学生均一般公共预算
事业费和基础建设费差异情况

注：2007 年及之前的统计口径为预算内教育经费支出。
资料来源：中国教育经费统计年鉴。

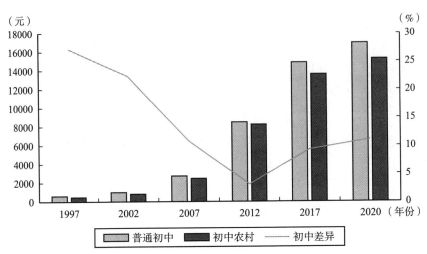

图 5-5　1997～2020 年普通初中和农村初中生均一般公共预算

事业费和基础建设费差异情况

注：2007 年及之前的统计口径为预算内教育经费支出。

资料来源：同图 5-4。

　　分省份来看，农村教育财政支出与总体情况的差异（见表 5-3），除了广东、江苏、湖北、湖南、山东、安徽、西藏、河南等 8 个省（自治区、直辖市）农村小学生均财政经费支出低于总体，其他 23 个省（自治区、直辖市）农村小学生均财政经费支出均高于总体，呈现了"城乡倒挂"的现象。初中"城乡倒挂"的现象弱于小学，仅辽宁、海南、上海、甘肃、内蒙古、黑龙江、吉林、北京 8 个省（自治区、直辖市）农村初中生均财政经费支出高于总体。"城乡倒挂"现象表明我国多地的农村义务教育财政支出并不低于城镇，该现象的产生是推进义务教育均衡的胜利凯歌？还是其他因素的影响结果？

表 5-3　　　　2020 年各省份义务教育和农村义务教育生均一般

公共预算事业费和基本建设支出差异

省份	地方普通小学（元）	地方农村小学（元）	小学差异（%）	地方普通初中（元）	地方农村初中（元）	初中差异（%）
北　京	35113.55	51310.20	-31.57	61701.46	91584.76	-32.63

续表

省份	地方普通小学（元）	地方农村小学（元）	小学差异（%）	地方普通初中（元）	地方农村初中（元）	初中差异（%）
天 津	18649.71	18692.41	−0.23	29874.49	25569.76	16.84
河 北	9356.22	9469.87	−1.20	13125.61	12377.51	6.04
山 西	10890.08	12420.73	−12.32	15693.67	15588.39	0.68
内蒙古	14092.99	16824.02	−16.23	17730.27	19078.24	−7.07
辽 宁	11709.43	15013.74	−22.01	16669.31	16829.60	−0.95
吉 林	14895.57	18125.35	−17.82	18720.11	20907.53	−10.46
黑龙江	14992.79	18964.48	−20.94	16765.00	18359.92	−8.69
上 海	25133.96	25200.36	−0.26	35412.87	36509.44	−3.00
江 苏	14110.45	12213.75	15.53	23077.16	20165.68	14.44
浙 江	18009.08	18673.57	−3.56	26109.80	25984.96	0.48
安 徽	10951.88	10797.09	1.43	16532.23	16015.87	3.22
福 建	10966.76	11010.12	−0.39	17793.89	17668.11	0.71
江 西	10661.18	10885.66	−2.06	13750.57	13350.18	3.00
山 东	10261.50	9839.51	4.29	16631.85	15866.60	4.82
河 南	7295.12	7257.93	0.51	10863.82	10223.09	6.27
湖 北	11456.43	10913.62	4.97	18606.87	17259.74	7.81
湖 南	9719.87	9307.52	4.43	14261.89	13531.91	5.39
广 东	14105.46	11183.81	26.12	20929.40	16140.15	29.67
广 西	8711.94	8789.05	−0.88	11307.68	10710.63	5.57
海 南	12811.34	14322.15	−10.55	18338.49	18886.41	−2.90
重 庆	13120.09	14165.44	−7.38	17292.44	16313.58	6.00
四 川	11078.60	11470.00	−3.41	14788.19	14227.90	3.94
贵 州	10753.23	10763.42	−0.09	13788.56	13240.30	4.14
云 南	11566.59	11583.37	−0.14	14481.49	13878.03	4.35
西 藏	28098.92	27813.50	1.03	33674.61	30606.48	10.02
陕 西	12728.99	13164.68	−3.31	18881.18	18037.28	4.68
甘 肃	12202.26	13255.01	−7.94	15181.53	15677.61	−3.16

省份	地方普通小学（元）	地方农村小学（元）	小学差异（%）	地方普通初中（元）	地方农村初中（元）	初中差异（%）
青　海	15926.49	16267.74	-2.10	19684.22	19389.28	1.52
宁　夏	12225.36	12322.64	-0.79	15841.94	15125.39	4.74
新　疆	13034.87	13069.95	-0.27	21318.13	20037.00	6.39

资料来源：中国教育经费统计年鉴2021。

5.1.2.3　小规模学校和大规模学校教育经费投入差异大

农村生均教育财政支出比总体生均教育财政支出高存在着学生数量差异的问题。在我国城镇化浪潮下，农村人口大量流入城镇，随之也带来了乡村学生的流失和城镇学生的增加，因而农村学校生均教育支出变高，城镇教育的生均教育支出降低。该情况下"小规模学校资源使用效率不足，城镇大规模学校过度拥挤"或许会成为教育财政资源配置的矛盾点之一。

按照《国务院办公厅关于全面加强乡村小规模学校和乡镇寄宿制学校建设的指导意见》中对乡村小规模学校的界定以及《国务院办公厅转发中央编办、教育部、财政部关于制定中小学教职工编制标准意见的通知》中对小学和初中师生比标准的最低要求①，本书将学生数量低于100人的学校定义为小规模学校，将小学生师比大于23的学校定义为小学大规模学校，初中生师比大于18的学校定义为初中大规模学校。以此作为标准，对不同类型学校的财政经费分配情况进行分析。如表5-4所示，2017年小学大规模学校中的学生数量占总学生数的20.16%，国家财政性教育经费占总国家财政性教育经费的11.94%；小规模学校中的学生占总学生数的1.56%，国家财政性教育经费占总国家财政性教育经费的3.28%。意味着小学小规模学校的生均财政收入是大规模学校的近4倍。2017年初中大规

---

① 虽然《中央编办　教育部　财政部关于统一城乡中小学教职工编制标准的通知》（中央编办发〔2014〕72号）规定初中教职工与学生比应为1:13.5、小学教职工与学生比应为1:19，但是全国将近1/3的学校无法达到该标准，因此本书采用《国务院办公厅转发中央编办、教育部、财政部关于制定中小学教职工编制标准意见的通知》（国办发〔2001〕74号）中的最高标准。

模学校中的学生数量占总学生数的 11.92%，国家财政性教育经费占总国家财政性教育经费的 6.43%；小规模学校中的学生数量占总学生数的 0.55%，国家财政性教育经费占总国家财政性教育经费的 1.94%。意味着初中小规模学校的生均财政收入是大规模学校的 6 倍多。

表 5 – 4　　　　　　2017 年大规模学校和小规模小学财政经费分配情况

类别	小学（%）	初中（%）
大规模学校学生占总学生数的比例	20.16	11.92
大规模学校国家财政性教育经费占总国家财政性教育经费的比例	11.94	6.43
大规模学校教职工数量占总教职工数量的比例	11.54	6.33
小规模学校学生占总学生数的比例	1.46	0.55
小规模学校国家财政性教育经费占总国家财政性教育经费的比例	3.28	1.94
小规模学校教职工数量占总教职工数量的比例	3.86	1.90

注：初中更容易形成规模经济，学校分布更合理，其大规模和小规模学校的比例相对较低。
资料来源：中小学校教育经费收入和支出情况统计。

小规模学校的存在受到如地理环境等不可控因素的影响，为保证学生具有平等的入学机会，一些小规模学校的存在是必要的。小规模学校由于缺乏规模经济，其生均财政投入也相对较高。但是大规模学校的低财政经费投入需要被重视。

5.1.3　三级政府在教育财政资源配置中势力存在差异

政府是承担义务教育提供责任的主体，我国中央、省和县等各级政府在义务教育财政资源配置中发挥着不同的角色。"以县为主"的分权化义务教育财政体制下，县级政府是义务教育财政资源最直接的配置主体，同时中央政府建立配置目标和标准，利用项目资金带动地方义务教育发展，省级政府承担规划、提供资金、平衡财力、监督管理的统筹责任。

5.1.3.1　中央对地方的义务教育转移支付

虽然教育（尤其是基础教育）一般被视为地方性公共物品，主要由地方政府负责提供。但这并不意味着中央政府不承担任何的教育责任。《国务院办公厅关于印发教育领域中央与地方财政事权和支出责任划分改革方案的通知》（国办发〔2019〕27号）中明确规定教育由中央和地方财政共同承担。我国中央政府主要以转移支付的方式间接地提供教育服务。

2022年中央本级的教育支出预算规模为1525.78亿元（80%用于高等教育），仅为中央对地方教育转移支付的1/2，中央财政主要通过转移支付承担教育责任。目前，我国已经建立了"以义务教育为主，覆盖各级各类教育"的教育转移支付体系，具体如表5－5所示。

从规模上看，中央专门针对教育的转移支付预算总规模于2022年达4422.8亿元，大约占国家财政性教育经费的8%。2016～2022年，中央对地方的教育转移支付总量稳步上升，年均增长率为9%，与国家财政性教育经费年均超8%的增长速度基本一致，意味着中央教育转移支付在国家财政性教育经费中的比例较为稳定。从类别上看，中央对地方教育转移支付主要包括一般性转移支付和专项转移支付两大部分，一般性和专项转移支付规模大致相等。一般性转移支付具有下降的趋势，2021年和2022年由于专项转移支付中的学生资助补助经费大幅度提高，其占比从50%以上下降至40.7%。专项转移支付主要包括办学条件改善和学生资助两个方面，办学条件改善支出占比较高，但逐渐从2016年的40.5%下降至2022年的35.0%，反之学生资助支出有上升趋势，从2016年的8.9%上升至2022年的24.3%。

表5－5　　　　　2016～2022年中央对地方教育转移支付

项目预算的类别和规模　　　　　　　　单位：亿元

项目名称	2016年	2017年	2018年	2019年	2020年	2021年	2022年
一般性转移支付	1344.60 (50.56%)	1426.30 (52.82%)	1462.50 (52.06%)	1565.30 (50.72%)	1695.90 (51.31%)	1739.25 (46.85%)	1799.98 (40.70%)

续表

项目名称	2016 年	2017 年	2018 年	2019 年	2020 年	2021 年	2022 年
城乡义务教育补助经费	1344.60 (50.56%)	1426.30 (52.82%)	1462.50 (52.06%)	1565.30 (50.72%)	1695.90 (51.31%)	1739.25 (46.85%)	1799.98 (40.70%)
专项转移支付	1314.90 (49.44%)	1273.80 (47.18%)	1346.60 (47.94%)	1521.10 (49.28%)	1609.59 (48.69%)	1973.46 (53.15%)	2622.81 (59.30%)
办学条件改善	1078.72 (40.56%)	1022.40 (37.87%)	1069.43 (38.07%)	1036.70 (33.59%)	1071.91 (32.43%)	1137.79 (30.65%)	1546.42 (34.96%)
支持学前教育发展资金	149.00 (5.60%)	149.00 (5.52%)	149.00 (5.30%)	168.50 (5.56%)	188.40 (5.70%)	198.40 (5.34%)	230.00 (5.20%)
义务教育薄弱环节改善与能力提升补助资金①	335.50 (12.62%)	355.50 (13.17%)	360.50 (12.83%)	293.50 (9.51%)	293.50 (8.88%)	298.50 (8.04%)	300.00 (6.78%)
改善普通高中学校办学条件补助资金	39.70 (1.49%)	45.40 (1.68%)	49.50 (1.76%)	54.20 (1.76%)	59.20 (1.79%)	64.20 (1.73%)	70.00 (1.58%)
中小学及幼儿园教师国家级培训计划资金	19.85 (0.75%)	19.85 (0.74%)	19.85 (0.71%)	19.85 (0.64%)	21.84 (0.66%)	21.84 (0.59%)	22.00 (0.50%)
支持地方高校发展资金	94.50 (3.55%)	88.05 (3.26%)	114.62 (4.08%)	73.47 (2.38%)	37.08 (1.12%)	71.61 (1.93%)	393.87 (8.91%)
现代职业教育质量提升计划专项资金	176.63 (6.64%)	177.30 (6.57%)	187.30 (6.67%)	237.21 (7.69%)	257.11 (7.78%)	276.91 (7.46%)	302.57 (6.84%)
特殊教育补助经费	4.10 (0.15%)	4.10 (0.15%)	4.10 (0.15%)	4.10 (0.13%)	4.10 (0.12%)	5.00 (0.13%)	5.00 (0.11%)
地方高校生均拨款奖补资金	252.70 (9.50%)	—③					
中央专项彩票公益金支持乡村学校少年宫项目资金	6.75 (0.25%)	7.25 (0.27%)	7.35 (0.26%)	7.34 (0.24%)	3.74 (0.11%)		
教育强国推进工程中央基建投资②	—	175.90 (6.51%)	177.22 (6.31%)	178.50 (5.78%)	206.93 (6.26%)	201.32 (5.42%)	222.98 (5.04%)
学生资助	236.18 (8.88%)	251.40 (9.31%)	277.17 (9.87%)	484.40 (15.69%)	537.68 (16.27%)	835.67 (22.51%)	1076.39 (24.34%)
学生资助补助经费	236.18 (8.88%)	251.40 (9.31%)	277.17 (9.87%)	484.40 (15.69%)	537.68 (16.27%)	835.67 (22.51%)	1076.39 (24.34%)
合计	2659.53	2700.05	2809.07	3086.38	3305.49	3712.71	4422.79

注①："义务教育薄弱环节改善与能力提升补助资金"在 2019 年之前为"农村义务教育薄弱学校改造补助资金"；注②："教育强国推进工程中央基建投资"在 2021 年之前为"教育现代化推进工程中央基建投资"；注③："—"表示该年无该项目的相关经费记录。

资料来源：中华人民共和国财政部. 中央对地方转移支付管理平台 [EB/OL]. http：//www. mof.gov.cn/zhuantihuigu/cczqzyzfglbf/. 2022 – 8 – 18.

中央的教育转移支付覆盖各级各类的教育，从各级各类教育转移支付的规模和比例上看（见表5-6），义务教育是保障的主体，占总体一半，但其比重呈现下降趋势，从2016年的63.93%下降至2022年的49.83%；高等教育次之，但波动较大，由于学生资助补助经费的增加，其占比在2022年增加至22.57%；中等职业教育占比呈现增长趋势，从2016~2019年的10%左右增长至2020~2022年的14%左右；学前教育占比比较稳定，为5.5%左右；普通高中分别于2017年和2022年有大幅度增长，2020年后其占比维持在7.5%以上；特殊教育逐年的转移支付投入比较固定，2016~2020年为4.10亿元，2021年和2022年为5.0亿元。

表5-6　　　2016~2022年中央对各级各类教育的转移支付规模和比例　单位：亿元

教育类别	2016年	2017年	2018年	2019年	2020年	2021年	2022年
学前教育	153.2 (5.76%)	153.3 (5.68%)	153.2 (5.44%)	182.2 (6.13%)	196.5 (5.94%)	206.4 (5.56%)	238.4 (5.39%)
义务教育	1700.3 (63.93%)	1874.8 (69.43%)	1920.7 (68.26%)	1944.5 (65.38%)	2091.3 (63.23%)	2133.7 (57.44%)	2204.7 (49.83%)
普通高中	104.2 (3.92%)	169.1 (6.26%)	150.8 (5.36%)	142.8 (4.80%)	254.5 (7.70%)	295.7 (7.96%)	349.4 (7.90%)
中等职业	247.0 (9.29%)	273.9 (10.14%)	288.9 (10.27%)	294.1 (9.89%)	453.7 (13.72%)	530.7 (14.29%)	628.5 (14.20%)
特殊教育	4.1 (0.15%)	4.1 (0.15%)	4.1 (0.15%)	4.1 (0.14%)	4.1 (0.12%)	5.0 (0.13%)	5.0 (0.11%)
高等教育	450.8 (16.95%)	224.9 (8.33%)	296.0 (10.52%)	406.4 (13.67%)	307.1 (9.29%)	543.0 (14.62%)	998.6 (22.57%)

注：分类别计算时，因统计口径不同，其总额与表5-5中教育转移支付总额略有差异。
资料来源：作者根据表5-5的数据分类加总所得。

中央对义务教育的转移支付规模占义务教育国家财政性经费的10%左右，具体项目包括城乡义务教育补助经费（一般性转移支付）和义务教育薄弱环节改善与能力提升补助资金、中小学及幼儿园教师国家级培训计划资金、中央专项彩票公益金支持乡村学校少年宫项目资金、教育强国推进工程中央基建投资四个专项转移支付项目。城乡义务教育补助经费虽然被划分为一般性转移支付，但该笔资金由城乡义务教育经费保障机制项目①、特岗教师工资性补助项目、学生营养膳食补助项目打包而成，地方政府在使用该笔资金的自主权仍旧比较受限。由于城乡义务教育补助经费是中央政府稳定且持续给予地方的转移支付，本书更倾向于称之为"一般性的专项转移支付"。

　　具体到中央对各省义务教育的转移支付情况来看，中央对地方的义务教育转移支付呈现明显地向西部地区倾斜的特征。如图 5 - 6 所示，2020年，北京、天津、上海、浙江、广东、江苏、福建、山东等东部发达省份生均转移支付不足 1000 元，而西藏、青海、甘肃、云南、新疆、宁夏、贵州等西部经济落后地区、少数民族地区的义务教育生均教育经费支出中超过 2000 元的资金来自中央转移支付。

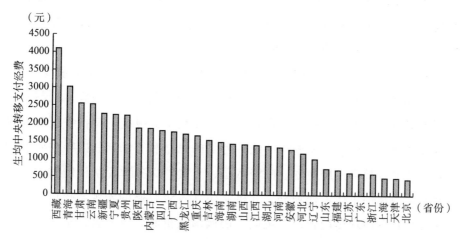

图 5 - 6　2020 年 31 个省份义务教育生均中央转移支付经费

　　资料来源：根据中央对地方转移支付管理平台（http：//www.mof.gov.cn/zhuantihuigu/cczqzy zfglbf/）中关于义务教育的一般性转移支付和专项转移支付数据整理。

---

　　① 城乡义务教育经费保障机制项目包括公用经费补助、国家规定课程免费教科书（含字典）补助、家庭经济困难学生生活补助、农村校舍安全保障长效机制补助、综合奖补（对落实乡村教师生活补助政策的地区的奖补）等子项目。

5.1.3.2 省级政府对义务教育财政资源配置的统筹责任

省级政府在义务教育财政资源配置中的责任并不明确。2006 年修订的《中华人民共和国义务教育法》中确定了"义务教育经费投入实行国务院和地方各级人民政府根据职责共同负担，省、自治区、直辖市人民政府负责统筹落实的体制。"2010 年，《国家中长期教育改革和发展规划纲要（2010—2020 年）》中进一步地强调省级政府在义务教育财政投入体制上的统筹落实责任和权利。但并没有明确"统筹落实"的具体内涵。

"省级统筹"的概念经常出现在学术论文的探讨中。范先佐、付卫东（2011），熊丙奇（2016）从我国的财政体制和教育发展现状出发，认为，省级统筹是实现义务教育均衡的关键。雷丽珍（2018）认为，省级统筹是推进义务教育公平、缩小省内教育经费差异的一项制度安排，省级政府的财政责任是"负责省域义务教育经费的统一规划，统筹中央政府和省级政府对下级政府的财政转移支付资金，统筹落实省以下各级政府应承担的经费"。王江璐、刘鑫桥（2018）梳理了教育经费省级统筹机制的演变过程。黄俭（2015）在博士论文中对义务教育省级统筹的内涵、内容、机制和影响因素进行了系统的分析。作者认为，义务教育省级统筹是指省级政府对全省义务教育改革与发展进行的统一筹划的思路和方法，其内容主要包括统筹全省义务教育发展规划、师资队伍、经费、义务教育学校的教学设施以及省域内相关主体责任划分，其机制包括省级政府的宏观调控机制、省域义务教育资源均衡配置保障机制、协调沟通机制以及监督评估机制。从现有的文献来看，省级统筹被认为是促进义务教育均衡发展的重要体制安排，省级政府在义务教育财政资源配置中的作用通常被认为是平衡和保障县级义务教育财政投入，扮演着经费的规划者、管理者和监督者的角色。

从中央政策中对省级政府义务教育财政资源配置责任的要求来看，如表 5-7 所示，中央政策中要求省级政府从规划、资金提供、财力平衡和保障、监督管理四个方面承担义务教育财政资源的配置责任。其中，规划责任是基础，为义务教育经费的来源和支出制定方案、确定标准。资金提供责任体现了省级政府在义务教育财政投入上的责任，中央政策的表述中，除了明确规定了省级政府在教师选派专项工作补助和城市义务教育阶段学生学杂费上的支出责任，还要求省级政府增加义务教育支出，但没有明确省级政府应该承担的比例。财力平衡和保障责任是指省级政府要保障县级政府具有充分的财力提供义务教育，其方式主要是通过转移支付补足经费缺口。监督管理责任是指省级政府要管理资金，对财政资源配置的结果问责且负责，包括对地方教育附加、教师工资、义务教育经费保障机制改革资金（主要是"两免一补"的资金）的监督和管理。

表 5－7　　　中央政策对省级政府配置义务教育财政资源责任的要求

责任划分	具体内容
规划	①确定农村教育费附加征收办法； ②制定开征地方教育附加的方案； ③教育经费统筹权； ④制定生均公用经费标准定额； ⑤制定国家拨给的教育事业费包干办法； ⑥教育统筹规划和组织协调； ⑦确定杂费、书本费标准； ⑧制定省以下各级政府间的经费分担办法
资金提供	①分担和提供人才计划教师选派专项工作补助； ②提出中央财政和省财政中教育经费应占的比例，切实保证教育拨款实际上有较大幅度的增长； ③强化省级财政教育支出的统筹责任，防止支出责任过度下移； ④增加本级财政中教育经费的支出； ⑤和省以下各级财政安排免除城市义务教育阶段学生学杂费所需资金
财力平衡和保障	①补足实行"一费制"的国家扶贫开发工作重点县和财力确有困难的县的公用经费缺口； ②均衡本行政区域内各县财力； ③完善省对省以下财政转移支付体制，加大对财政困难县的转移支付力度
监督管理	①加强地方教育附加征收使用管理，应收尽收，专款专用； ②确保中央和地方各级农村义务教育经费保障机制改革资金落实到位； ③教师工资发放的省长（主席、市长）负责制； ④落实好城市低保家庭和农村家庭经济困难的寄宿学生生活费补助政策； ⑤省级国库统一管理中央免费教科书专项资金； ⑥统筹落实免除城市义务教育阶段学生学杂费所需资金

资料来源：作者根据中央政府的相关政策整理。

省级政府对于义务教育的财政投入主要包括三个部分：①为省属的小学和初中提供资金，在省本级的财政预决算中的一般公共财政支出列支；②城乡义务教育均衡转移支付，该支出属于中央对地方一般性转移支付项目，省级在接受中央的财政补助后，会给予一定的配套；③专项转移支付，其中的部分项目来自中央的专项转移支付，如农村义务教育薄弱学校改造资金，省级政府在此基础上进行配套，省也会自行建项，支持省以下发展义务教育。如表5-8所示，2017年各省的省级义务教育财政投入的占比差异较大，北京、天津、上海、江西、重庆、宁夏、新疆的省级政府对义务教育的财政支出占比超过10%，辽宁、黑龙江、河南的省级投入占比不足2%。省本级对省属义务教育学校的财政投入平均占比不到1%，转移支付是省级政府投入义务教育的主要方式。北京、天津、上海、重庆4个直辖市的市政府以及江西省的省级政府对城乡义务教育均衡转移支付的投入比例较高，内蒙古、新疆、宁夏等自治区对教育的专项转移支付投入较高，大部分省级政府对城乡义务教育均衡转移支付的投入比例在2%左右，对专项转移支付的投入占比在1%左右。

表5-8　　　2017年义务教育一般公共财政预算事业费和基本建设
支出中省级支出的占比情况　　　　　　　单位：%

省份	本级义务教育支出占比	城乡义务教育均衡转移支付	专项转移支付（估算）	总占比
北京	2.29	12.17	0.22	14.68
天津	1.75	12.94	—	14.69
河北	0.09	—	0.54	0.63
山西	0.15	1.58	—	1.73
内蒙古	0.01	1.69	7.90	9.60
辽宁	0.09	0.74	0.32	1.15
吉林	0.17	5.53	—	5.70

续表

省份	本级义务教育支出占比	城乡义务教育均衡转移支付	专项转移支付（估算）	总占比
黑龙江	1.13	0.79	0.03	1.95
上海	0	55.83	1.83	57.65
江苏	1.56	1.39	0.36	3.31
浙江	0	4.50	—	4.50
安徽	0.0003	2.94	—	2.94
福建	0.11	0.76	2.16	3.03
江西	1.29	9.10	1.31	11.70
山东	0.16	4.80	—	4.95
河南	0.07	0.38	1.54	1.99
湖北	0.20	6.34	0.78	7.32
湖南	1.30	5.22	1.56	8.07
广东	0.84	1.29	1.64	3.77
广西	1.42	3.35	3.30	8.07
海南	1.70	2.83	0.51	5.05
重庆	1.47	11.89	0.26	13.62
四川	0.93	2.99	1.40	5.32
贵州	1.30	—	4.51	5.81
云南	1.25	5.17	2.01	8.43
西藏	0.21	—	—	—
陕西	0.14	1.91	2.87	4.92
甘肃	0.03	2.48	4.61	7.11
青海	1.03	1.84	5.45	8.32

省份	本级义务教育支出占比	城乡义务教育均衡转移支付	专项转移支付（估算）	总占比
宁夏	11.47	0.99	9.23	21.70
新疆	0.33	—	13.95	14.28

注：一些专项转移支付并非只针对义务教育，因此按照学生数量拆分出对义务教育的专项转移支付。"—"表示数据不明确，故不加以分析。

资料来源：省本级对义务教育的一般公共财政支出来自各省 2017 年省本级的财政决算报表；义务教育一般公共财政预算事业费和基本建设支出来源于 2018 年的中国教育经费统计年鉴。

5.1.3.3　县级政府的义务教育财政投入

《国务院关于基础教育改革与发展的决定》（国发〔2001〕21 号）中提出实行"在国务院领导下，由地方政府负责、分级管理、以县为主"的农村义务教育管理体制，明确县级政府在义务教育财政支出上的主体责任，县级政府要负责筹措、分配义务教育运转和发展所需的资金。"以县为主"的体制使义务教育成为县级财政中最大规模的支出，全国各县级单位平均有 16.57% 的支出用于义务教育，其中平均有 10.87% 用于小学、5.97% 用于初中。

我国县级政府承担了大量的财政支出事权，其财政收入能力在分税制改革和税费改革后是不断削减的，大部分县级政府面临"僧多粥少"的财政窘境。县级政府如果将上级的财政资助应急救援其他事项，财政资金本质上是没有被浪费的，此时分析上级政府的行为对县级政府教育支出的"挤出"效应对教育资源配置的实践指导作用是不足的。上级政府是否影响县级政府教育财政资源低效配置的问题更应该被关注。

5.1.4　义务教育财政资源配置存在"非充足"逻辑

财政资源的配置逻辑应与中央政策的引导和承诺相协同。基于义务教育充足的中央政策引导，财政资源应有的配置逻辑是，向义务教育不充足的地区配置更多的财政资源，以提高不充足地区的充足度。该应有逻辑是否存在，可以用最小二乘法估计刻画财政资源在不同义务教育充足程度县的分配现状。

5.1.4.1 财政支出与义务教育充足指数的关系模型和数据处理

分析义务教育不充足的地区是否配置了更多的财政资源，可以以生均财政补助支出[①]作为被解释变量，以义务教育充足指数作为解释变量，利用最小二乘估计二者的线性关系。估计所用的模型如式（5.1）所示。

$$per\_expdt_i = \beta_0 + \beta_1 ade_i + \beta_3 X_i + \mu_i \tag{5.1}$$

式（5.1）的模型中，除了被解释变量生均财政补助支出 per_expdt_i 和主要的解释变量义务教育充足指数 ade_i，还需增加一些控制变量 X_i。因为义务教育充足程度和财政支出可能同时受到一些地区特征（如经济发展水平等）的影响。为剔除这些因素，模型是估计时控制了学生家庭经济社会背景、学生家庭经济社会背景的平方、人均 GDP、人均财政收入、是否为贫困县、是否为连片特困地区、是否为革命老区、是否为陆地边境县、是否为少数民族县等变量。财政资源配置与义务教育充足的关系可以通过估计结果 $\widehat{\beta_1}$ 的正负和大小来反映。估计所用的数据为义务教育充足指数计算所用的 434 个全国抽样县级数据。

在进行回归之前，还需要考虑的问题是，由于不同地区的物价不同，相同的经费在不同地区具有不同的实际价值，因此，在衡量财政补助支出金额时，应考虑到地区价格带来的影响。对于此问题，袁连生、田志磊、崔世泉（2011）运用布兰特和霍尔兹（Brandt & Holz）的地区价格指数调整方法，对不同时期、不同地区的生均事业费进行了调整。付尧（2011）借鉴可比工资指数法，考虑了地区间产品、服务的价格差异，对我国 12 个省级单位的城镇间义务教育人员投入价格指数进行了测算。付尧、袁连生、曾满超（2014）进一步地扩大样本，测算了全国 30 个省级单位城镇间的义务教育可比工资指数，他们发现，义务教育生均人员性投入的实质差异小于未调整的原始值。考虑到测算的可操作性，本书按照布兰特和霍尔兹

---

① 财政补助支出包括公共财政预算安排的教育经费支出、教育事业费支出、政府性基金预算安排的教育经费支出。

（2006）的地区价格指数调整方法测算 2017 年各省的地区价格调整指数，用于调整区县的财政支出金额。下文如无特别强调，所用的财政支出金额均为地区价格调整后的数值。

对充足综合指数和生均财政补助支出关系的初步估计结果如表 5－9 所示，小学和初中不同地区的充足综合指数系数估计值均为正向显著的。尽管回归控制了学生家庭经济背景、地区经济发展水平、地区财政收入能力和其他一些区县的特征，并选用稳健的回归结果，但该结果还有待进一步考究。问题在于充足综合指数中在规划层的指标选取中包括了教师工资、公用经费等与教育财政支出密切相关的指标，因此需进一步地将充足综合指数拆分开来，分析各层次的充足指数与财政支出的关系，确保分析结果的信度和效度。

表 5－9　　　　充足综合指数对生均财政补助支出的最小二乘回归结果

变量	小学				初中			
	总体	东部	中部	西部	总体	东部	中部	西部
充足综合指数	0.52 *** (5.11)	0.55 *** (3.23)	0.24 ** (2.06)	0.47 ** (2.17)	0.93 *** (5.48)	1.10 *** (6.12)	0.42 ** (2.60)	0.62 *** (3.88)
县级特征	YES	YES	YES	YES	YES	YES	YES	YES
省虚拟	YES	NO	NO	NO	YES	NO	NO	NO
Observations	393	191	108	94	385	191	106	88
R－squared	0.71	0.55	0.17	0.25	0.67	0.53	0.25	0.42

注：括号中为标准误；＊ $p<0.1$，＊＊ $p<0.05$，＊＊＊ $p<0.01$。县级特征控制变量包括：学生家庭经济社会背景，学生家庭经济社会背景的平方，人均 GDP，人均财政收入，是否为贫困县，是否为连片特困地区，是否为革命老区，是否为陆地边境县，是否为少数民族县。生均财政补助支出的单位为万元。

5.1.4.2　愿景层充足指数与财政支出分配

愿景层充足指数与生均财政补助支出关系的回归结果见表 5－10，总体而言，小学和初中愿景层充足指数的系数估计值分别为 －14.90 和 －20.92，且在 99％的置信水平下显著，即愿景层充足程度越低的区县获得的财政支出越高。这是一个按照充足逻辑配置财政资源的结果，但如果分为东、中、西部地区来看，不同地区存在差异性。东部地区小学愿景层充足指数系数的估计值显著为 -3.37，中部地区和西部地区初中愿景层充足指数系数的估计值分别显著为 2.21 和 2.76。因此，尽管总体情况下，财政资源向低愿景充足的区县倾斜，但是中部和西部地区初中的财政资源仍旧存在流向高愿景充足区县的情况。

表 5 - 10　　愿景层充足指数对生均财政补助支出的最小二乘回归结果

变量	小学				初中			
	总体	东部	中部	西部	总体	东部	中部	西部
愿景层指数	-14.90*** (-4.71)	-3.37** (-2.45)	0.80 (1.43)	-1.50 (-1.32)	-20.92*** (-4.75)	0.44 (0.49)	2.21*** (3.13)	2.76*** (2.87)
县级特征	YES	YES	YES	YES	YES	YES	YES	YES
省虚拟	YES	NO	NO	NO	YES	NO	NO	NO
Observations	431	195	124	112	428	195	123	110
R - squared	0.66	0.55	0.14	0.22	0.61	0.41	0.19	0.25

注：括号中为标准误；* $p < 0.1$，** $p < 0.05$，*** $p < 0.01$。县级特征的控制变量同表 5 - 9。生均财政补助支出的单位为万元。

5.1.4.3　目标层充足指数与财政支出分配

目标层中的学生成绩和办学条件差异系数与财政支出关系的估计结果见表 5 - 11。总体情况中，小学的办学条件差异情况的系数估计值显著为 5947，即小学办学条件差异情况与财政支出有正向显著关系。小学和初中学生成绩和财政支出未呈现显著关系。分地区来看，东部地区小学和初中学生成绩的系数估计值分别显著为 29.78 和 41.58。说明东部地区财政支出与目标充足指数的关系主要来自学生成绩，学生成绩越高的区县，生均财政补助支出越高。中部地区差异系数的回归结果分别显著为 1.17 万和 1.07 万，成绩的回归系数在小学显著为 41.35，但在初中不显著。因此，中部地区财政支出与目标充足指数的关系主要来自均衡，办学条件差异越低的区县，生均财政补助支出越低。西部地区的生均财政补助支出与目标层充足情况未呈现显著相关性。西部地区的教育财政支出来自中央政府转移支付的比例较高，其财政资源配置应该更多地体现中央对义务教育发展的目标，但从回归结果来看，中央政策对义务教育质量和均衡的目标并未在西部地区体现。

表 5 – 11　　目标层充足指标与生均财政补助支出的最小二乘回归结果

变量	小学				初中			
	总体	东部	中部	西部	总体	东部	中部	西部
成绩	14.82 (1.41)	29.78*** (2.85)	41.35*** (3.16)	-28.01 (-0.94)	18.94 (1.47)	41.58*** (2.63)	3.55 (0.27)	15.55 (0.66)
差异系数	5.95e+03 (2.40)	5.87e+03 (1.13)	1.17e+04 (2.99)	5.38e+03 (0.75)	-3.05e+03 (-0.63)	1.81e+03 (0.17)	1.07e+04 (1.66)	-1.06e+04 (-1.35)
县级特征	YES	YES	YES	YES	YES	YES	YES	YES
省虚拟	YES	NO	NO	NO	YES	NO	NO	NO
Observations	397	191	111	95	390	191	109	90
R – squared	0.69	0.55	0.29	0.24	0.62	0.42	0.20	0.24

注：括号中为标准误；$*p < 0.1$，$**p < 0.05$，$***p < 0.01$。县级特征的控制变量同表 5 – 9。生均财政补助支出的单位为元。

5.1.4.4　规划层教师资源和办学设施充足指数与财政支出分配

义务教育是劳动密集型生产过程，学校支出 60% 以上用于人员支出，主要包括教师工资和福利待遇支出。义务教育阶段对教师的支出并不完全受到市场价格的影响，更多受到编制的行政制约的影响。教师数量越多，人员经费的支出越高，整体的教育经费支出也越高。如表 5 – 12 所示规划层教师资源充足程度与生均财政补助支出关系的回归结果，师生比对生均财政补助支出的影响最为显著，且系数最大，小学和初中阶段师生比每增加 1 个单位，生均财政补助支出需增加 7.42 万元和 11.20 万元。东部地区该影响系数值更大，分别为 23.49 和 20.67。教师质量对生均财政补助支出的影响被教师工资所捕捉，教师与公务员工资差对生均财政补助支出的影响是正向的，小学和初中教师工资每高 1 万元，生均财政补助支出分别高 0.08 万元和 0.13 万元。从教育支出规律上看，针对教师资源的支出是教育的经常性支出，教师数量和质量越高，财政支出越高的规律是必然，关键问题在于是否教育落后的地区配置到更多的教师资源，带动财政资源流向教育落后地区。结合前文规划层各类教育资源与目标层教育质量和均衡的关系（见4.4.3.1）的分析结果，教师资源向教育落后地区倾斜的举措在东、中、西部地区均存在，东部地区采取教师职级上的倾斜措施，中部地区采取教师工资上的倾斜措施，西部地区采取教师数量上的倾斜措施。综合来看，西部地区教育财政资源会更多地流向教育落后地区。

表 5 – 12　　　　　　　　规划层教师资源充足程度与生均财政
补助支出的最小二乘回归结果

变量	小学				初中			
	总体	东部	中部	西部	总体	东部	中部	西部
非小规模学校师生比	7.42 *** (4.13)	23.49 *** (4.31)	10.12 *** (2.80)	1.64 (0.45)	11.20 *** (7.37)	20.67 *** (9.32)	10.13 *** (4.65)	8.33 ** (2.20)
生均高于规定学历教师数	6.67 * (1.89)	1.02 (0.14)	4.63e – 03 (0.00)	20.77 *** (3.67)	0.22 (0.10)	9.31 *** (3.17)	– 2.61 (– 0.91)	– 1.22 (– 0.20)
生均中级及以上专任教师数	4.22 * (1.92)	– 2.20 (– 0.60)	8.00 ** (2.06)	4.46 (1.09)	3.90 * (1.77)	– 9.59 *** (– 3.91)	8.72 ** (2.34)	7.83 (1.10)
教师与公务员工资差	0.08 *** (6.52)	0.06 *** (4.31)	0.01 (0.81)	0.09 ** (2.21)	0.13 *** (6.73)	0.11 *** (5.26)	0.08 *** (4.29)	0.05 (1.51)
县级特征	YES	YES	YES	YES	YES	YES	YES	YES
省虚拟	YES	NO	NO	NO	YES	NO	NO	NO
Observations	393	191	108	94	390	191	107	92
R – squared	0.83	0.77	0.62	0.59	0.83	0.82	0.56	0.45

注：括号中为标准误；* $p < 0.1$，** $p < 0.05$，*** $p < 0.01$。县级特征的控制变量同表 5 – 9。生均财政补助支出和教育与公务员工资差的单位为万元。

办学设施属于存量资源，是可以长期存在且使用的固定资产，因此办学设施越充足的学校所需要的办学设施投入也越少。财政经费中与办学设施直接相关的支出主要包括基本建设支出和公用经费其他资本性支出中的房屋建筑物构建支出及大型修缮支出，本书统称为建设支出。表 5 – 13 为规划层办学设施充足程度对生均财政建设支出的回归结果，西部地区小学生均体育运动场馆面积和生均危房面积的系数估计值分别显著为 221.16 和 -453.07。意味着小学生均体育运动场馆面积越多、生均危房面积越少的高办学设施充足的区县，反而配置了更多的生均财政建设支出。东部地区生均教育及辅助用房面积也与生均财政建设支出呈现正相关性。这样的财政资源配置逻辑显然不符合充足的逻辑。

表 5-13　　　　　　　　规划层办学设施充足程度对生均财政
建设支出的最小二乘回归结果

变量	小学				初中			
	总体	东部	中部	西部	总体	东部	中部	西部
学校布局	10.13 (0.14)	-134.29 (-1.26)	91.48 (0.73)	117.82 (0.78)	-41.97 (-0.36)	-179.10 (-1.29)	260.24 (1.35)	13.17 (0.03)
非小规模学校生均教学及辅助用房面积	136.30* (1.96)	114.98 (1.02)	116.35 (0.83)	120.44 (1.01)	43.27 (0.84)	81.79* (1.75)	86.08 (0.99)	53.78 (0.50)
生均体育运动场馆面积	39.85 (1.26)	-50.98 (-0.96)	-13.49 (-0.27)	221.16*** (2.97)	81.53** (2.07)	20.72 (0.61)	-30.99 (-1.08)	376.67 (1.55)
生均危房面积	-395.60*** (-3.22)	1.85e+03 (0.35)	-104.69 (-0.17)	-453.07*** (-4.15)	126.93 (0.26)	1.19e+03 (1.06)	30.15 (0.05)	466.88 (0.70)
县级特征	YES	YES	YES	YES	YES	YES	YES	YES
省虚拟	YES	NO	NO	NO	YES	NO	NO	NO
Observations	393	191	108	94	390	191	107	92
R-squared	0.33	0.16	0.21	0.36	0.22	0.18	0.22	0.24

注：括号中为标准误；* $p<0.1$，** $p<0.05$，*** $p<0.01$。县级特征的控制变量同表 5-9。生均财政建设支出的单位为元。建设支出包括基本建设支出、房屋建筑物构建支出和大型修缮支出。

各层次充足程度与财政支出关系的分析结果表明，我国义务教育在配置财政资源时，部分考虑了不同地区的充足情况，例如，从总体来看，目标充足指数越低的区县生均财政补助支出越高；教师资源是影响财政支出最主要的因素，东、中、西地区均存在教师资源向愿景层充足程度低的区县倾斜的措施，进而带动财政资源向低教育充足区县流动。但不可否认的是，义务教育财政资源配置普遍存在的"非充足"逻辑，愿景层、目标层和规划层均存在越需要财政投入的区县获得的财政经费越低，尤其是东部和中部地区学生成绩越好的区县生均财政补助经费越高，西部地区办学设施不充足的区县生均财政建设支出越低。非充足逻辑的财政资源配置必然会影响义务教育充足的实现。

5.1.5　政府财政资源配置行为影响义务教育充足的假设

义务教育充足应是教育财政资源配置保障的重中之重。但从我国义务教育财政资源配置的背景情况来看，财政规模的保障力度有下滑趋势；结构上呈现"项目治国"之态，乡村学校和小规模学校等"弱势群体"受益较大的同时，城镇学校和大规模学校学生的利益受损；上级政府教育转移支付为专项或准专项资金，省级统筹发挥的作用有待加强；存在义务教育越充足配置到的财政资源越多的现象。这些现实表明我国当前的财政资源配置更多地沿用传统教育公平的配置导向和方式，缺乏对资源配置效率的关注，很难适应义务教育充足发展的需要。

财政资源配置是政府行为，其过程和结果会受到政府间行为差异的影响。因此，本书主要从政府财政资源配置行为差异的角度，提出两个政府财政资源配置行为影响义务教育充足的假设。

假设 5-1：省级差异影响县级义务教育充足程度。

在我国的行政体制下，政府间的差异主要体现在省级层面。虽然政策中不断强调"省级统筹"对于义务教育发展的重要性，但是在现有的研究中，经常弱化省级政府的作用，更关注中央和县两级政府的作用。事实上，省级特征也可能会影响义务教育的发展。一个经济实力强、更关注提供公共服务、与下级政府关系紧密的省级政府会更有力地统筹义务教育的财政资源，保障义务教育充足发展。反之亦然。我国各省之间经济发展、地域地貌、文化习俗都存在较大的差异，各省对于义务教育发展的统筹意愿、能力和力度可能差异较大，进而会影响各省之间义务教育充足的差异。因此，本书假设省级差异会影响县级义务教育充足程度。

假设 5 – 2：同等条件下，县级政府教育支出中来自上级教育转移支付的占比越高，义务教育充足度越低。

上级政府在财政资源配置中主要通过转移支付的方式激励下级政府完成上级政府的政策引导。我国中央和省级政府向县级政府的教育转移支付基本都是专项资金或是"准专项"资金，明确规定了资金的使用用途。已有的理论和实证研究结果表明，当地方政府获得上级转移支付时，地方政府会减少本级财政的努力程度，对转移支付产生依赖性。这样的恶性循环会使地方政府的财政体系不健康地运行。本书同样认为在现有制度框架下，县级政府获得更多的教育转移支付并不利于地方义务教育充足发展。

5.2 政府财政资源配置行为影响义务教育充足假设的验证

本节内容将以全国随机抽取的 434 个县级数据为样本，运用多层线性模型验证政府财政资源配置行为中，省级差异和转移支付方式影响义务教育充足的假设。

5.2.1 省级差异对县级义务教育充足程度的影响

分析省级差异对县级义务教育充足程度的影响可以借助于多层线性模型（hierarchical linear modeling，HLM）中的零模型（the null model），对县级义务教育充足程度的方差进行分解。零模型的表达形式如式（5.2）所示：

$$Ade_{ij} = \beta_0 + \mu_{0j} + e_{ij} \qquad (5.2)$$

式（5.2）中，Ade_{ij} 为 j 省 i 县的义务教育充足程度；β_0 是所有省义务教育充足情况的平均值；μ_{0j} 是省层面的残差，代表省级特征对义务教育充足的影响效应；e_{ij} 为县层面的残差，代表县级特征对义务教育充足的影响效应。省层面残差的方差 $\delta_{\mu0}^2$ 占总方差（省层面残差 $\delta_{\mu0}^2$ 和县层面残差 δ_{eij}^2 之和）的比例为跨级相关系数（intra-class correlation，ICC；也被称为 variance partition coefficient，VPC），是评价县级义务教育充足有多少差异来自省级差异的主要指标。ICC 的数值越大，说明县级义务教育充足受到省级差异的影响越大。

运用 Stata 15.1 对 434 个样本县的义务教育充足指数的数据进行零模型估计，其分析结果如表 5 – 14 和表 5 – 15 所示。小学和初中综合充足指数的 ICC 值分别为 68.20% 和 67.07%，卡方检验的 P 值均低于 0.01，该结果在 1% 的显著性水平下是显著的。因此，可以说县级义务教育充足程度有 2/3 来自省级差异的影响。其中，省级差异对义务教育充足程度的影响主要体现在对成绩和公用经费的影响上，综合成绩指数和公用经费的 ICC 值均超过 50%。各省的差异对均衡指数和办学设施指数影响的 ICC 值在 20% 左右，相对较低。这一分析结果可以说明，省级统筹在办学设施的投入和均衡上发挥了作用，但在公用经费和教学成果的统筹上发挥的作用有待提高。

表 5 – 14　　　　　　　　小学充足指数零模型方差成分分析结果

层级	层次	方差	$\bar{\chi}^2$	P 值	ICC
综合充足指数	层 2—省级效应	0.14	307.19	0.0000	68.20%
	层 1—县级效应	0.06			
综合成绩指数	层 2—省级效应	0.86	274.73	0.0000	67.01%
	层 1—县级效应	0.42			
均衡指数	层 2—省级效应	0.23	86.30	0.0000	24.93%
	层 1—县级效应	0.72			
教师指数	层 2—省级效应	0.26	130.94	0.0000	48.45%
	层 1—县级效应	0.28			
公用经费指数	层 2—省级效应	0.89	263.21	0.0000	67.10%
	层 1—县级效应	0.44			
办学设施指数	层 2—省级效应	0.08	40.30	0.0000	20.01%
	层 1—县级效应	0.31			

资料来源：作者用 Stata 15.1 的 xtmixed 命令运行所得结果。

表 5 – 15 初中充足指数零模型方差成分分析结果

层级	层次	方差	$\overline{\chi}^2$	P 值	ICC
综合充足指数	层 2 – 省级效应	0.14	320.22	0.0000	67.07%
	层 1 – 县级效应	0.07			
综合成绩指数	层 2 – 省级效应	0.87	261.14	0.0000	66.57%
	层 1 – 县级效应	0.44			
均衡指数	层 2 – 省级效应	0.21	34.91	0.0000	20.46%
	层 1 – 县级效应	0.83			
教师指数	层 2 – 省级效应	0.29	136.59	0.0000	49.13%
	层 1 – 县级效应	0.30			
公用经费指数	层 2 – 省级效应	0.63	174.84	0.0000	53.30%
	层 1 – 县级效应	0.55			
办学设施指数	层 2 – 省级效应	0.12	59.84	0.0000	27.43%
	层 1 – 县级效应	0.33			

资料来源：作者用 Stata 15.1 的 xtmixed 命令运行所得结果。

5.2.2 上级转移支付对义务教育充足程度的影响

上级转移支付对义务教育充足程度的影响，可以运用多层线型模型的完全模型（the full model）进行验证。

5.2.2.1 构建多层线性模型的完全模型

如前文所分析的，县层面的义务教育充足不仅会受到县级政府财政资源配置的影响，同时可能受到省级差异的影响。传统的单方程线性模型无法综合分析县和省的共同影响，导致分析结果既包括县域特征的影响，也包括省域特征的影响。为应对该问题，本书运用多层线性模型的完全模型进行分析，分层次地拟合县的组内效应和省的组间效应。

为体现县和省的共同影响，本书构建的完全模型包括县和省两个层次。第一层模型［见式（5.3）］体现为县层面的组内效应，即县层面教育转移支付对义务教育充足指数的影响。式（5.3）中 β_{1j} 是组内效应形成的截距，

$trans_{ij}$是 j 省 i 县级政府接收的教育转移支付占总教育经费收入的比例（下称"教育转移支付占比"），Ade_{ij} 为 j 省 i 县的义务教育充足指数，μ_{0j} 和 e_{ij} 分别是省层面和县层面的残差。

第一层（县层面的组内效应）：

$$Ade_{ij} = \beta_{1j}trans_{ij} + \mu_{0j} + e_{ij} \qquad (5.3)$$

第二层模型为省的组间效应，通过对组内效应模型中截距和斜率影响展现。对截距的影响［见式（5.4）］中，本书认为，省份的东、中、西区域划分①（$east_j$ 为东部的虚拟变量，mid_j 为中部的虚拟变量）、省份的经济发展水平（用人均地区生产总值 per_gdp_j 作为衡量指标）和财政收入能力（用人均一般公共财政预算收入②per_fiscal_j 作为衡量指标）等因素会影响第一层模型的截距 β_{1j}。对斜率的影响［见式（5.5）］中，本书认为，省级差异会影响转移支付占比 $trans_{ij}$ 的系数。

第二层（省层面的组间效应）：

截距模型
$$\mu_{0j} = \gamma_{00} + \gamma_{01}east_j + \gamma_{02}mid_j + \gamma_{03}per\_gdp_j$$
$$+ \gamma_{04}per\_fiscal_j + \varepsilon_{0j} \qquad (5.4)$$

斜率模型
$$\beta_{1j} = \gamma_{10} + \varepsilon_{1j} \qquad (5.5)$$

5.2.2.2 内生性处理

式（5.3）所示第一层模型中存在很明显的内生性问题。一方面，教育转移支付占比 $trans_{ij}$ 与义务教育充足指数 Ade_{ij} 存在反向因果关系，即义务教育充足度越低的县可能会获得更多的教育转移支付。一方面，教育转移支付占比可能与地区的教育发展水平、经济发展水平有关，同时这两个因素也会影响义务教育的充足度，即存在遗漏变量问题。在这些问题影响下，式（5.3）估计结果的无偏性和有效性受到质疑，需要进一步地处理。

---

① 本书将北京、天津、辽宁、上海、江苏、浙江、福建、山东、广东等 9 省划分为东部省份；将河北、山西、吉林、黑龙江、安徽、江西、河南、湖北、湖南、海南等 10 省划分为中部省份；将其他 12 个省份划分为西部省份。划分标准为中央对教育转移支付的地区划分。
② 省一般公共财政预算收入仅包括税收收入和非税收收入，不包括中央的税收返还和其他财政补助。

针对反向因果关系的问题，由于资金的投入转化为教育结果存在滞后性，本书用 2013 年县级政府接收的教育转移支付占总教育经费收入的比例和 2017 年比例的加权平均值[①]作为 $atrans_{ij}$ 指标来分析，即用过去 5 年县接收的教育转移支付平均值分析对 2017 年义务教育充足程度的影响，避免同一年数据间的反向因果关系。

针对遗漏变量问题，本书在第一层模型中添加 2013 年和 2017 年的生均教育支出加权平均数（per_expdt_{ij}）[②]、人均 GDP（per_gdp_{ij}）、是否为省级贫困县（spx_{ij}）控制教育发展水平和经济发展水平的影响。

因此，第一层模型应修正为

$$Ade_{ij} = \beta_{1j}atrans_{ij} + \beta_2 per\_expdt_{ij} + \beta_3 per\_gdp_{ij} + \beta_4 spx_{ij} + \mu_{0j} + e_{ij} \quad (5.6)$$

将第二层的截距模型和斜率模型带入式（5.6），即得式（5.7）进行多层线性估计：

$$Ade_{ij} = (\gamma_{10} + \varepsilon_{1j})\ atrans_{ij} + \beta_2 per\_expdt_{ij} + \beta_3 per\_gdp_{ij} + \beta_4 spx_{ij} +$$
$$\gamma_{01}east_j + \gamma_{02}mid_j + \gamma_{03}per\_gdp_j + \gamma_{04}per\_fiscal_j +$$
$$\gamma_{00} + \varepsilon_{0j} + e_{ij} \quad (5.7)$$

下文中遇到类似内生性问题，皆为此方式处理的估计，后文不再赘述。

5.2.2.3　实证结果分析

根据构建的完全模型，本书运用 Stata 15.1 对 434 个县级样本数据进行分析，小学和初中的回归结果如表 5-16 和表 5-17 所示。

县级政府的教育收入中转移支付占比对小学充足指数有显著的负向影响。在相同的教育投入水平和经济发展水平下，县级政府教育收入中转移支付占比每高 1%，小学的综合充足指数低 3.44e-03。该负向影响主要体现在教育转移支付占比对小学的成绩指数和办学实施指数的影响。县级政府的教育收入中转移支付占比每高 1%，小学的成绩指数低 0.02，办学设

[①②]　2013 年的加权比例为 40%，2017 年的加权比例为 60%。

表 5 – 16　转移支付对小学充足程度的多层线性模型回归结果

层次	变量	综合充足指数	成绩指数	均衡指数	教师指数	经费指数	办学设施指数
第一层	教育转移支付占比（$atrans_{ij}$，%）	−3.44e−03** (0.00)	−0.02 (0.01)	−0.01 (0.01)	0.01 (0.00)	3.37e−03 (0.00)	−0.02 (0.00)
	生均教育支出（per_expd_{ij}，万元）	0.21*** (0.03)	0.13 (0.08)	−0.12 (0.11)	0.93*** (0.05)	0.72*** (0.06)	0.14** (0.07)
	县人均 GDP（per_gdp_{ij}，万元）	7.61e−03*** (0.00)	0.04 (0.01)	0.01 (0.01)	−0.01*** (0.00)	0.02*** (0.00)	2.14e−03 (0.01)
	是否省级贫困县（spx_{ij}）	−0.10*** (0.03)	−0.28*** (0.09)	−0.25* (0.13)	0.05 (0.06)	−0.06 (0.07)	−0.08 (0.09)
	是否东部省份（$east_j$）	−0.18 (0.19)	0.13 (0.46)	−0.52 (0.42)	0.29 (0.24)	−0.01 (0.18)	0.08 (0.15)
	是否中部省份（mid_j）	−0.45*** (0.10)	0.31 (0.26)	−0.71*** (0.25)	0.10 (0.15)	0.19* (0.10)	−0.14 (0.10)
第二层	省人均 GDP（per_gdp_j，万元）	0.12** (0.05)	0.19 (0.12)	0.08 (0.11)	−0.12* (0.06)	−0.14*** (0.05)	−0.03 (0.04)
	省人均财政收入（per_fiscal_j，万元）	−0.45** (0.18)	−0.51 (0.44)	0.31 (0.42)	0.20 (0.23)	1.53*** (0.18)	0.29* (0.17)
	$\_cons$	−0.45** (0.18)	−0.80* (0.45)	−0.20 (0.43)	−0.71*** (0.24)	−1.43*** (0.19)	−0.02 (0.19)

续表

层次	变量	综合充足指数	成绩指数	均衡指数	教师指数	经费指数	办学设施指数
	Obs	344	371	347	344	371	344
	Num of groups	31	31	31	31	31	31
统计量和随机效应	Var (atrans)	$6.01e-07$	$3.00e-04$	$8.23e-05$	$2.56e-04$	$2.13e-06$	$7.78e-05$
	Var (_cons)	0.06	0.29	0.13	0.04	0.04	0.30
	Cov (atrans, _cons)	$-1.53e-04$	$-8.02e-04$	$3.21e-03$	$1.62e-03$	$-3.23e-04$	$2.89e-04$
	Var (Residual)	0.04	0.30	0.61	0.12	0.18	$-1.44e-04$
	Log likelihood	26.43	-341.91	-430.14	-165.54	-222.67	-284.92
	Wald chi2 (8)	187.64	127.73	27.97	389.09	809.52	58.56
	Prob > chi2	0.0000	0.0000	0.0005	0.0000	0.0000	0.0000

注：表中括号内展示的是标准误（standard errors in parentheses）；*** p<0.01, ** p<0.05, * p<0.1。

数据来源：作者用 Stata 15.1 的 xtmixed 命令运行所得结果。

表 5-17 转移支付对初中充足程度的多层线性模型回归结果

层次	变量	综合充足指数	成绩指数	均衡指数	教师指数	经费指数	办学设施指数
第一层	教育转移支付占比 ($atrans_{ij}$, %)	-1.77e-03 (0.00)	-9.67e-03 (0.01)	9.06e-05 (0.01)	2.67e-03 (0.00)	2.77e-03 (0.00)	-6.98e-03 (0.01)
	生均教育支出 (per_expd_{ij}, 万元)	0.17*** (0.02)	0.15*** (0.05)	-0.01 (0.08)	0.64*** (0.04)	0.45*** (0.05)	0.10* (0.05)
	县人均GDP (per_gdp_{ij}, 万元)	2.76e-03 (0.00)	3.62e-02*** (0.01)	-8.57e-03 (0.01)	-9.41e-03*** (0.00)	2.30e-02*** (0.01)	8.33e-03 (0.01)
	是否省级贫困县 (spx_{ij})	-0.09** (0.04)	-0.25*** (0.09)	-0.20 (0.14)	0.01 (0.06)	-9.66e-03 (0.08)	-0.05 (0.09)
	是否东部省份 ($east_j$)	-0.50** (0.23)	-0.29 (0.51)	-0.23 (0.32)	0.41* (0.22)	0.13 (0.20)	0.06 (0.19)
	是否中部省份 (mid_j)	-0.25** (0.13)	0.30 (0.28)	-1.03*** (0.20)	0.28* (0.14)	0.08 (0.11)	-0.16 (0.12)
第二层	省人均GDP (per_gdp_j, 万元)	0.20*** (0.06)	0.33** (0.14)	-0.11 (0.09)	-0.02 (0.06)	-0.05 (0.06)	0.04 (0.05)
	省人均财政收入 (per_fiscal_j, 万元)	-0.71*** (0.22)	-0.94* (0.50)	0.33 (0.35)	-0.41* (0.22)	0.73*** (0.22)	3.05e-03 (0.21)
	_cons	-0.74*** (0.22)	-1.44*** (0.51)	0.90*** (0.35)	-0.90*** (0.22)	-1.29*** (0.22)	-0.39* (0.21)

续表

层次	变量	综合充足指数	成绩指数	均衡指数	教师指数	经费指数	办学设施指数
	Obs	341	369	344	343	369	343
	Num of groups	30	31	30	31	31	31
统计量和随机效应	Var (atrans)	2.66e-09	7.38e-04	1.29e-04	1.83e-04	6.47e-05	8.08e-05
	Var (_cons)	0.08	0.60	0.02	0.02	0.09	2.31e-03
	Cov (atrans, _cons)	-1.44e-05	-0.01	1.59e-03	1.98e-03	-2.36e-03	4.32e-04
	Var (Residual)	0.05	0.28	0.75	0.14	0.29	0.32
	Log likelihood	-7.68	-341.14	-450.77	-178.87	-308.14	-303.62
	Wald chi2 (8)	133.80	116.70	33.10	384.61	529.88	53.30
	Prob > chi2	0.0000	0.0000	0.0001	0.0000	0.0000	0.0000

注：表中括号内展示的是标准误差（standard errors in parentheses）；*** $p<0.01$，** $p<0.05$，* $p<0.1$。
数据来源：作者用 Stata 15.1 的 xtmixed 命令运行所得结果。

施指数低 0.02。教育转移支付占比对教师指数呈现显著的正向影响，教育转移支付占比提高 1% 对小学教师的充足程度有 0.01 的提高[①]。转移支付占比对小学的均衡程度和公用经费的充足度没有显著的影响。

省级效应对教育转移支付占比斜率的影响较小。小学综合充足指数的回归中 ε_{1j} 的方差为 6.01e−07，几乎对转移支付占比的系数的影响为 0。小学成绩指数的回归中 ε_{1j} 的方差为 3.00e−04，说明在 95% 的置信水平下，不同省份转移支付占比对成绩指数的影响斜率在 $[−0.13,0.09]$（$−0.0180 \pm 1.96\sqrt{0.0003}$）的区间内浮动。小学教师指数的回归中 ε_{1j} 的方差也为 0.0003，说明在 95% 的置信水平下，不同省份转移支付占比对教师指数的影响斜率在 $[−0.0997,0.1150]$（$0.00769 \pm 1.96\sqrt{0.0003}$）的区间内浮动。小学办学设施指数的回归中，省级效应对转移支付占比的斜率影响较大，ε_{1j} 的方差为 −284.92，不同省份转移支付占比对小学办学设施指数的影响斜率在 $[−33.10,33.07]$（$−0.02 \pm 1.96\sqrt{−284.92}$）。

省级效应的影响还体现对模型截距的影响，地区因素上，中部省份与西部省份相比，会降低综合指数、均衡指数和经费指数的截距。经济发展水平因素上，省人均 GDP 越高，综合充足指数的截距越高，但教师指数和经费指数越低。财政能力因素上，省人均公共财政预算收入越高，会降低综合充足指数的截距，并提高经费指数和办学设施指数的截距。截距与斜率可能存在一定的相关性，尽管截距与转移支付占比斜率的协方差 Cov（atrans，_cons）都比较低，从其正负上基本可以判断出综合充足指数、成绩指数回归的协方差为负值，说明截距越高的省份，其斜率越平缓；教师指数和办学设施指数回归的协方差为正值，即截距越高的省份，其斜率越陡峭。综合来看，中部地区教育转移支付占比对综合充足指数的影响截距低、较陡峭；经济发展水平越高的地区教育转移支付占比的影响截距高、较平缓；财政收入能力越高地区的影响截距低、较陡峭。

[①] 转移支付对教师充足指数的正向影响是由于教师职称评选政策向教育不充足地区倾斜，导致综合充足指数低的地区教师充足指数更高，而模型中没有控制住相关变量。

转移支付占比对初中各个层面的充足程度均未体现显著的结果。初中的充足指数主要受到生均教育支出、经济发展水平和财政能力等因素的影响。转移支付对初中的充足程度未呈现显著影响可能来自如下两点原因：①转移支付的经费更多地用于小学阶段；②初中容易形成规模经济，大多数地区还存在"中考"的压力，资源的使用效率更高。

上述回归结果说明，转移支付会对义务教育充足产生负向影响，该影响主要体现在小学阶段。该结果说明转移支付可能会扭曲财政资源配置的过程，导致配置结果的不充足。其影响的过程和路径需要进一步分析。

5.3 上级转移支付影响义务教育充足的路径

转移支付对义务教育充足具有负向影响的结论，是对一种表象的刻画，还不足以指导实践。还需深入挖掘的是，上级转移支付通过什么样的路径或机理影响了义务教育充足。本节内容进一步地用学校层面的数据，深入学校间和学校内的财政资源配置，基于学校—省的两层线性模型分析教育转移支付对义务教育充足的影响路径。

5.3.1 上级转移支付带动财政资源流向小规模学校

上级转移支付资金的使用带有上级政府的政策目标。县级政府接收上级教育转移支付后，在配置财政资源时，就要考虑上级政府的政策目标。从第 4 章对中央政策的分析结果来看，中央政府对乡村义务教育发展高度重视，教师、经费和办学设施向农村地区倾斜的政策表述高频次出现。《国务院办公厅关于规范农村义务教育学校布局调整的意见》（国办发〔2012〕48 号）中提出"对学生规模不足 100 人的村小学和教学点按 100 人核定公用经费"，保障农村小规模学校的财政投入。小规模学校"100 人"的标准一致沿用至今，被视为保证农村教育发展的重要举措。在政策影响下，接收大量教育转移支付的县级政府在配置财政资源时，也会优先考虑到保障小规模学校利益。另外，县级政府从自身的角度出发，也会有意拔高小规模学校的财政投入，小规模学校存在办学规模不经济的问题，当更多的财政资源配置到小规模学校时，县级整体的经费使用效率和教育充足程度必然会受损。

为了验证上级教育转移支付引起的县级政府更偏向于将财政资源投向小规模学校的猜想，本书试图分析上级转移支付对不同规模学校财政预算收入的影响。多层线性模型中的零模型分析结果表明，小学和初中的生均公共财政预算收入的方差分别有0.44%和1.21%（ICC值）来自省级效应的影响（见表5-18）。由于小学和初中的学校样本分别为132618条和48019条，而省份只有31个，这样的数据量差异下，省份对数据差异的解释会较小。但是为了分析不同省份间可能存在的差异，本书仍旧运用学校—省的两层线性模型进行分析。

表5-18　　　小学和初中生均公共财政预算收入零模型方差成分分析结果

层级	层次	方差	$\bar{\chi}$	P值	ICC
小学生均公共财政预算收入	层2—省级效应	1.30e+08	276.05	0.0000	0.44%
	层1—学校效应	2.97e+10			
初中生均公共财政预算收入	层2—省级效应	6.64e+08	139.31	0.0000	1.21%
	层1—学校效应	5.50e+10			

资料来源：作者用Stata 15.1的xtmixed命令运行所得结果。

完全模型中的第一层模型为学校层面的组内效用，以上级教育转移支付$atrans_{ij}$和上级教育转移支付与学校生师比的交乘项$atrans_{ij} \times stu\_tea_{ij}$作为影响学校生均财政预算收入的目标解释变量，同时将学校的学生数量num_stu_{ij}、学生数量的平方$num\_stu\_sq_{ij}$、教师数量num_tea_{ij}作为控制变量，具体见式（5.8）。第二层模型是省层面的组间模型，省内各县总体的生均财政预算收入per_finc_j、人均地区生产总值per_gdp_j、人均财政收入per_fiscal_j可能会对第一层模型的截距产生影响，见式（5.9）。组间效应也可能影响系数β_{1j}和β_{2j}，见式（5.10）和式（5.11）。

第一层（学校层面的组内效应）：

$$per\_finc_{ij} = \beta_{1j}atrans_{ij} + \beta_{2j}atrans_{ij} \times stu\_tea_{ij} + \beta_3 num\_stu_{ij} +$$
$$\beta_4 num\_stu\_sq_{ij} + \beta_5 num\_tea_{ij} + \mu_{0j} + e_{ij} \qquad (5.8)$$

第二层（省层面的组间效应）：

截距模型
$$\mu_{0j} = \gamma_{00} + \gamma_{01}per\_finc_j + \gamma_{02}per\_gdp_j$$
$$+ \gamma_{03}per\_fiscal_j + \varepsilon_{0j} \qquad (5.9)$$

斜率模型
$$\beta_{1j} = \gamma_{10} + \varepsilon_{1j} \qquad (5.10)$$
$$\beta_{2j} = \gamma_{20} + \varepsilon_{2j} \qquad (5.11)$$

将第二层的截距模型和斜率模型带入第一层，即得式（5.12）：

$$Ade_{ij} = (\gamma_{10} + \varepsilon_{1j})atrans_j + (\gamma_{20} + \varepsilon_{2j})atrans_j \times stu\_tea_{ij} + \beta_3 num\_stu_{ij} +$$
$$\beta_4 num\_stu\_sq_{ij} + \beta_5 num\_tea_{ij} + \gamma_{01}per\_finc_j + \gamma_{02}per\_gdp_j +$$
$$\gamma_{03}per\_fiscal_j + \gamma_{00} + \varepsilon_{0j} + e_{ij} \qquad (5.12)$$

对模型的分析结果如表 5 - 19 所示，小学学校的生师比低于 9.10（244.60/64.74）时，在教育投入水平、经济发展水平、学生和教师数量一定的情况下，区县获得的教育转移支付占比越高，生均公共财政预算收入越高；当生师比高于 9.10 时，区县的教育转移支付占比越高会对学校的生均财政预算收入产生负向的影响。转移支付会带动经费流向生师比低于 9.10 的小规模学校，而降低高生师比学校（大规模学校）的财政收入，且生师比越高，降低的程度越高①。省份效应会对转移支付占比和教育转移支付占比×生师比的系数产生影响，对转移支付占比的系数影响方差是33116.69，对教育转移支付占比×生师比的系数影响方差是 748.47，说明在 95% 的置信水平下，不同省份的转移支付占比和教育转移支付占比×生师比对小学生均公共财政预算收入的影响系数分别在 $[-112.08, 601.28]$（$244.60 \pm 1.96\sqrt{33116.69}$）和 $[-80.49, 26.76]$（$26.86 \pm$

---

① 样本中有 25% 的小学生师比低于 9.10，该类学校有 50% 以上总学生规模不足 100 人，75% 以上总学生规模不足 200 人。高生师比的学校学生规模较大，生师比高于 23 的小学平均学校规模为 980 人。因此，本书用生师比来衡量学校规模是合理的。

$1.96\sqrt{748.47}$）之间波动。各省转移支付对小学财政经费收入的影响存在差异。转移支付占比对初中生均公共财政预算收入的影响未体现显著性，与前文中转移支付对初中充足指数无显著影响的结果对应。

表 5 - 19　　　　　教育转移支付占比对小学和初中学校生均

公共财政预算收入的多层线性分析结果

层次	变量	小学生均公共 财政预算收入/元	初中生均公共 财政预算收入/元
第一层	教育转移支付占比（$atrans_j$, %）	244.60 *** (64.74)	243.63 (284.94)
	教育转移支付占比 × 生师比（$atrans_j \times stu\_tea_{ij}$）	- 26.86 *** (6.19)	- 35.36 (35.25)
	学生数量（num_stu_{ij}, 人）	- 13.51 *** (1.98)	- 38.24 *** (5.75)
	学生数量平方（$num\_stu\_sq_{ij}$）	$1.70e - 03$ *** (0.00)	$4.41e - 03$ *** (0.00)
	教师数量（num_tea_{ij}, 人）	48.59 * (27.90)	281.93 *** (54.58)
第二层	县生均财政预算收入（per_finc_j, 元）	1.10 *** (0.03)	0.72 *** (0.06)
	县人均 GDP（per_gdp_j, 元）	0.01 (0.02)	0.06 * (0.03)
	县人均财政收入（per_fiscal_j, 元）	- 0.15 (0.20)	- 0.04 (0.41)
	$\_cons$	13005.87 *** (1994.31)	15290.95 *** (5199.29)

层次	变量	小学生均公共财政预算收入/元	初中生均公共财政预算收入/元
统计量和随机效应	Obs	129605	47909
	Num of groups	31	31
	Var（atrans）	33116.69	1.81e+06
	Var（atrans×stu_tea）	748.47	33113.85
	Var（_cons）	6.51e+07	5.24e+08
	Cov（atrans, atrans×stu_tea）	−4717.35	−2.44e+05
	Cov（atrans, _cons）	1.25e+06	3.03e+07
	Cov（atrans×stu_tea, _cons）	−2.13e+05	−4.13e+06
	Var（Residual）	2.99e+10	5.46e+10
	Log likelihood	−1.75e+06	−6.60e+05
	Wald chi2（8）	1638.45	224.64
	Prob>chi2	0.0000	0.0000

注：表中括号内展示的是标准误（standard errors in parentheses）；*** $p<0.01$，** $p<0.05$，* $p<0.1$。

资料来源：作者用 Stata 15.1 的 xtmixed 命令运行所得结果。

该分析结果表明，教育转移支付会影响财政资源在学校之间的分配，带动更多的财政经费流向低生师比的学校，而使高生师比学校的生均财政经费降低。在这种趋势下，低生师比学校的办学效率低下，且仅有25%的小学生师比低于9.10的标准，难以体现充足。而高生师比学校具有规模经济，学校数、学生数占比较高，这部分学校的经费投入降低会导致区县整体的小学充足度降低。

5.3.2 上级转移支付增加学校项目支出且降低教学支出

上级教育转移支付除了可能影响县级财政资源在学校间的分配，也有可能影响学校内的支出结构。教育转移支付以项目的方式激励学校（或地方教育部门）参与落实上级政府的政策目标。学校领导者为扩大自身的预算规模和管理范围，会积极参与申请教育转移支付的相关项目。获得项目资金后，由于转移支付拨付的资金一般情况下无法完全覆盖项目完成所需的所有经费，学校（或地方教育部门）也需要配套一部分资金完成项目。例如，一所学校成功地申请到建设食堂的项目资金 10 万元，由于食堂建设需要 20 万元，学校就需要从其他经费中挪出 10 万元用于食堂建设，而这 10 万元很有可能是从教学经费中挤压而来的。那么，这所学校在转移支付影响下，实际上减少了与教学相关的经费支出。对于教育充足来说，虽然增加的食堂建设经费也会惠及学生，但与学生的教学相关度较低，难以转化成充足的教育成果。教学相关的经费支出更有利于转化为教育充足结果。

同样的，这里将运用学校—省的两层线性模型验证：同等条件下，县级教育支出中来自上级教育转移支付的占比越高，县域内学校支出中的项目性经费占比越高。其中，项目性经费占用事业性经费支出中的项目支出占学校财政预算总支出的比例来衡量，同时用办公费、专用材料费和学生活动费的总值占学校财政预算总支出的比例衡量学校财政经费用于学生教学的比例。两项指标的零模型分析结果见表 5 - 20，省级效应对全国所有小学财政预算项目支出占比和学生教学支出占比差异的解释力度分别占 8.81% 和 4.26%（ICC 值），对初中的两项指标差异的解释力度分别占 7.57% 和 5.97%（ICC 值）。为分析省级效应对学校支出结构差异的影响，本书依旧构建学校和省两层线性模型进行分析。

表 5 - 20   小学和初中不同财政支出占比的零模型方差成分分析结果

层级		层次	方差	$\bar{\chi}$	P 值	ICC
小学	财政预算项目支出占比	层 2—省级效应	28.50	4967.77	0.0000	8.81%
		层 1—学校效应	294.68			
	财政预算学生教学支出占比	层 2—省级效应	2.40	22923.44	0.0000	4.26%
		层 1—学校效应	53.82			

层级		层次	方差	$\bar{\chi}$	P 值	ICC
初中	财政预算项目支出占比	层2—省级效应	20.90	2508.14	0.0000	7.57%
		层1—学校效应	255.18			
	财政预算学生教学支出占比	层2—省级效应	0.75	3903.99	0.0000	5.97%
		层1—学校效应	11.86			

资料来源：作者用 Stata 15.1 的 xtmixed 命令运行所得结果。

完全模型中的第一层模型用上级教育转移支付 $atrans_{ij}$ 和上级教育转移支付与学校生师比的交乘项 $atrans_{ij} \times stu\_tea_{ij}$ 作为影响财政预算项目支出占比和财政预算学生教学支出占比的主要解释变量，将学校的总的生均预算安排的经费支出（$expdt_{ij}$）、学生数量 num_stu_{ij}、学生数量的平方 $num\_stu\_sq_{ij}$、教师数量 num_tea_{ij} 作为控制变量，见式（5.13）。第二层模型考虑到省内各县总体的生均财政预算收入 per_finc_j、人均 GDP per_gdp_j、人均财政收入 per_fiscal_j 可能对第一层模型的截距产生的影响 [见式（5.14）]，和系数 β_{1j} 和 β_{2j} 的影响 [见式（5.15）和式（5.16）]。

第一层（学校层面的组内效应）：

$$expdt\_perct_{ij} = \beta_{1j}atrans_{ij} + \beta_{2j}atrans_{ij} \times st\_u_{tea\ ij} + \beta_3 expdt_{ij} + \beta_4 num\_stu_{ij}$$
$$+ \beta_5 num\_stu\_sq_{ij} + \beta_6 num\_tea_{ij} + \mu_{0j} + e_{ij} \qquad (5.13)$$

第二层（省层面的组间效应）：

截距模型
$$\mu_{0j} = \gamma_{00} + \gamma_{01}per\_finc_j + \gamma_{02}per\_gdp_j$$
$$+ \gamma_{03}per\_fiscal_j + \varepsilon_{0j} \qquad (5.14)$$

斜率模型
$$\beta_{1j} = \gamma_{10} + \varepsilon_{1j} \qquad (5.15)$$
$$\beta_{2j} = \gamma_{20} + \varepsilon_{2j} \qquad (5.16)$$

将第二层的截距模型和斜率模型带入第一层，即得式（5.17）：

$$expdt\_perct_{ij} = (\gamma_{10} + \varepsilon_{1j})atrans_j + (\gamma_{20} + \varepsilon_{2j})atrans_j \times stu\_tea_{ij} + \beta_3 expdt_{ij} +$$
$$\beta_4 num\_stu_{ij} + \beta_5 num\_stu\_sq_{ij} + \beta_6 num\_tea_{ij} + \gamma_{01}per\_finc_j +$$
$$\gamma_{02}per\_gdp_j + \gamma_{03}per\_fiscal_j + \gamma_{00} + \varepsilon_{0j} + e_{ij} \qquad (5.17)$$

模型回归结果如表 5-21 所示，教育转移支付占比对小学财政预算项目支出占比具有正向影响，且在转移支付占比越高的县内，高生师比的小学财政预算项目支出占比越高；当生师比低于 12.74（2.93e−02/2.30e−03）时，转移支付占比越高会降低学校财政预算学生教学支出占比，当生师比高于 12.74 时，转移支出占比越高，学校财政预算学生教学支出占比也越高。教育转移支付占比对初中学校的支出结构同样具有显著的影响，且其影响与学校的生师比有关。当生师比低于 6.80（7.28e−02/1.07e−02）时，转移支付占比越高会使初中学校财政预算项目支出占比降低，反之该影响为正。实际上，满足生师比低于 6.80 的初中学校占比不足 1/4，超过 3/4 的初中学校财政预算项目支出占比随着区县转移支付占比的提高而提高。转移支付占比对初中学校财政预算学生教学支出占比的影响呈现同样的规律，但其生师比的界限更高，为 8.54（2.05e−02/2.40e−03）。

表 5 – 21　　转移支付对小学和初中学校支出结构的影响分析结果

层次	变量	小学		初中	
		财政预算项目支出占比/%	针对学生的财政预算支出占比/%	财政预算项目支出占比/%	针对学生的财政预算支出占比/%
第一层	教育转移支付占比（$atrans_j$，%）	−3.38e−02 (0.02)	−2.93e−02 *** (0.00)	−7.28e−02 *** (0.02)	−2.05e−02 *** (0.00)
	教育转移支付占比 × 生师比（$atrans_j \times stu\_tea_{ij}$）	5.40e−03 *** (0.00)	2.30e−03 *** (0.00)	1.07e−02 *** (0.00)	2.41e−03 *** (0.00)
	生均预算安排的经费支出（$expdt_{ij}$，元）	2.46e−06 *** (2.69e−07)	−2.08e−07 *** (6.77e−08)	6.77e−07 ** (3.14e−07)	−3.12e−08 (6.06e−08)
	学生数量（num_stu_{ij}，人）	2.11e−03 *** (0.00)	6.24e−04 *** (0.00)	2.81e−03 *** (0.00)	1.18e−03 *** (0.00)
	学生数量平方（$num\_stu\_sq_{ij}$）	−2.13e−07 *** (2.41e−08)	4.01e−08 *** (6.06e−09)	−2.67e−07 *** (6.76e−08)	−6.47e−08 *** (1.31−08)
	教师数量（num_tea_{ij}，人）	−1.31e−02 *** (0.00)	−1.80e−02 *** (0.00)	−3.20e−02 *** (0.00)	−1.36e−02 *** (0.00)

层次	变量	小学		初中	
		财政预算项目支出占比/%	针对学生的财政预算支出占比/%	财政预算项目支出占比/%	针对学生的财政预算支出占比/%
第二层	县生均财政预算收入（per_finc_j，元）	4.24e−05*** (2.90e+−06)	−7.30e−06*** (9.29e−07)	6.45e−05*** (4.16e−06)	−6.34e−06*** (8.03e−07)
	县人均GDP（per_gdp_j，元）	−9.65e−06*** (1.75e−06)	−1.79e−06*** (4.38e−09)	−7.49e−06*** (2.41e−06)	−2.04e−06*** (5.76e−06)
	县人均财政收入（per_fiscal_j，元）	2.08e−04*** (0.00)	−5.83e−07 (5.21e−06)	2.33e−04*** (0.00)	4.99e−06 (5.76e−06)
	_cons	9.41*** (1.05)	3.93*** (0.18)	10.74*** (0.95)	3.18*** (0.15)
统计量和随机效应	Obs	129600	129600	47905	47905
	Num of groups	31	31	31	31
	Var（atrans）	1.19e−02	5.41e−04	1.02e−02	5.00e−04
	Var（atrans × stu_tea）	1.00e−05	3.85e−06	4.22e−05	6.07e−06
	Var（_cons）	33.39	0.97	25.77	0.58
	Cov（atrans, atrans × stu_tea）	−2.01e−04	−3.32e−05	−3.47e−04	−4.34e−05
	Cov（atrans, _cons）	−0.33	−0.01	−0.25	−0.01
	Cov（atrans × stu_tea, _cons）	0.01	1.00e−03	5.23e−04	8.08e−04
	Var（Residual）	281.53	17.76	245.55	9.15
	Log likelihood	−5.50e+05	−3.70e+05	−2.00e+05	−1.21e+05
	Wald chi2（8）	749.10	1053.28	397.29	544.67
	Prob > chi2	0.0000	0.0000	0.0000	0.0000

注：表中括号内展示的是标准误（standard errors in parentheses）；*** $p < 0.01$，** $p < 0.05$，* $p < 0.1$。

资料来源：作者用 Stata 15.1 的 xtmixed 命令运行所得结果。

省级效应主要体现在对截距的影响上，表 5 − 21 中的多层线性回归结果中，省级效应对教育转移支付占比和教育转移支付占比 × 生师比的系数影响非常小，方差接近于 0。意味着不同省份转移支付对义务教育学校支出结构影响的趋势具有一致性。

该分析结果表明，转移支付会对学校财政经费支出产生影响。转移支付占比越高的区县内，不论是小学还是初中学校的项目支出占比越高，这与教育转移支付中包含一系列的专项项目是一致的。项目经费的使用受到严格的限制，主要用于基础建设、大型修缮和固定资产购置，多有学者提出专项项目经费的使用效率有待提高。同时，转移支付占比会降低小规模小学和初中的财政预算学生教学支出，表明虽然转移支付带动经费更多地流向小规模学校，但是小规模学校并没有将经费使用在针对学生教学的支出上。转移支付对学校支出结构的影响同样是不利于义务教育充足的。

5.4　本章小结

本章首先基于我国义务教育财政资源配置的规模、结构、主体、逻辑等背景情况，提出财政资源配置影响义务教育充足的实证假设。在背景情况的分析中发现：①在经济增长放缓的趋势下，财政对义务教育的保障能力有所下滑；②义务教育财政支出结构中项目类型的经费占比较高，学校间的经费分配不利于保障大规模学校的财政经费收入；③中央和省级政府主要通过转移支付的方式承担义务教育的支出责任，虽然教育转移支付包括一般性转移支付和专项转移支付，但是一般性转移支付仍带有专项的性质，县级政府对于上级教育转移支付的使用自主权较低；④义务教育财政资源配置存在非充足的逻辑，越是需要加大财政资源投入提高充足度的区县，分配到的财政经费量越低。

这些背景现实表明，我国当前的财政资源配置更多地沿用传统教育公平的配置导向和方式，缺乏对资源配置效率的关注，很难适应义务教育充足发展的需要。对此，本章从政府财政资源配置行为差异的角度，提出了两个假设：

假设 5 - 1：省级差异影响县级义务教育充足程度。

假设 5 - 2：同等条件下，县级政府教育支出中来自上级教育转移支付的占比越高，义务教育充足度越低。

通过县—省两层线性模型，本章验证了该两项假设。为剖析转移支付对义务教育充足影响的路径，本章还进一步地运用学校—省两层线性模型进行了论证。上级教育转移支付对义务教育充足的影响，一方面来源于转移支付对学校间财政分配的影响，导致县级财政资源会向小规模学校倾斜，但小规模学校缺乏规模经济，难以将资源转化为教育成果；另一方面来源于转移支付对学校内支出结构的影响，将更多的经费用于项目性支出，而非与学生教学活动相关的支出，经费的使用也难以转化为教育成果。

第 6 章

运作优化：义务教育充足的财政
资源配置政策建议

与义务教育充足使命不匹配的财政资源配置需要进行优化。该优化过程应该从运作层面入手，理顺财政资源配置的方向、体制机制、逻辑和方式、操作实践，保障充足义务教育的高效生产。基于前文使命层的义务教育充足标准体系确认，以及政治层的财政资源配置对义务教育充足影响分析，本章将对财政资源配置的运作优化提出几点政策建议。

6.1　明确使命，为财政资源配置指明方向

本书借助文本量化分析方法发现，政策表述中虽然融入了"培养什么样的人才""如何培养人才""如何配置资源"的义务教育充足使命要求，但政策文本中并没有明确地呈现。如果要不断地借助其他工具才能分析出政策中所内含的使命要求，那么这样的使命也难以被组织成员所熟知、认可，并作为行动指南。使命是一个组织存在的根本原因，定义组织存在的价值，指明组织的行动方向。只有当组织内的成员都明确组织存在的使命，才能使组织长足、稳定地发展。组织使命应该具有能够使组织成员精神振奋、团结一致的号召力、引导力和凝聚力。正如提起中国共产党人的初心和使命，就能让人联想起"为中国人民谋幸福，为中华民族谋复兴"。

十九届四中全会提出要将"推进国家治理体系和治理能力现代化"作为全面深化改革的总目标。治理体系和治理能力是国家制度和制度执行能

力的集中体现，实质上是"国家要做什么、怎么做"的问题。教育实现治理体系和治理能力现代化必须要指明教育的使命，为教育愿景、目标和行动方案提供依据。明确教育使命，做好使命管理工作，需要做到如下几点。

6.1.1 明确界定使命的权威主体

私人物品由企业提供，其使命由企业的所有者界定。不同的是，义务教育是（准）公共物品或是具有外部性的私人物品，在我国主要由教育行政主管部门（教育部、教育局、教育委员会等）和公共事业单位（学校）提供。为了避免行政部门和公共事业单位的共同参与带来的"管办不分"问题，我国在宏观的治理体系构建上，让行政部门之间相互制约，如教育事业单位的预算投入由财政部门管辖、人员编制受到编制部门的控制。因此，教育所涉及的利益相关主体较多，相互之间关系复杂，其使命需要在多部门、多主体的协调和合作下界定。主体间的关系既包括由上至下的"条线关系"，又包括横向的"平行关系"。如果将利益相关者绘成网络关系图，其核心点应为教育部，横向可以与财政部、编制部门等相互协调，纵向可以自下而上地从基层单位了解公众对义务教育的期望，且可以自上而下地融汇中央层面对义务教育发展的规划。这也决定了教育部应该作为教育使命界定的权威发布主体。

6.1.2 确保组织成员和利益相关者熟知使命

让处于网络中心的教育部作为使命界定的权威发布主体的另一项优势在于，教育部可以利用其核心位置，纵向和横向地让组织成员和利益相关者了解、熟知、认可教育使命，承担宣传者的责任。使命绝不是让组织保持神秘、只有组织高层领导者掌握的机密。恰恰相反，使命是为了让组织成员和利益相关者了解组织，使组织可以顺利地运行和发展，因此要尽力宣传，广而告之。促进使命宣传工作，可以从如下几方面着手：①将使命凝结成一句朗朗上口、易于记忆、核心内涵具有稳定性、能够反映组织为何存在的口号；②为使命口号设计相应的标志和书面化的呈现样式，在教育部网站、教育部的报告中呈现，直观地传达给相关者；③教育部的领导者在发言时，应点明教育使命，围绕着教育使命回应相关的问题。

6.1.3　在使命的基础上动态调整行动目标和方案

使命是组织最顶层、最抽象、最稳定的长期行动指南。随着外部环境的变化和阶段性目标的完成，组织需要根据使命不断地调整行动目标和方案。因此，义务教育充足使命所对应的评价标准体系也是动态的，要随着国家和地区的发展需要和教育程度进行调整。

积极宣传教育使命，让组织成员和利益相关者了解、熟知、认可使命，一方面有利于组织成员能更好地理解组织的中长期发展目标，将自身短期的工作安排融入组织发展的全局中；另一方面有利于合作者对教育部门的行动方案有合理的预期，教育部门的行动安排更容易获得财政部、编制部门等相关部门的支持。当教育使命被广泛地认可时，教育部门围绕使命的行动方案会被更有效地落地执行，行动目标也会更容易实现，此时教育治理体系才能被理顺、治理能力才能进一步提高，走向现代化。

6.2　广开财源，确保教育投入可持续增长

第5章对义务教育财政投入规模分析结果表明，2013年后财政对义务教育的保障力度有所下滑。我国长期以来将教育经费增长与财政收支和国内生产总值挂钩，该措施在经济高速增长时期的确保障了教育经费的投入，但另一方面会产生攀比效应，不利于国民经济各部门的协调发展和公共资源效率的提高（王善迈，2016）。随着2012年"国家财政性教育经费占GDP的比例达4%"目标的达成，我国教育经费投入进入了"后4%时代"。加之"新常态"背景下，我国经济的发展动力不足，国内生产总值和财政收入高速增长难以持续，财政投入如何持续增长成为义务教育充足

的财政资源配置的首要问题。

6.2.1 以义务教育充足为标准，重新建立教育经费投入标杆

实际上，"4%"是20世纪80年代发展中国家教育经费投入的平均水平。而世界第一大经济体美国的公共教育经费占GDP的比重自20世纪80年代至今一直保持在6%~7%的水平。处于世界第二大经济体的中国，应当借鉴教育发达国家的标准确立新的标杆。"不低于4%"只是底线，在教育人口增加、教育质量提升、教育成本提升等因素影响下，很难说"4%"是充足水平。此外，如果继续将教育经费增长与GDP挂钩，不仅无法在新时代背景下继续保证教育投入的可持续增长，而且存在分解政府预算的风险，使财政的整体性受损。充足的教育经费投入应以义务教育充足的评价标准体系为准，细化各级教育的办学标准和生均经费投入标准，根据标准编制预算，实现各级政府间预算拨款有理有据。

6.2.2 拓宽教育经费的筹措渠道，提高民办机构和资本市场的参与度

20世纪末，我国的教育基础薄弱、财政能力不足，教育财政政策以鼓励社会资金流入教育领域、允许收取学杂费等非预算资金、开征教育附加等多种方式拓宽教育经费的筹措渠道。在当前义务教育充足需求有增不减、财政收入经减税降费大幅度缩减的情况下，可以借鉴20世纪末的教育财政措施，通过激发非财政资金投入保障义务教育的经费充足。其中，中产阶级和资本市场的投入能力不容小觑。

随着我国经济的发展，中产阶级群体不断壮大，成为社会的中坚力量。中产阶级家庭信奉教育具有高投资回报率，他们对优质教育的投入热情在经济低迷时期依旧高亢。但是，我国义务教育具有一致性、规范化的特征，难以满足中产阶级家庭对教育的差异化需求。对此，政府可以尝试突破教育经费收入壁垒，放开一部分的教育投入责任，允许个人或社会举办营利

性个性化、特色化的非公办教育机构，吸收部分追求特色化教学的中产阶级家庭学生。

资本市场也体现了对教育的投资热情，在 2014~2018 年发展迅速，2019 年虽然有后移趋势，但总体体量不可小觑。资本的投入有利于教育形成产业格局，不仅有利于教育机构的发展，促进教育服务提供的优质化，同时增加了政府部门的教育资金筹集能力。

6.2.3　协调各级政府间的关系，选择合理的财政策略

教育事权从法理上看，大致包括"教育服务提供（举办）"和"对教育服务提供的监管与调控"两个方面（魏建国，2019）。地方政府以教育服务提供者和举办者的角色承担财政支出责任，中央政府以监管者和调控者的角色承担支出责任。这一框架与《中华人民共和国教育法》《中华人民共和国义务教育法》《中华人民共和国高等教育法》《中华人民共和国职业教育法》的相关规定是契合的。作为监管者和调控者，中央政府既可以通过调动地方政府的积极性完成政策目标，又可以通过转移支付影响财政投入的规模和结构，还可以通过制定标准、下达压力性指令、建立高利害问责体系等方式发挥监管和调控作用。中央政府选择财政资源配置策略时，不仅应"对症下药"，而且需考虑到对地方政府可能产生的应对行为和结果，避免财政资源配置无法实现其最初的目标。

省级政府属于地方政府，但不是义务教育服务的直接提供者和举办者，其对义务教育的事权并没有清晰的界定。在财政制度上，我国是以省级行政区为单位确定省级行政区及以下的财税关系。面对县级政府在提供义务教育存在的财力不足、标准不一等问题，应进一步发挥省级统筹的作用，为县级政府规划、统筹、制定更有效的财政配置策略。

6.3　配置资源，完善财政保障逻辑与方式

确保教育财政投入可持续增长，仅是实现教育财政充足发展的前提，

更重要的是将财政资源配置到能够充分创造价值的环节，提升教育充足程度。如第 5 章所分析的，目前我国的义务教育财政资源配置在逻辑上并不是以充足为导向的，在方式上转移支付会导致财政资源的投入和需求不匹配，掣肘义务教育的充足发展。对此，配置逻辑和方式急需调整和完善。

6.3.1　调整义务教育财政资源配置的逻辑

从义务教育的发展规律和中央政策的要求来看，我国义务教育财政资源配置的使命已经从公平转向了充足，不仅要保证每个孩子"有学上"，而且要保证每个孩子"上好学"。但财政资源配置并没有及时地做出相应的调整，仍旧沿用传统的公平作为配置导向。以传统公平为导向的义务教育财政资源配置存在的明显特征是，强调资源投入的公平，即办学条件的标准化，使得义务教育趋于同质化。与之相对应的，基于充足逻辑的财政资源配置不仅要确保规划层办学资源投入量，更加关注资源投入与产出的关系。也就是说，以产出或结果为导向配置资源。将义务教育财政资源配置调整为充足逻辑至少应该做到如下两点：

（1）弄清学校教育生产的规律。教育生产的"黑箱"隐藏着教育资源投入和产出的关系，在这一"黑箱"被开启前，政策实践者和研究者只能犹如盲人摸象般在各自所触及的领域中想象财政资源配置的变动会怎样引起义务教育充足程度的变化。学校是教育的生产终端，其资源分配和使用与教育充足的实现直接相关。想要了解财政资源配置和教育充足的关系，必须要深入学校内部，观察每一项资金使用的直接产出，分析产出与教育充足之间的关系。例如，花费在语文教学上的资金，其直接产出应为学生语文知识的获取，与教育充足的成绩指标相关。基于这样的信息，政策实践者才能明晰应该配置多少财政资金到教师、教学、学生活动等不同领域。

（2）建立充足导向的预算问责制度。公共部门的管理者在做财政资源配置决策时，往往缺乏动力改变原有的配置逻辑。因此，需要上级和外界力量推动配置逻辑的调整，对于政府来说，问责体系是最佳的推动力量。当我们明确义务教育财政资源的充足使命和评价标准后，对于财政资源配置的问责便有迹可循。由于财政预算是记录财政资源配置的信息汇总，建立预算问责制度可以作为有效的工具。我国教育预算的编制较为粗糙，预算科目较少，难以有效地提供教育生产信息和问责依据。对此，充足导向的预算问责制度还应在预算科目、编制方式和过程、结果运用等方面改进。

6.3.2　完善义务教育财政资源配置的方式

为缓解基层政府的义务教育财政支出压力，上级政府会基于转移支付承担部分义务教育支出责任。但是，转移支付并不能完全了解地方义务教育充足发展的需要，反而会影响学校间的财政资源分配和学校内的支出结构，对义务教育充足产生负向影响。该负向影响的主要原因是，转移支付的财政资源供给与义务教育充足发展需求不匹配。

转移支付是自上而下的资金流动，若要发挥其应有的作用，则必然要从政府间的关系出发。义务教育是地方性公共产品，上级政府对地方性公共产品的需求信息搜集能力天然地低于地方政府。为保证上级政府的转移支付决策与义务教育充足需求一致，需要下级政府的信息传递。而下级政府会根据自身的需要传递信息并做出财政资源配置决策。因此，完善转移支付配置方式的重点在于，理顺上级政府和下级政府的激励关系，使下级政府的目标与上级政府的政策目标相融合，保证政府间的信息传递真实、通畅。其中，省级政府处于中央政府和县级及以下政府的中间位置，在利益协调、信息传递上发挥了关键作用。对于转移支付，省级政府的统筹作用不应仅仅充当资金的账户管理员，更应该在供需匹配上实时监测、分析和传达信息，并进行统筹调整。

转移支付发挥其应有的效用可以通过法律的方式进行规范。财政部2020 年立法工作安排提出，要对财政转移支付等领域开展立法研究。这对于理清政府间支出责任划分、规范转移支付流程、提高转移支付资金运用效果是一个契机。

6.4 分类管理，增强财政优化的可操作性

我国幅员辽阔，地域之间的经济发展差异较大，对义务教育的需求也不同。"一刀切"的方式指导财政资源配置显然无法满足不同地区义务教育充足发展的需要，也不具有可操作性。对此，政府应该根据不同地区的教育特征和财政特征，探索分类管理方式。

6.4.1 基于义务教育充足指数和财政支出划分样本县

第 5 章对教育财政资源的配置逻辑分析结果表明，综合充足指数和生均财政补助支出二者之间的关系具有很强的异质性。本书基于综合充足指数的平均值和生均财政补助支出的平均值，将样本县划分为四类。如图 6-1 和图 6-2 所示，Ⅰ类县的生均财政补助支出不到平均程度，但充足度却超过了平均程度，体现了财政支出的高效率性。Ⅱ类县虽然综合充足指数与Ⅰ类

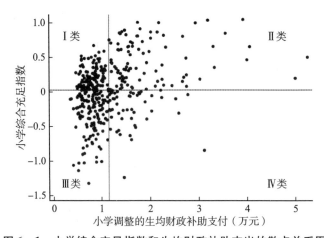

图 6-1 小学综合充足指数和生均财政补助支出的散点关系图

注：图中对 Y 轴和 X 轴的垂直线分别为小学综合充足指数和小学调整的生均财政补助支出的平均线。

资料来源：综合充足指数为前文计算所得；生均财政补助支出来源于教育经费统计数据，调整的生均财政补助支出按照布兰特和霍尔兹的地区价格指数调整方法所得。

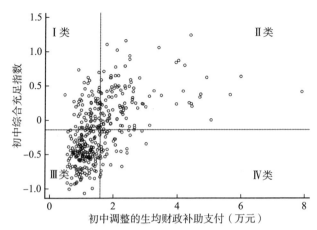

图 6 − 2　初中综合充足指数和生均财政补助支出的散点关系图

注：图中对 Y 轴和 X 轴的垂直线分别为初中综合充足指数和初中调整的生均财政补助支出的平均线。

资料来源：同图 6 − 1。

县相似，但是在财政支出上远高于 I 类县。Ⅲ类县虽然财政支出与 I 类县相似，但是充足度低于 I 类县。Ⅳ类县的生均财政补助支出超过平均程度，但是充足度也低于平均程度。当然，不同县的情况不同，对财政资源的需求程度也不同，因此要进一步地分析不同类别县的特征。

表 6 − 1 和表 6 − 2 分别列出了各类县小学和初中充足指数、财政支出和县特征的平均情况。可以看出，不同类别的县具有不同的特征，且小学和初中表现出较强的一致性。

表 6 − 1　　不同类别县的小学平均充足指数、财政支出和县特征

指标	I 类县	Ⅱ类县	Ⅲ类县	Ⅳ类县
县数量	118	92	136	50
综合充足指数	0.23	0.47	− 0.34	− 0.24
愿景指数	0.35	0.32	− 0.26	− 0.35
目标指数	0.39	0.42	− 0.43	− 0.60
成绩指数	− 0.14	0.63	− 0.26	− 0.15
均衡指数	0.62	0.33	− 0.49	− 0.77

指标	I 类县	II 类县	III 类县	IV 类县
规划指数	-0.19	0.68	-0.33	0.23
教师指数	-0.27	0.60	-0.31	0.45
经费指数	-0.30	0.90	-0.37	0.09
办学设施指数	0.16	0.30	-0.28	-0.06
学生数量（人）	64244.30	40816.07	50553.98	20380.35
教师数量（人）	11705.92	9624.09	8788.58	4713.68
人均GDP（万元）	5.21	10.70	3.76	5.14
人均财政收入（万元）	0.29	0.78	0.19	0.38
人口数量（万人）	72.90	73.15	72.81	41.33
生均财政支出（万元）	0.80	1.92	0.79	1.61

资料来源：充足指数为前文计算所得；学校数据、县级特征资料来源于中小学校基本情况、教育经费收入和支出情况的统计。

表6-2　　不同类别县的初中平均充足指数、财政支出和县特征

指标	I 类县	II 类县	III 类县	IV 类县
县数量	74	107	171	36
综合充足指数	0.15	0.34	-0.51	-0.37
愿景指数	0.29	0.18	-1.03	-1.01
目标指数	0.39	0.26	-0.23	-0.37
成绩指数	0.21	0.72	-0.49	-0.16
均衡指数	0.46	0.08	-0.13	-0.45
规划指数	-0.22	0.58	-0.28	0.26
教师指数	-0.18	0.65	-0.37	0.32
经费指数	-0.36	0.65	-0.25	0.25
办学设施指数	-0.04	0.26	-0.12	0.10
学生数量（人）	20271.36	16275.77	23854.93	15199.43
教师数量（人）	1698.24	1671.66	1952.09	1402.25
人均GDP（万元）	4.65	10.48	4.02	7.18

续表

指标	Ⅰ类县	Ⅱ类县	Ⅲ类县	Ⅳ类县
人均财政收入（万元）	0.25	0.77	0.21	0.45
人口数量（万人）	64.89	75.30	71.23	60.15
生均财政支出（万元）	1.24	2.58	1.06	2.00

资料来源：同表 6-1。

Ⅰ类县的小学和初中平均综合充足指数分别为 0.23 和 0.15，略高于整体样本县的平均值，但所花费的平均生均财政补助支出分别为 0.80 万元和 1.24 万元，仅为Ⅱ类县的一半；目标指数中，更注重均衡，平均的均衡指数在四类县中最高，同时成绩指数也不低；规划指数并不算高，低于整体的平均值，教师、公用经费和办学设施投入多数在平均线以下。Ⅱ类县的经济发展水平较高，人均 GDP 达到 10 万元以上，平均的综合充足指数和生均财政补助支出是Ⅰ类县的 2 倍以上，且各层次的平均充足指数均远高于总体的平均水平。Ⅲ类县与Ⅱ类县相反，经济发展水平最低，人均 GDP 为 4 万元左右，平均的生均财政补助支出与Ⅰ类县相仿，但各层次的平均充足指数均低于总体平均水平。Ⅳ类县的平均人口数量较低，人均 GDP、人均财政收入和生均财政补助支出等财力性指标均不低于Ⅰ类县，但是平均的综合充足指数低于平均值。其中，愿景指标和目标指标低于平均值，规划指标高于平均值，可见Ⅳ类县对教师、经费、办学设施的投入并不低，但是投入没有转化为充足的产出。

基于上述四类县的基本特征，本书将Ⅰ类县定义为"效率县"，Ⅱ类县定义为"超标准县"，Ⅲ类县定义为"投入加强县"，Ⅳ类县定义为"效率提高县"。县分类的特征和典型县如表 6-3 所示。

表 6-3　　　　　　　　　四类县特征一览表

类型	特征	典型县
Ⅰ类县：效率县	充足、低投入	东部次发达县，如山东省邹平市

类型	特征	典型县
Ⅱ类县：超标准县	高充足、高投入	东部发达县，如北京东城区
Ⅲ类县：投入加强型县	低充足、低投入	中部县，如河南省汝南县
Ⅳ类县：效率提高型县	低充足、高投入	西部县，如甘肃省西固区

资料来源：作者整理。

6.4.2　将效率县（Ⅰ类县）作为义务教育财政充足标准

Ⅰ类县的充足指数较高，并没有消耗过量的财政资源和教育资源，其"充足、低投入"的高效性可能与人口密集、义务教育学校规模较大、易于形成规模经济有关，且这些县的经济发展水平一般，家长更加看重教育对孩子未来发展的影响，也可能与这些县义务教育体制、机制等有关。不可否认的是，Ⅰ类县在义务教育实现相对充足的情况下所使用的财政资源是相对有效的。考虑到我国当前经济增长放缓，财政减税降费会带来政府财政的进一步紧张，将Ⅰ类县的平均财政投入认定为义务教育财政充足标准更符合我国现阶段的国情。

确定充足财政资源配置标准县的意义在于，以标准为参照能够为义务教育欠充足地区的财政资源配置提供优化的经验。为此，需深入理解Ⅰ类县义务教育财政资源的投入、产出和配置机制，找出其有效配置财政资源的规律或原因。

6.4.3　对超标准县（Ⅱ类县）下放办学自主权和决策权

Ⅱ类县多位于东部地区，经济发展水平较高，具备较强的财政实力。由于公众的差异化需求，地方政府对义务教育的创新实践具有积极性。但面对"一放就乱，一管就死"的治理现象，中央对教育领域的管控十分谨慎，地方政府也不敢"越雷池一步"。因此，对这类地区来说，提升义务教育充足并不是缺钱的问题，而是缺能够自由分配的钱。在条条框框的限制下，县级政府难以激发教育财政资源配置的活力，只能一如既往地将钱花在对教育生产增值无关痛痒的领域。对此，政府可以以试点的方式，选择部分具有改革条件和意愿的地区，在保障提供保底性义务教育服务的基础上，下放办学自主权和决策权，由地方自主决定由谁来办学、如何办学，从试点中总结经验，择优推广。

6.4.4　提高投入加强型县（Ⅲ类县）地方政府的资源获取能力

Ⅲ类县多位于中部地区，存在教育上的"焦虑"，期望通过学习改变命运，追求学生成绩。但由于财政能力不足和缺乏中央政策及转移支付的倾斜，在教育资源投入上尤为匮乏。面对资源匮乏和公众对学生成绩的期待，这类地区的教育财政资源配置会更加以成绩为导向，具有教学产出导向的效率性。按照Ⅲ类县原有的财政资源配置方式，如果提高地方政府和学校的教育资源获取能力，义务教育充足程度会大幅度提升。Ⅲ类县的中产阶级群体较弱、资本市场发达程度有限，加之地方政府本级财政收入不高，上级政府应充分考虑该类地区义务教育发展的现实需求，加大转移支付资金（尤其是中央转移支付资金）的投入，制定相关政策在教育资源分配上向该类地区倾斜。

针对需要多少财政资源能够实现义务教育充足的问题，本书以河南省R县为例，对照标准县，从规划充足的角度，大致地测算Ⅲ类县在教育资源投入上达到标准县的水平需要增加多少财政投入。首先要将R县小学和初中规划层教师、公用经费、办学设施的情况与Ⅰ类县的平均值进行对比，得出R县规划层各指标与标准县的差异。大部分指标用生均来测量，生均指标与学生数量相乘，则可得出汝南县需增加的教育资源总量。进一步地，资源总量通过单位成本的衡量可以转化为需增加的财政投入总量。

如表6-4第二列所示，R县小学除了生均体育运动场馆面积和危房面积两项资源投入指标未低于标准县，其他规划层的指标均低于标准县。以标准县为基准，R县的平均年教师工资需要提高14407.44元，小学9040名教职工工资实现充足每年需要增加1.3亿元。非小规模学校师生比需提高 1.16e – 04，按照非小规模学校学生数量计算，该县需增加 6.66 名教师，每名教师年充足的工资应在原本 46116.6 元的基础上增加 14407.44 元，也就是 60524.04 元。将教师数量增加到充足水平每年需增加 40.30 万元。R 县高于规定学历的教师数需增加 51.67 人，按照该县现有的工资结构，高于规定学历年收入可增加 2244 元，对于增加教师学历的年财政投入需增加 11.60 万元。同理，对于增加教师职级的年财政投入需增加 230.80 万元。R 县生均公用经费与标准县相差 1181.17 元，考虑学生数量需增加的公用经费财政投入为 6785 万元。教学及辅助用房面积需增加 12220.13 平方米，该县教学楼的平均单位造价为 2383.63 元，增加教学及辅助用房面积的经费需求为 2913 万元。

表 6 – 4　　　　　R 县小学教育实现充足需增加的财政资源计算表

规划层指标	指标增加量	资源数量增加量	单位成本（元）	总成本需求量（元）
教职工与当地公务员年收入差值（元）	14407.44 1.16e – 04	9040.00	14407.44	130243257.60
非小规模学校师生比	1.16e – 04	6.66	60524.04	402956.89
生均高于规定学历教师数	8.39e – 04	51.67	2244.00	115955.85
生均中级及以上专任教师数	0.01	630.51	3660.00	2307673.55
非小规模学校生均公用经费与公用经费基准定额的差值（元）	1181.17	57444.34	1181.17	67851531.08
非小规模学校生均教学及辅助用房面积（平方米）	0.21	12220.13	2383.63	29128237.92
生均体育运动场馆面积（平方米）	0	0	—	—
危房面积（平方米）	0	0	—	—

资料来源：教师工资和学校建筑单位造价数据来自 R 县财政局内部资料。

R 县初中规划层指标中仅危房面积指标未低于标准县。如表 6 – 5 所示，初中教师工资与标准县相差 13909.6 元，2176 名教职工共需增加 3027 万元。师生比与标准县相比需额外增加 336.51 名教师，该县充足水平的教职工年工资收入应为 65689.27 元，额外增加教职工所需的财政投入为 2210 万元。高于规定学历教师数需增加 435.56 人，中级及以上专任教师数需增加 209.92 人，按照该县的工资结构，对于教师学历的财政投入需增加 98 万元，对于教师职级的财政投入需增加 77 万元。生均公用经费实现充足标准需要增加 965.06 元，考虑到学生数量每年共需增加 2612 万元的公用经费投入。教学及辅助用房面积和体育运动场馆面积达到充足标准分别需要增加 62186.61 平方米和 44703.74 平方米，根据该县的工程单位造价，分别需要增加 1.48 亿元和 585 万元的建设经费投入。

表 6-5　　　　　　　　R 县初中教育实现充足需增加的财政资源

规划层指标	指标增加量	资源数量增加量	单位成本（元）	总成本需求量（元）
教职工与当地公务员年收入差值（元）	13909.60	2176.00	13909.60	30267289.60
非小规模学校师生比	1.24e-02	336.51	65689.27	22104971.44
生均高于规定学历教师数	1.61e-02	435.56	2244.00	977402.92
生均中级及以上专任教师数	7.76e-03	209.92	3660.00	768306.10
非小规模学校生均公用经费与公用经费基准定额的差值（元）	965.06	27062.67	965.06	26117108.43
非小规模学校生均教学及辅助用房面积（平方米）	2.30	62186.61	2383.63	148229713.70
生均体育运动场馆面积（平方米）	1.65	44703.74	130.87	5850378.45
危房面积（平方米）	0	0	—	—

资料来源：教师工资和学校建筑单位造价数据来自 R 县财政局内部资料。

综上，R 县义务教育实现充足，应在小学教师资源投入上每年增加 1.3 亿元，公用经费的资源投入上每年增加 6.8 千万元，教学及辅助用房建设上增加 2.9 千万元；应在初中教师资源投入上每年增加 5.2 千万元，公用经费的资源投入上每年增加 2.6 千万元，教学及辅助用房和体育场馆建设上增加 1.5 亿元。小学更加需要教师资源的投入，初中更加需要办学设施建设的投入。

6.4.5 规范效率提高型县（Ⅳ类县）的财政支出结构

Ⅳ类县多位于西部地区，由于受到地理、经济和文化等多方面因素的影响，提升西部地区教育水平是我国教育发展的"一块难啃的硬骨头"。中央政府在政策上积极引导教育资源配置向西部倾斜，也安排大量的转移支付资金流向西部地区。这些举措使得西部地区具有比较充足的义务教育资源投入，但是资源投入却难以转化为教育成果。这一方面与Ⅳ类县的基本特征有关，如该类县多数属于西部省份，义务教育基础低、办学成本高；另一方面可能是因为财政支出结构与教育发展需求不匹配，导致资源使用效率不高。

为分析Ⅳ类县的"钱是否花在了刀刃上"，比较了Ⅳ类县和标准县（Ⅰ类县）小学和初中的支出结构，结果表明（见表 6-6），Ⅳ类区县和标准区县义务教育的支出结构存在差异：Ⅳ类区县小学的人员支出占比比标准区县低 2 个百分点，初中的人员支出占比与标准区县基本一致；小学和初中的项目支出占比比标准区县高 7~8 个百分点，建设支出占比比标准区县高 3~4 个百分点[①]；商品和服务支出占比比标准区县低 3~4 个百分点。

表 6-6　　　　Ⅳ类区县与标准区县义务教育支出结构对比情况

层次	县类型	人员支出占比	项目支出占比	建设支出占比	商品和服务支出占比
小学	Ⅳ类县	0.66	0.24	0.06	0.12
	标准县	0.68	0.16	0.03	0.16

---

① Ⅳ类区县的项目支出占比和建设支出占比在四类区县中占比最高。

续表

层次	县类型	人员支出占比	项目支出占比	建设支出占比	商品和服务支出占比
初中	Ⅳ类县	0.76	0.22	0.14	0.11
	标准县	0.77	0.16	0.09	0.14

注：人员支出包括工资福利支出和对个人及家庭的补助支出；项目支出是指以项目形式的支出；建设支出包括基本建设支出、大型修缮支出和房屋购置支出。

资料来源：教育经费收入和支出情况统计资料。

　　结合表 6 - 1 和表 6 - 2 中对Ⅳ类县小学和初中充足情况和财政支出情况的呈现可以看出，Ⅳ类县对于教师、公用经费和办学设施的投入并不低，其主要问题是学生成绩等教育产出不足。在这种情况下，将大量的经费用于项目支出和建设支出，导致与教学过程直接相关的商品和服务支出占比较低，显然无益于Ⅳ类区县义务教育充足的提升。

　　由于西部地区的财政资源大量来自上级转移支付，教育转移支付带有学校建设的项目性质，导致用于校舍和设施建设的经费占比较高。对此，教育转移支付应放宽对资金具体使用用途的限制，让地方政府能够在教育领域自主使用经费，将经费分配到最需要的领域。另外，为了防止转移支付资金的滥用和挪用，教育主管部门需为财政资源配置结构提供一种标准结构，重点审查偏离标准结构的学校或区县的具体情况，对不合理情况进行问责。

6.5　本章小结

　　优化义务教育充足的财政资源配置是一个系统的过程：

　　首先，需要明确义务教育的充足使命，为财政资源配置指明方向。

　　其次，经济增长放缓背景下，需在体制机制上激活地方政府和社会资本投入义务教育的动力，确保教育投入总量可持续增长，为义务教育充足发展提供足够的财政资源。

再次，在财政资源配置效率上，调整教育财政资源配置逻辑，使之同当前实现义务教育充足目标相匹配；完善教育财政资源配置方式，发挥教育财政资金转移支付的实效性。

最后，我国幅员辽阔，各地经济和教育发展水平差异较大，"一刀切"的方式指导财政资源配置不具有可操作性，应进行分类管理：

将低财政支出、高充足度的Ⅰ类县作为义务教育财政充足的标准县。

对高财政支出、高充足度的Ⅱ类县下放办学自主权和决策权，以满足公众对教育的额外需求。

提高低财政支出、低充足度的Ⅲ类县地方政府的资源获取能力。以河南省R县为例测算的充足财政投入缺口为：小学和初中的财政投入在教师和公用经费等经常性支出上每年分别需增加1.98亿元和7.8千万元，在办学设施等固定资产支出上需分别增加2.9千万元和1.5亿元。

规范高财政支出、低充足度Ⅳ类县的财政支出结构，避免转移支付带动财政资源流向与教学无关的建设项目上。

第 7 章

总结与展望

行文至此，研究的主体部分已经完成。本章内容将总结前文的主要研究结论和建议，并展望本研究在未来的拓展之处。

7.1 基 本 结 论

前文的六章内容在我国对义务教育充足发展需要和财政资源配置缺乏效率的背景下，基于"使命—政治—运作"的财政资源配置理论框架，尝试性地回答了适用于我国的义务教育充足标准是什么？政府财政资源配置行为如何影响义务教育充足？义务教育欠充足区域的财政资源配置如何优化？期望在理论和实践上为义务教育财政资源配置提供参考性指导。研究得出的结论主要包括：

（1）义务教育充足的财政资源配置理念应遵循"使命—政治—运作"这一由上到下、由抽象到具体的三维影响逻辑，这是由义务教育产品属性和政府职能决定的。使命是教育财政资源配置的上位标准和价值诉求，义务教育的公共产品性质决定了政府配置财政资源提供义务教育的主体责任。外部环境的多变化要求公共部门的行动应以创造公共价值为使命。从我国现阶段的发展需求来看，义务教育充足是政府配置财政资源创造公共价值的应有之义。中位层次的政治层中，各级政府的财政资源配置行为存在差异。中央政府会通过项目制，即规定财政资金的具体用途，下达中央资金的使用目标，而地方政府亦会能动地将中央专项资金融入地方自身的发展规划中。二者的行为差异会导致教育财政资源配置难以实现义务教育的充足使命。下位层次的运作层中，财政资源配置的运作需通过生产再造优化配置方式高效地完成使命，基于明确组织使命、优化生产过程和变革管理系统，将资金优先分配到创造价值最需要的领域。

（2）我国缺乏明确的义务教育充足标准体系，需要确立由愿景、目标、规划三个层次若干具体指标构成的充足标准体系；否则，会导致财政资源配置责任不明确等问题。在政策体系中，中央政府往往代表一国政府从培养什么人（愿景）、如何培养人（目标）、资源如何配置（规划）对实现义务教育充足使命做出承诺。基于政府承诺确认的"愿景—目标—规划"标准体系，能够从成果、产出、投入全面评价义务教育充足，满足义务教育充足的标准体系应具有系统性、动态性和可操作性的特征。

（3）义务教育充足存在"中部塌陷"问题，即中部省份的义务教育充足程度较低。此外，东、中、西部地区在义务教育充足的各层次上存在明显差异。以全国抽样的434个区县为样本县，基于"愿景—目标—规划"标准体系计算的2017年义务教育充足指数结果表明，天津、北京、内蒙古、新疆等地各层次的义务教育充足程度均较高；江西、河南、海南等地各层次的义务教育充足程度较低；西藏、青海、山西等地规划层充足指数高，但目标层和愿景层充足指数较低；福建、重庆、安徽等地虽然规划层充足指数低，但目标层和愿景层充足指数并不低。三层次充足指数之间的关系呈现了东、中、西部地区不同的义务教育发展逻辑。尤其是在愿景层教育公平和效率的抉择方面，东部地区对义务教育的需求存在异质性，不以成绩作为教育质量的导向，但存在以教育均衡损失教育效率（成绩）的情况；中部地区的成绩"指挥棒"作用最为明显，不论均衡与否，都要保证学生的成绩产出；西部地区的教育发展更加注重均衡，以贯彻转移支付中上级政府对教育公平的政策引导。

（4）我国义务教育财政资源配置存在"非充足"的逻辑，即财政资源配置与充足导向不对症。434个区县义务教育各层次的充足指数与财政支出的最小二乘估计结果表明，愿景层、目标层和规划层均存在越需要财政投入的区县获得的财政经费越低，尤其是东部和中部地区学生成绩越好的区县生均财政补助经费越高，西部地区办学设施越不充足的区县生均财政建设支出越低。也就是说，财政资源配置供给与充足发展导向不匹配。

（5）政府财政资源配置行为中，省级统筹在提高教育质量和公用经费充足上需进一步发挥作用；现有的转移支付配置方式存在供求不匹配问题，导致义务教育充足使命的实现缺乏效率。义务教育充足程度有 2/3 的差异来自省级差异，且省级差异主要体现在对公用经费和学生成绩的影响。转移支付所导致的配置缺乏效率，一方面产生于转移支付会影响财政资源在学校间的分配，带动更多的财政资源流向小规模学校；另一方面，转移支付会影响学校的支出结构，导致其将更多的经费用于与学校建设相关的项目支出。

（6）基于义务教育充足的财政资源配置应该分类管理。我国幅员辽阔，各地经济和教育发展水平差异较大，"一刀切"的方式指导财政资源配置不具有可操作性。

7.2　主 要 建 议

基于研究得出的结论，为优化义务教育充足的财政资源配置，本书提出了四点政策建议：

（1）明确使命，为财政资源配置指明方向。明确使命需要界定履行使命的权威主体，确保组织成员和利益相关者熟知使命，并在使命的基础上，动态调整行动目标和方案。

（2）广开财源，确保教育投入可持续增长。经济增长放缓和"后4%时代"，应以义务教育充足为标准，重新建立教育经费投入标杆，并在体制机制上激活社会资本、地方政府和基层单位投入义务教育的动力。

（3）配置资源，完善财政保障逻辑与方式。配置逻辑应与当前实现义务教育充足使命相匹配，弄清学校教育生产的规律，建立充足导向的预算问责制度。转移支付应发挥资金的实效性，从政府间的关系出发，使上下级政府间实现"激励相容"。

（4）分类管理，增强财政优化的可操作性。基于综合充足指数的平均值和生均财政补助支出的平均值将样本县划分为四类：低财政支出、高充足度的Ⅰ类县应作为义务教育财政充足的标准县。对高财政支出、高充足度的Ⅱ类县应下放办学自主权和决策权，以满足公众对教育的额外需求。对低财政支出、低充足度的Ⅲ类县应提高地方政府的资源获取能力。对高财政支出、低充足度的Ⅳ类县应规范财政支出结构，避免转移支付带动财政资源流向与教学无关的建设项目上。

7.3 研究展望

由于研究问题的复杂性和数据来源的限制，本研究有待进一步拓展和完善。首先，在本研究的基础上，可以直接延伸的是，将转移支付拆解成财力均衡性转移支付和专项转移支付，分析不同方式的转移支付对义务教育充足程度的影响差异；其次，转移支付仅是政府行为的一个方面，其他政府行为，如省级统筹力度、县级财政能力等，对义务教育充足的影响也有待进一步研究；最后，如果数据可获得，可以进行更具突破性地研究，将教育充足和教育财政深化到学校教育充足和学校财政，以学校作为分析单元，从学校的内部运作过程中探究财政资源配置如何生产充足的教育。

参 考 文 献

[1] 布坎南，马斯格雷夫．公共财政与公共选择两种截然对立的国家观 [M]．类承曜，译．北京：中国财政经济出版社，2000．

[2] 理查德·A. 金，奥斯汀·D. 斯旺森，斯科特·R. 斯威特兰．教育财政：效率、公平与绩效 [M]．北京：中国人民大学出版社，2010．

[3] 马克·H. 穆尔．创造公共价值 政府战略管理 [M]．北京：商务印书馆，2016．

[4] 米尔顿·弗里德曼．资本主义与自由 [M]．张瑞玉，译．北京：商务印书馆，2006．

[5] 安虎森，殷广卫．中部塌陷：现象及其内在机制推测 [J]．中南财经政法大学学报，2009 (1)：3 - 8，142．

[6] 卜紫洲，侯一麟，王有强．中国县级教育财政充足度考察——基于 Evidence - based 方法的实证研究 [J]．清华大学教育研究，2011，32 (5)：35 - 41，67．

[7] 陈思霞，卢盛峰．分权增加了民生性财政支出吗？——来自中国"省直管县"的自然实验 [J]．经济学（季刊），2014，13 (4)：1261 - 1282．

[8] 成刚，萧今．省以下财政分权、转移支付与基础教育供给——基于 1994 - 2001 年江西省县级数据的分析 [J]．教育与经济，2011 (1)：30 - 36．

[9] 崔津渡．美国教育预算管理及其对我国的启示 [J]．现代财经（天津财经学院学报），2003 (7)：3 - 6．

[10] 邓丽琳．农村义务教育的充足性研究 [J]．中国财政，2006

（4）：64.

[11] 翟博. 教育均衡发展：理论、指标及测算方法 [J]. 教育研究，2006（3）：16 – 28.

[12] 邸存静. 日本义务教育财政制度研究 [D]. 保定：河北大学，2009.

[13] 杜育红，王善迈. 西部教育发展要有新战略、新思路 [J]. 教育研究，2000（5）：8 – 10.

[14] 段国旭. 基于集成化管理的财政资源配置制度研究 [D]. 天津：河北工业大学，2006.

[15] 段国旭. 谈财政资源配置的非均衡协调创意——基于西方财政公共性发展脉络 [J]. 财政研究，2010（7）：37 – 38.

[16] 范子英，张军. 转移支付、公共品供给与政府规模的膨胀 [J]. 世界经济文汇，2013（2）：1 – 19.

[17] 冯国有. 教育公平的政策导向与财政策略——美国联邦政府的政策实践与启示 [J]. 中央财经大学学报，2015（4）：20 – 25.

[18] 付卫东，周威. 转移支付能否缩小贫困地区义务教育结果的不平等？——基于6省18县的实证分析 [J]. 教育与经济，2021，37（6）：53 – 61.

[19] 付尧，袁连生，曾满超. 我国义务教育人员性投入价格指数的构造与应用——以城镇地区为例 [J]. 北京大学教育评论，2014，12（2）：111 – 127，191 – 192.

[20] 付尧. 我国城镇地区间义务教育资源投入差异研究——以调整价格的人员经费支出为例 [J]. 北京师范大学学报（社会科学版），2011（3）：125 – 133.

[21] 傅红春，王翔. 纽约教育预算管理及其启示 [J]. 上海师范大学学报（哲学社会科学版），2006（6）：64 – 71.

[22] 傅勇，张晏. 中国式分权与财政支出结构偏向：为增长而竞争的代价 [J]. 管理世界，2007（3）：4 – 12，22.

[23] 高如峰. 中国农村义务教育财政体制的实证分析 [J]. 教育研

究，2004（5）：3-10.

[24] 高跃光，范子英. 财政转移支付、教育投入与长期受教育水平 [J]. 财贸经济，2021，42（9）：20-34.

[25] 高志立. 政府预算公共化研究 理论、实践与路径选择 [M]. 北京：中国财政经济出版社，2012.

[26] 耿乐乐. 义务教育生均经费支出更公平了吗？——基于1995-2016年生均经费基尼系数的测算 [J]. 教育学术月刊，2020（2）：50-55，70.

[27] 耿乐乐. 中国基础教育生均经费支出的公平性研究——基于Gini系数和Theil指数的测算 [J]. 华东师范大学学报（教育科学版），2022，40（1）：60-73.

[28] 韩良良. 河南教育财政支出资源配置问题研究 [J]. 现代经济信息，2016（3）：474-475.

[29] 黄斌，钟宇平. 教育财政充足的探讨及其在中国的适用性 [J]. 北京大学教育评论，2008（1）：139-153，192.

[30] 黄思莹. 高等教育经费预算执行绩效评价的内容体系构建 [J]. 现代商贸工业，2017（3）：122-124.

[31] 雷丽珍. 从公平到充足：美国州政府义务教育拨款原则及其实施办法的改革 [J]. 比较教育研究，2010，32（7）：83-87.

[32] 李德显，师婕. 三级教育公共支出分配结构的合理性分析 [J]. 辽宁师范大学学报，2014（1）：72-76.

[33] 李鹏，朱德全，宋乃庆. 义务教育发展"中部塌陷"：表征、原因与对策——基于2010—2014年区域义务教育发展数据的比较分析 [J]. 教育科学，2017，33（1）：1-9.

[34] 李平，程晋宽. 英国联合政府自由、公平、责任的基础教育政策 [J]. 外国中小学教育，2010（12）：10-14.

[35] 李萍. 中国政府间财政关系图解 [M]. 北京：中国财政经济出版社，2006.

[36] 李文利，曾满超. 美国基础教育"新"财政 [J]. 教育研究，

2002 (5): 85.

　　[37] 李燕. 政府预算理论与实务 [M]. 第 2 版. 北京: 中国财政经济出版社, 2010.

　　[38] 李永友, 张子楠. 转移支付提高了政府社会性公共品供给激励吗? [J]. 经济研究, 2017, 52 (1): 119 – 133.

　　[39] 栗玉香, 冯国有, 张荣馨. 北京市义务教育均衡绩效与预算精细化 [M]. 北京: 经济科学出版社, 2017.

　　[40] 栗玉香, 冯国有. 结果公平: 美国联邦政府教育财政政策取向与策略 [J]. 华中师范大学学报 (人文社会科学版), 2015, 54 (1): 161 – 167.

　　[41] 栗玉香, 张荣馨. 美国联邦政府支持教育的动因、教育预算与拨款行动 [J]. 教育经济评论, 2018, 3 (1): 64 – 80.

　　[42] 栗玉香. 教育财政学 [M]. 北京: 经济科学出版社, 2009.

　　[43] 梁文艳. 基础教育财政充足: 美国经验能否用于中国 [J]. 外国中小学教育, 2008 (10): 1 – 5, 11.

　　[44] 刘畅. 我国公共教育财政支出存在的主要问题及对策 [J]. 现代教育管理, 2016 (9): 47 – 52.

　　[45] 刘华. 优化财政性三级教育支出结构 [J]. 中国流通经济, 2004 (12): 17 – 20.

　　[46] 刘璐. 均等化视角下中国义务教育发展的财政对策 [D]. 沈阳: 辽宁大学, 2016.

　　[47] 柳海民, 李子腾, 金熳然. 县域义务教育经费投入均衡状态及改进对策 [J]. 东北师大学报 (哲学社会科学版), 2017 (6): 149 – 154.

　　[48] 罗朝猛. 日本: 新增教育预算以力推教育改革 [N]. 中国教育报, 2013 – 03 – 22.

　　[49] 马骏, 侯一麟. 中国省级预算中的非正式制度: 一个交易费用理论框架 [J]. 经济研究, 2004 (10): 14 – 23.

　　[50] 马骏. 新绩效预算 [J]. 中央财经大学学报, 2004 (8): 1 – 6.

　　[51] 马骏. 中国公共预算改革　理性化与民主化 [M]. 北京: 中央编译出版社, 2005.

［52］马宇 . 美国 2015 年教育预算对实现教育公平的支持 ［J］. 黑龙江高教研究，2016（1）：67 – 71.

［53］马喆 . 公共教育财政调控与预算行为规范分析 ［J］. 教育学术月刊，2012（5）：54 – 56.

［54］毛捷，吕冰洋，马光荣 . 转移支付与政府扩张：基于"价格效应"的研究 ［J］. 管理世界，2015（7）：29 – 41，187.

［55］乔宝云，范剑勇，冯兴元 . 中国的财政分权与小学义务教育 ［J］. 中国社会科学，2005（6）：37 – 46，206.

［56］阮来民 . 美国基础教育"校本预算" ［J］. 外国中小学教育，2006（11）：12 – 17.

［57］施祖毅 . 英国中小学财政性教育经费投入研究 ［D］. 重庆：西南大学，2014.

［58］宋彬 . 政府教育绩效预算：理论模型、经验借鉴与实证分析 ［D］. 上海：同济大学，2007.

［59］田志磊，黄春寒，赵俊婷 . 支出功能分类：一种教育财政研究新工具 ［J］. 华东师范大学学报（教育科学版），2019，37（2）：81 – 93.

［60］田志磊，杨龙见，袁连生 . 职责同构、公共教育属性与政府支出偏向——再议中国式分权和地方教育支出 ［J］. 北京大学教育评论，2015，13（4）：123 – 142，187.

［61］汪栋，张琼文，黄斌 . 我国教育财政投入充足指数设计与标准化测算 ［J］. 华东师范大学学报（教育科学版），2017，35（3）：116 – 125，172.

［62］王蓉，岳昌君，李文利 . 努力构筑我国公共教育财政体制（上） ［J］. 北京大学教育评论，2003（2）：73 – 80.

［63］王蓉，岳昌君，李文利 . 努力构筑我国公共教育财政体制（下） ［J］. 北京大学教育评论，2003（3）：77 – 82.

［64］王蓉 . 我国义务教育投入之公平性研究 ［J］. 经济学（季刊）. 2003（1）：183 – 199.

［65］王蓉 . 中国县级政府教育财政预算行为：一个案例研究 ［J］. 北

京大学教育评论，2004（2）：50－57.

［66］王善迈，董俊燕，赵佳音. 义务教育县域内校际均衡发展评价指标体系［J］. 教育研究，2013，34（2）：65－69.

［67］王善迈.“新常态”下教育经费增长的长效机制［N］. 中国教育报，2015－06－17.

［68］王善迈. 教育经济实证研究与规范研究的案例［J］. 清华大学教育研究，2016，37（1）：1－5.

［69］王善迈. 社会主义市场经济条件下的教育资源配置方式［J］. 教育与经济，1997（3）：1－6.

［70］王善迈. 我国教育经费面临的问题和对策［J］. 教育与经济，1989（1）：43－47.

［71］王善迈. 我国教育投资体制的改革［J］. 教育发展研究，1999（6）：66－69，83.

［72］王善迈. 公共财政框架下公共教育财政制度研究［M］. 北京：经济科学出版社，2012.

［73］王水娟，柏檀. 美国基础教育经费充足度及影响因素剖析［J］. 外国教育研究，2012，39（12）：66－71.

［74］王伟清. 论基于需求的教育资源配置系统观［J］. 教育与经济. 2010（1）：47.

［75］王阳. B县教育财政支出预算管理体系改进研究［D］. 西安：西安理工大学，2018.

［76］王以斌. 预算绩效管理在基础教育学校的应用探讨［J］. 财会学习，2016（18）：20－21.

［77］魏建国. 教育事权与财政支出责任划分的法治化——基于一个理解框架的分析［J］. 北京大学教育评论，2019（1）：74－90.

［78］邢天添. 中国农村义务教育财政支出绩效评估与优化［D］. 天津：南开大学，2009.

［79］薛二勇. 美国教育充足理念的形成、依据及政策影响［J］. 教育发展研究，2011，31（19）：80－84.

[80] 薛海平，王蓉. 教育生产函数与义务教育公平［J］. 教育研究，2010，31（1）：9 - 17.

[81] 杨海华，刘玉拴，赵础昊. 教育财政分权对公共教育支出层级结构的影响及对策［J］. 地方财政研究，2022（5）：67 - 75，94.

[82] 杨会良，梁巍. 日本农村义务教育财政制度变迁与启示［J］. 日本问题研究，2006（2）：18 - 22.

[83] 杨娟，丁建福，王善迈. 美、日两国政府教育财政职责对我国的借鉴［J］. 比较教育研究，2010，32（1）：72 - 76.

[84] 杨良松. 中国的财政分权与地方教育供给——省内分权与财政自主性的视角［J］. 公共行政评论，2013，6（2）：104 - 134，180 - 181.

[85] 姚荣. 国外高等教育财政支出预算管理改革对广东省的启示［J］. 会计之友（上旬刊），2009（6）：72 - 73.

[86] 叶杰，周佳民. 中国生均教育经费支出的省际差异：内在结构、发展趋势与财政性原因［J］. 教育发展研究，2017，37（23）：30 - 41.

[87] 尹恒，朱虹. 县级财政生产性支出偏向研究［J］. 中国社会科学，2011（1）：88 - 101，222.

[88] 尹力. 致力于更加公平的教育：义务教育政策三十年——基于改革开放 30 年义务教育政策与法制建设的思考［J］. 清华大学教育研究，2008，29（6）：43 - 49，73.

[89] 于长革. 中国式财政分权与公共服务供给的机理分析［J］. 财经问题研究，2008（11）：84 - 89.

[90] 于志涛. 英国特殊教育需求支持服务体系改革与启示［J］. 外国教育研究，2011，38（7）：55 - 59.

[91] 袁连生，田志磊，崔世泉. 地区教育发展与教育成本分担［J］. 清华大学教育研究，2011，32（1）：74 - 82.

[92] 袁连生. 论教育的产品属性、学校的市场化运作及教育市场化［J］. 教育与经济，2003（1）：11 - 15.

[93] 袁连生. 教育财政改革大系　教育体制与教育财政卷［M］. 朱永新，编. 武汉：湖北教育出版社，2015.

[94] 曾满超，丁小浩. 效率、公平与充足：中国义务教育财政改革 [M]. 北京：北京大学出版社. 2010.

[95] 曾满超，丁延庆. 中国义务教育资源利用及配置不均衡研究 [J]. 教育与经济，2005（2）：34 - 40.

[96] 张春铭. 农村闲置教育资源别浪费了 [N]. 中国教育报，2017 - 03 - 04，03.

[97] 张荣馨. 北京市义务教育财政充足现状、缺口及对策 [J]. 北京社会科学，2018（6）：14 - 23.

[98] 张维迎. 市场首先不是资源配置机制而是认知机制 [N]. 社会科学报，2017 - 04 - 06.

[99] 张学敏. 教育财政体制改革必须处理好政府与市场的关系 [J]. 教育与经济，2014（1）：6 - 8.

[100] 赵丹，曾新. 以"资源共享"推进县域义务教育优质均衡发展：动因、问题与对策 [J]. 教育与经济，2022，38（1）：41 - 48.

[101] 赵海利. 强县扩权改革对地区义务教育投入差距的影响——基于河南省的改革实践 [J]. 教育发展研究，2016，36（4）：1 - 10.

[102] 赵建新. 资源及其合理配置初步研究 [J]. 经济地理，1991（3）：12 - 15.

[103] 赵景华，李代民. 政府战略管理三角模型评析与创新 [J]. 中国行政管理，2009（6）：47 - 49.

[104] 赵雨涵，张勋，何佳佳. 中国义务教育经费支出的均衡性分析 [J]. 经济统计学（季刊），2017（2）：205 - 219.

[105] 折晓叶，陈婴婴. 项目制的分级运作机制和治理逻辑——对"项目进村"案例的社会学分析 [J]. 中国社会科学，2011（4）：126 - 148，223.

[106] 郑磊. 财政分权、政府竞争与公共支出结构——政府教育支出比重的影响因素分析 [J]. 经济科学，2008（1）：28 - 40.

[107] 周德群. 资源概念拓展和面向可持续发展的经济学 [J]. 当代经济科学，1999（1）：29 - 32.

［108］周飞舟. 财政资金的专项化及其问题 兼论"项目治国"［J］. 社会, 2012, 32（1）: 1 - 37.

［109］周黎安. 中国地方官员的晋升锦标赛模式研究［J］. 经济研究, 2007（7）: 36 - 50.

［110］周雪光, 练宏. 中国政府的治理模式: 一个"控制权"理论［J］. 社会学研究, 2012, 27（5）: 69 - 93, 243.

［111］周雪光. "逆向软预算约束": 一个政府行为的组织分析［J］. 中国社会科学, 2005（2）: 132 - 143, 207.

［112］周雪光. 项目制: 一个"控制权"理论视角［J］. 开放时代, 2015（2）: 82 - 102, 5.

［113］朱家存, 阮成武, 刘宝根. 区域义务教育均衡发展监测指标体系研究——基于安徽省义务教育政策实践［J］. 教育研究, 2010, 31（11）: 12 - 17, 59.

［114］Atkinson A B, Stiglitz J E. Lectures on public finance［M］. Maidenhead: McGraw - Hill, 1980.

［115］Augenblick & Myers, Inc. Calculation of the cost of an adequate education in Nebraska in 2002 - 2003 using the professional judgement approach［R］. Unpublished Report, 2003.

［116］Augenblick J, Myers J. A procedure for calculating a base cost figure and an adjustment for at-risk pupils that could be used in the Illinois School Finance System［R］. Report Prepared for the Education Funding Advisory Board, Denver, CO., 2001.

［117］Baker B D. Exploring the consequences of charter school expansion in US cities［R］. Washington, DC: Economic Policy Institute, 2015.

［118］Baker B D. Evaluating the reliability, validity, and usefulness of education cost studies［J］. Journal of Education Finance, 2006, 32（2）: 170 - 201.

［119］Baker B D, Thomas S L. Evaluation of Hawaii's weighted student funding［R］. Honolulu: Hawaii State Board of Education, 2006.

[120] Barro R J, Sala – I – Martin X. Technology diffusion, convergence and growth [J]. Journal of Economic Growth, 1997, 2 (1): 1 – 26.

[121] Bartle J R, Ma J. Applying transaction cost theory to public budgeting and finance [J]. Evolving Theories of Public Budgeting, 2001, 6: 157 – 181.

[122] Bartle J R, Ma J. Managing financial transactions efficiently: A transaction cost model of public financial management [J]. Financial Management Theory in the Public Sector. Westport CT: Praeger Publishers, 2004.

[123] BenDavid – Hadar I. Education Finance, Equality, and Equity: Vol. 5 [M]. Springer, 2018.

[124] Berne R, Stiefel L. The measurement of equity in school finance: Conceptual, methodological, and empirical dimensions [M]. Baltimore MD: Johns Hopkins University Press, 1984.

[125] Betts J R. Does school quality matter? Evidence from the national longitudinal survey of youth [J]. The Review of Economics and Statistics, 1995: 231 – 250.

[126] Boyd W L, Hartman W T. The politics of educational productivity [J]. Contributions to the Study of Education, 1988, 71: 23 – 56.

[127] Brackett J, Chambers J, Parrish T. The legacy of rational budgeting models in education and a proposal for the future [R]. Stanford CA: Institute for Research on Educational Finance and Governance. Project Report No. 83 – A21, 1983.

[128] Brandt L, Holz C A. Spatial price differences in China: Estimates and implications [J]. Economic development and cultural change, 2006, 55 (1): 43 – 86.

[129] Brennan G, Buchanan J M. The Power to Tax [M]. Cambridge: Cambridge University Press, 1980.

[130] Brewer D J, Picus L O. Encyclopedia of education economics and finance [M]. Thousand Oaks, CA: Sage Publications, 2014.

[131] Brimley V, Garfield R R, Verstegen D A. Financing education in a climate of change (12th Edition) [M]. Hoboken: Pearson Education, 2016.

[132] Cairney P. Understanding public policy?: Theories and issues [M]. New York?: Palgrave Macmillan, 2012.

[133] Candelaria C A, Shores K A. Court - ordered finance reforms in the adequacy era: Heterogeneous causal effects and sensitivity [J]. Education Finance and Policy, 2019, 14 (1): 31 - 60.

[134] Card D, Krueger A B. Does school quality matter? Returns to education and the characteristics of public schools in the United States [J]. Journal of Political Economy, 1992, 100 (1): 1 - 40.

[135] Card D, Payne A A. School finance reform, the distribution of school spending, and the distribution of student test scores [J]. Journal of Public Economics, 2002, 83 (1): 49 - 82.

[136] Careaga M, Weingast B R. The fiscal pact with the devil: A positive approach to fiscal federalism, revenue sharing, and good governance [J]. Unpublished Paper, 2000.

[137] Cascio E, Gordon N, Reber S. Federal aid and equality of educational opportunity: Evidence from the introduction of Title I in the south [J]. NBER Working Papers, 2011.

[138] Chambers J G, Parrish T. State - level education finance [M] // Walberg H J (Series Ed.), Barnett W S (Vol. Ed.), Advances in Educational Productivity. JIA Press, 1994.

[139] Chambers J, Levin J, DeLancey D. Efficiency and adequacy in California school finance: A professional judgment approach [R]. American Institutes for Research, 2006.

[140] Chambers J, Parrish T, Levin J, et al. The New York adequacy study: Determining the cost of providing all children in New York an adequate education [R]. Palo Alto, CA: American Institutes for Research/ Management Analysis and Planning, 2004.

［141］Chambers J G, Parrish T B. The development of a resource cost model funding base for education finance in Illinois ［R］. Report prepared for the Illinois State Board of Education, 1982.

［142］Chambers J G. The development of a program cost model and cost-of-education model for the State of Alaska ［R］. Volume II: Technical Report. Associates for Education Finance and Planning, Inc, 1984.

［143］Chetty R, Friedman J N, Rockoff J E. Measuring the impacts of teachers II: Teacher value-added and student outcomes in adulthood ［J］. American Economic Review, 2014, 104 (9), 2633 – 2679.

［144］Chiang H. How accountability pressure on failing schools affects student achievement ［J］. Journal of Public Economics, 2009, 93 (9 – 10): 1045 – 1057.

［145］Clune W H. The best path to systemic educational-policy-standard centralized or differentiated decentralized ［J］. Educational Evaluation and Policy Analysis, 1993, 15 (3): 233 – 254.

［146］Clune W H. The shift from equity to adequacy in school finance ［J］. Educational Policy, 1994, 8 (4): 376 – 394.

［147］Coleman J S. Equality of educational opportunity ［J］. Integrated Education, 1968, 6 (5): 19 – 28.

［148］Coons J E, Clune W H, Sugarman S D. Educational opportunity: A workable constitutional test for state financial structures ［J］. California Law Review, 1969, 57 (2): 305 – 421.

［149］Corcoran S, Romer T, Rosenthal H. The twilight of the setter? Public school budgets in a time of institutional change ［J］. Economics & Politics, 2017, 29 (1): 1 – 21.

［150］Craig S G, Imberman S A, Perdue A. Do administrators respond to their accountability ratings? The response of school budgets to accountability grades ［J］. Economics of Education Review, 2015, 49: 55 – 68.

［151］Crecine J P. A computer simulation model of municipal budgeting

[J]. Management Science, 1967, 13 (11): 786 – 815.

[152] Cubberly E P. School funds and their apportionment [M]. New York: Columbia University Press, 1905.

[153] Davis O A, Dempster M A H, Wildavsky A. A theory of the budgetary process [J]. American Political Science Review, 1966, 60 (3): 529 – 547.

[154] Downes T A, Green P C. Measuring equity and adequacy in school finance [M] // Ladd H F, Goertz M G, eds. Handbook of research in education finance and policy: Second Edition. New York: Routledge, 2015: 244 – 259.

[155] Duncombe W D. Estimating the cost of an adequate education in New York [J]. Center for Policy Research Working Paper, 2002 (44).

[156] Duncombe W, Ruggiero J, Yinger J. Alternative approaches to measuring the cost of education [M] // Helen F L, eds. Holding School Accountable: Performance – Based Reform in Education. Washington, DC: The Brookings Institution, 1996: 327 – 356.

[157] Dunleavy P. Democracy, bureaucracy and public choice: Economic approaches in political science [M]. New York: Routledge, 1991.

[158] Ebdon C. The effects of voter control on budget outcomes [J]. Journal of Public Budgeting, Accounting & Financial Management, 2000, 12 (1): 23 – 43.

[159] Fernandez R, Rogerson R. Equity and resources: An analysis of education finance systems [J]. Journal of Political Economy, 2003, 111 (4): 858 – 897.

[160] Finn J C. School engagement and students at risk [M]. Washington, DC: National Center for Education Statistics, 1993

[161] Fisman R, Gatti R. Decentralization and corruption: Evidence from US federal transfer programs [J]. Public Choice, 2003, 113 (1): 25 – 35.

[162] Guthrie J, Hayward G C, Smith J R, et al. A proposed education

resource block grant model for Wyoming school finance [R]. Submitted to Wyoming State Legislature. Davis, CA: Management Analysis and Planning, Inc. , 1997.

[163] Hallak J, Poisson M. Corrupt schools, corrupt universities: What Can be done? [M]. Paris: Institute for International Educational Planning, 2007.

[164] Hanushek E A. The impact of differential expenditures on school performance [J]. Educational researcher, 1989, 18 (4): 45 – 62.

[165] Hanushek E A. Assessing the effects of school resources on student performance: An update [J]. Educational Evaluation and Policy Analysis, 1997, 19 (2): 141 – 164.

[166] Hanushek E A. Is the "Evidence – Based Approach" a good guide to school finance policy [J]. Journal of Educational Management, 2006, 5 (1): 1 – 14.

[167] Hanushek E A. The alchemy of "Costing Out" an adequate education [M]. Palo Alto, CA: Hoover Institution, Stanford University, 2006.

[168] Hanushek E A. The failure of input-based schooling policies [J]. The Economic Journal, 2003, 113 (485): 64 – 98.

[169] Harpalani V. Maintaining educational adequacy in times of recession: Judicial review of state education budget cuts [J]. NYU Law Review, 2010, 85: 258 – 288.

[170] Hoxby C. The economics of school choice [M]. Chicago: University of Chicago Press, 2003.

[171] Hoxby C M. All school finance equalizations are not created equal [J]. The Quarterly Journal of Economics, 2001, 116 (4): 1189 – 1231.

[172] Ingberman D E, Inman R P. The political economy of fiscal policy [J]. Surveys in public sector economics, 1988: 324 – 326.

[173] Inman R P. Testing political economy's "as if" proposition: Is the median income voter really decisive? [J]. Public Choice, 1978, 33 (4): 45 – 65.

［174］Jefferson T. A bill for the more general diffusion of knowledge ［J］. American Educational Thought: Essays from 1640 – 1940, 1778: 41 – 48.

［175］Kettl D F. Deficit politics: Public budgeting in its institutional and historical context ［M］. New York: Macmillan, 1992.

［176］Key V O. The lack of a budgetary theory ［J］. American Political Science Review, 1940, 34 (6): 1137 – 1144.

［177］Koski W S, Reich R. When adequate isn't: The retreat from equity in educational law and policy and why it matters ［J］. Emory Law Review, 2006, 56 (3): 545 – 618.

［178］Krueger A B. Experimental estimates of education production functions ［J］. Quarterly Journal of Economics, 1999, 114 (2): 497 – 532.

［179］Krueger A B, Lindahl M. Education for growth: why and for whom ［J］. Journal of Economic Literature, 2001, 39 (4): 1101 – 1136.

［180］Ladd H F, Margaret E G. Handbook of research in education finance and policy (Second Edition) ［M］. New York: Routledge, 2015.

［181］Lafortune J, Rothstein J, Schanzenbach D W. School Finance Reform and the Distribution of Student Achievement ［J］. American economic journal, 2018, 10 (2): 1 – 26.

［182］Lafortune J, Rothstein J, Whitmore S D. Can school finance reforms improve student achievement? ［J］. Working Paper of Institute for Research on Labor and Employment, UC Berkeley, 2016.

［183］Lausberg C H. Site – based management: crisis or opportunity? ［J］. School Business Affairs, 1990, 56 (4): 10 – 14.

［184］Lee K G, Polachek S W. Do school budgets matter? The effect of budget referenda on student dropout rates ［J］. Education Economics, 2018, 26 (2): 129 – 144.

［185］Levin H M, McEwan P J. In Cost – effectentess analysis: Methods and applications ［M］. Thousand Oaks, CA: Sage Publications, 2001.

［186］Lewis V B. Toward a theory of budgeting ［J］. Public Administration

Review, 1952, 12（1）: 42 – 54.

[187] Lochner L, Moretti E. The effect of education on crime: Evidence from prison inmates, arrests, and self-reports [J]. American Economic Review, 2004, 94（1）, 155 – 189.

[188] Machin S. Developments in economics of education research [J]. Labour Economics, 2014, 30: 13 – 19.

[189] Manela A, Moreira A. News implied volatility and disaster concerns [J]. Journal of Financial Economics, 2017, 123（1）: 137 – 162.

[190] Mangan M T, Purinton T, Aportela A. An evidence-based adequacy funding solution for Illinois education [R]. Springfield, IL: Illinois Association of School Business Officials, 2011.

[191] Martin L L. Budgeting for outcomes [M] // Ahbw K. Budget theory in the Public Sector. Eestport: Quorum Books, 2003.

[192] Migué J L, Belanger G, Niskanen W A. Toward a general theory of managerial discretion [J]. Public Choice, 1974, 17（1）: 27 – 47.

[193] Minorini P A, Sugarman S D. Educational adequacy and the courts: The promise and problems of moving to a new paradigm [M] // Ladd H F, Chalk R, Hansen J S. Equity and Adequacy in Education Finance: Issues and Perspectives, 1999: 175 – 208.

[194] Mort P R, Reusser W C. Public school finance: Its background, structure and operation [M]. NewYork: McGraw – Hill, 1941.

[195] Murray S E, Evans W N, Schwab R M. Education – finance reform and the distribution of education resources [J]. American Economic Review, 1998: 789 – 812.

[196] Musgrave R. The theory of public finance [M]. NewYork: McGraw – Hill, 1959.

[197] Nikolova E, Marinov N. Do public fund windfalls increase corruption? Evidence from a natural disaster [J]. Comparative Political Studies, 2017, 50（11）: 1455 – 1488.

[198] Niskanen W. Bureaucracy and representative government [M]. Chicago: Aldine, 1971.

[199] Oates W E. Fiscal Federalism [M]. NewYork: Harcourt Brace Jovanovich, 1972.

[200] Odden A R, Picus L O, Goetz M E. A 50 – state strategy to achieve school finance adequacy [J]. Educational Policy, 2010, 24 (4): 628 – 654.

[201] Odden A R, Picus L O, Fermanich M. An evidence-based approach to school finance adequacy in Arkansas [R]. Submitted to the Joint Committee on Educational Adequacy of the Arkansas Legislature, Little Rock, AR. , 2003.

[202] Odden A R, Picus L O. School finance: A policy perspective (5th Edition) [M]. New York: McGraw – Hill, 2014.

[203] Odden A R, Picus L O. School finance: A policy perspective (4th Edition) [M]. New York: McGraw – Hill, 2008.

[204] Odden A R. Equity and adequacy in school finance today [J]. Phi Delta Kappan, 2003, 85 (2): 120 – 125.

[205] Ostrom E, Schroeder L, Wynne S. Institutional incentives and sustainable development: infrastructure policies in perspective [M] . Boulder: Westview Press, 1993.

[206] Patashnik E M. The contractual nature of budgeting: A transaction cost perspective on the design of budgeting institutions [J] . Policy sciences, 1996, 29 (3): 189 – 212.

[207] Picus L O, Odden A R. Cost of education study [R]. Submitted to the Select School Finance Committee of the Wyoming State Legislature, 2010.

[208] Qian Y, Weingast B R. China's transition to markets: market-preserving federalism, Chinese style [J] . Journal of Economic Policy Reform, 1996, 1 (2): 149 – 185.

[209] Qian Y, Weingast B R. Federalism as a commitment to reserving market incentives [J]. Journal of Economic Perspectives, 1997, 11 (4): 83 – 92.

[210] Reschovsky A, Imazeki J. Does the school finance system in Texas provide students with an adequate education [C] // Annual Meeting of the American Education Finance Association, Seattle, WA, 1999

[211] Rivkin S G, Hanushek E A, Kain J F. Teachers, schools, and academic achievement [J]. Econometrica, 2005, 73 (2): 417 – 458.

[212] Rockoff J E. The impact of individual teachers on student achievement: Evidence from panel data [J]. American Economic Review, 2004, 94 (2): 247 – 252.

[213] Rodden J, Eskeland G S, Litvack J. Fiscal decentralization and the challenge of hard budget constraints [M]. Cambridge: MIT Press, 2003.

[214] Rodden J. Reviving leviathan: Fiscal federalism and the growth of government [J]. International Organization, 2003, 57: 695 – 729.

[215] Romer P M. Human capital and growth: Theory and evidence [C] // Carnegie – Rochester Conference Series on Public Policy, Elsevier, 1990.

[216] Romer T, Rosenthal H, Munley V G. Economic incentives and political institutions: Spending and voting in school budget referenda [J]. Journal of Public Economics, 1992, 49 (1): 1 – 33.

[217] Rosen H S, Gayer T. Public Finance (8th Edition) [M]. New York: McGraw Hill International, 2008.

[218] Rubin I. New directions in budget theory: An American community in the nineteenth century [M]. New York: State University of New York Press, 1988.

[219] Rubin I. The politics of public budgeting [M]. Chatham: Chatham House, 1997.

[220] Samuelson P A. The pure theory of public expenditure [J]. The Review of Economics and Statistics, 1954, 36 (4): 387 – 389.

[221] Samuelson P A. Diagrammatic exposition of a theory of public expenditure [M] // Essential Readings in Economics. London: Palgrave, 1955.

[222] Schick A. Can the states improve their budgeting? [M]. Washing-

ton, DC: Brookings Institution, 1971.

[223] Smith R W, Bertozzi M. Principals and agents: An explanatory model for public budgeting [J]. Journal of public budgeting, accounting & financial management, 1996, 10 (3): 325 – 353.

[224] Sorenson R D, Goldsmith L M. The principal's guide to school budgeting [M]. Thousand Oaks, CA: Corwin Press, 2012.

[225] Sorenson R D. Stress management in education: Warning signs and coping mechanisms [J]. Management in Education, 2007, 21 (3): 10 – 13.

[226] Stigler G J. The tenable range of functions of local government [M] // Federal Expenditure Policy for Economic Growth and Stability. Washington, DC: Joint Economic Committee, Subcommittee on Fiscal Politics, 1957.

[227] Stiglitz J. Formal and Informal Institution [C] // Dasgupta P, Serageldin I. Social Capital: A multi-faceted perspective. Washington, DC: World Bank, 2000.

[228] Taylor L L, Baker B D, Vedlitz A. Measuring educational adequacy in public schools [R]. College Station: Bush School of Government and Public Service, Texas A&M University, 2005.

[229] Tiebout C M. A pure theory of local expenditures [J]. Journal of Political Economy, 1956, 64 (5). 416 – 424.

[230] Tsang M C, Ding Y. Resource utilization and disparities in compulsory education in China [J]. China Review, 2005 (1): 1 – 31.

[231] Underwood J K. School finance adequacy as vertical equity [J]. University of Michigan Journal of Law Reform, 1994, 28: 493.

[232] Verstegen D A. Public education finance systems in the United States and funding policies for populations with special educational needs [J]. Education Policy Analysis Archives, 2011, 19: 21.

[233] White J. (Almost) nothing new under the sun: Why the work of budgeting remains incremental [J]. Public Budgeting & Finance, 1994, 14 (1): 113 – 134.

［234］ Wildavsky A B. Politics of the budgetary process ［M］. Boston：Little, Brown, 1964.

［235］ William H R. School business management ［M］. New York：McGraw – Hill, 1961.

附　　表

中央政府关于义务教育发展的政策文件一览表

类别	文件名称	颁布主体	颁布时间
法律	中华人民共和国义务教育法	全国人民代表大会	1986 年 4 月 12 日
	中华人民共和国教师法	全国人民代表大会	1993 年 10 月 21 日
	中华人民共和国教育法	全国人民代表大会	1995 年 3 月 18 日
	中华人民共和国义务教育法（2005 年修订）	全国人民代表大会	2005 年 6 月 29 日
	中华人民共和国教师法（2009 年修订）	全国人民代表大会	2009 年 8 月 27 日
	中华人民共和国义务教育法（2015 年修正）	全国人民代表大会	2015 年 4 月 24 日
	中华人民共和国教育法（2015 年修正）	全国人民代表大会	2015 年 12 月 27 日
中国共产党全国代表大会	中共十二大报告	中央委员会	1982 年 9 月 1 日
	中共十三大报告	中央委员会	1987 年 10 月 25 日
	中共十四大报告	中央委员会	1992 年 10 月 12 日
	中共十五大报告	中央委员会	1997 年 9 月 12 日
	中共十六大报告	中央委员会	2002 年 11 月 8 日
	中共十七大报告	中央委员会	2007 年 10 月 15 日
	中共十八大报告	中央委员会	2012 年 11 月 8 日
	中共十九大报告	中央委员会	2017 年 10 月 18 日
国民经济和社会发展五年规划	中华人民共和国国民经济和社会发展第六个五年计划（1981—1985）	全国人民代表大会	1982 年 12 月 10 日
	中华人民共和国国民经济和社会发展第七个五年计划（摘要）（1986—1990）	全国人民代表大会	1986 年 3 月
	中共中央关于制定国民经济和社会发展十年规划和"八五"计划的建议	中央委员会	1990 年 12 月 30 日

续表

类别	文件名称	颁布主体	颁布时间
国民经济和社会发展五年规划	中华人民共和国国民经济和社会发展十年规划和第八个五年计划纲要	全国人民代表大会	1991 年 4 月 9 日
	中共中央关于制定国民经济和社会发展"九五"计划和 2010 年远景目标的建议	中央委员会	1995 年 9 月 28 日
	中华人民共和国国民经济和社会发展"九五"计划和 2010 年远景目标纲要	全国人民代表大会	1996 年 3 月 17 日
	中共中央关于制定国民经济和社会发展第十个五年计划的建议	中央委员会	2000 年 10 月 11 日
	关于国民经济和社会发展第十个五年计划纲要的报告	全国人民代表大会	2001 年 3 月 5 日
	中共中央关于制定国民经济和社会发展第十一个五年规划的建议	中央委员会	2005 年 10 月 11 日
	中华人民共和国国民经济和社会发展第十一个五年（2006—2010 年）规划纲要	全国人民代表大会	2006 年 3 月 14 日
	国务院批转教育部国家教育事业发展"十一五"规划纲要的通知	国务院	2007 年 5 月 18 日
	中共中央关于制定国民经济和社会发展第十二个五年规划的建议	中央委员会	2010 年 10 月 18 日
	中华人民共和国国民经济和社会发展第十二个五年（2011—2015 年）规划纲要	全国人民代表大会	2011 年 3 月 14 日
	教育部关于印发《国家教育事业发展第十二个五年规划》的通知	教育部	2012 年 6 月 14 日
	中共中央关于制定国民经济和社会发展第十三个五年规划的建议	中央委员会	2015 年 10 月 29 日
	中共中央关于制定国民经济和社会发展第十三个五年规划纲要	全国人民代表大会	2016 年 3 月 16 日
	国务院关于印发国家教育事业发展"十三五"规划的通知	国务院	2017 年 1 月 10 日

类别	文件名称	颁布主体	颁布时间
中央文件	国务院关于筹措农村学校办学经费的通知	国务院	1984 年 12 月 13 日
	中共中央关于教育体制改革的决定	中共中央	1985 年 5 月 27 日
	中华人民共和国征收教育费附加的暂行规定	国务院	1986 年 7 月 1 日
	国务院关于修改《征收教育费附加的暂行规定》的决定	国务院	1990 年 6 月 7 日
	中国教育改革和发展纲要	中共中央、国务院	1993 年 2 月 13 日
	国务院关于《中国教育改革和发展纲要》的实施意见	国务院	1994 年 7 月 3 日
	国务院办公厅转发财政部关于进一步做好教育科技经费预算安排和确保教师工资按时发放通知的通知	国务院办公厅	1998 年 5 月 20 日
	面向 21 世纪教育振兴行动计划	教育部	1998 年 12 月 24 日
	关于深化教育改革，全面推进素质教育的决定	中共中央　国务院	1999 年 6 月 13 日
	国务院关于基础教育改革与发展的决定	国务院	2001 年 5 月 29 日
	国务院办公厅转发中央编办、教育部、财政部关于制定中小学教职工编制标准意见的通知	国务院办公厅	2001 年 10 月 8 日
	国务院办公厅转发教育部等部门关于"十五"期间进一步推进特殊教育改革和发展意见的通知	国务院办公厅	2001 年 11 月 27 日
	国务院关于深化改革加快发展民族教育的决定	国务院	2002 年 7 月 7 日
	国务院关于进一步加强农村教育工作的决定	国务院	2003 年 9 月 17 日
	国务院办公厅转发教育部等部门关于进一步做好进城务工就业农民子女义务教育工作意见的通知	国务院办公厅	2003 年 9 月 17 日
	国务院办公厅关于转发教育部等部门《国家西部地区"两基"攻坚计划（2004—2007 年）》的通知	国务院办公厅	2004 年 2 月 16 日
	国务院批转教育部 2003—2007 年教育振兴行动计划的通知	国务院	2004 年 3 月 3 日

类别	文件名称	颁布主体	颁布时间
中央文件	国务院办公厅转发财政部教育部关于加快国家扶贫开发工作重点县"两免一补"实施步伐有关工作意见的通知	国务院办公厅	2005 年 2 月 18 日
	教育部关于进一步推进义务教育均衡发展的若干意见	教育部	2005 年 5 月 25 日
	国务院办公厅转发教育部等部门关于进一步做好农村寄宿制学校建设工程实施工作若干意见的通知	国务院办公厅	2005 年 7 月 31 日
	国务院关于修改《征收教育费附加的暂行规定》的决定	国务院	2005 年 8 月 20 日
	国务院关于深化农村义务教育经费保障机制改革的通知	国务院	2005 年 12 月 24 日
	国务院关于做好免除城市义务教育阶段学生学杂费工作的通知	国务院	2008 年 8 月 12 日
	关于进一步落实《国务院办公厅转发中央编办、教育部、财政部关于制定中小学教职工编制标准意见的通知》有关问题的通知	中央编办 教育部 财政部	2009 年 3 月 12 日
	国务院办公厅转发教育部等部门关于进一步加快特殊教育事业发展意见的通知	国务院办公厅	2009 年 5 月 7 日
	国家中长期教育改革和发展规划纲要（2010—2020 年）	国家中长期教育改革和发展规划纲要工作小组办公室	2010 年 7 月 29 日
	国务院办公厅关于开展国家教育体制改革试点的通知	国务院办公厅	2010 年 10 月 24 日
	财政部关于统一地方教育附加政策有关问题的通知	财政部	2010 年 11 月 7 日
	国务院关于进一步加大财政教育投入的意见	国务院	2011 年 6 月 29 日
	国务院办公厅转发教育部等部门关于做好进城务工人员随迁子女接受义务教育后在当地参加升学考试工作意见的通知	国务院办公厅	2012 年 8 月 30 日
	国务院关于深入推进义务教育均衡发展的意见	国务院	2012 年 9 月 5 日

类别	文件名称	颁布主体	颁布时间
中央文件	国务院办公厅关于规范农村义务教育学校布局调整的意见	国务院办公厅	2012 年 9 月 6 日
	国务院关于加强教师队伍建设的意见	国务院	2012 年 8 月 20 日
	国务院办公厅转发教育部等部门关于进一步加强学校体育工作若干意见的通知	国务院办公厅	2012 年 10 月 22 日
	中共中央办公厅、国务院办公厅印发《关于创新机制扎实推进农村扶贫开发工作的意见》的通知	中共中央办公厅、国务院办公厅	2013 年 12 月 18 日
	国务院办公厅关于印发国家贫困地区儿童发展规划（2014—2020 年）的通知	国务院办公厅	2014 年 12 月 25 日
	国务院办公厅关于印发乡村教师支持计划（2015—2020 年）的通知	国务院办公厅	2015 年 6 月 1 日
	国务院关于加快发展民族教育的决定	国务院	2015 年 8 月 11 日
	国务院关于进一步完善城乡义务教育经费保障机制的通知	国务院	2015 年 11 月 25 日
	国务院办公厅关于强化学校体育促进学生身心健康全面发展的意见	国务院办公厅	2016 年 4 月 21 日
	国务院办公厅关于加快中西部教育发展的指导意见	国务院办公厅	2016 年 5 月 11 日
	国务院关于统筹推进县域内城乡义务教育一体化改革发展的若干意见	国务院	2016 年 7 月 2 日
	国务院办公厅关于进一步加强控辍保学提高义务教育巩固水平的通知	国务院办公厅	2017 年 7 月 28 日
	中共中央　国务院关于全面深化新时代教师队伍建设改革的意见	中共中央　国务院	2018 年 1 月 20 日
	国务院办公厅关于全面加强乡村小规模学校和乡镇寄宿制学校建设的指导意见	国务院办公厅	2018 年 4 月 25 日
	国务院办公厅关于进一步调整优化结构提高教育经费使用效益的意见	国务院办公厅	2018 年 8 月 17 日

我国义务教育充足的财政资源优化配置研究

续表

类别	文件名称	颁布主体	颁布时间
中央文件	中共中央、国务院印发《中国教育现代化 2035》	中共中央、国务院	2019 年 2 月
	中共中央办公厅、国务院办公厅印发《加快推进教育现代化实施方案（2018—2022 年)》	中共中央办公厅、国务院办公厅	2019 年 2 月
	国务院办公厅关于印发教育领域中央与地方财政事权和支出责任划分改革方案的通知	国务院办公厅	2019 年 5 月 24 日
	中共中央　国务院关于深化教育教学改革全面提高义务教育质量的意见	中共中央、国务院	2019 年 6 月 23 日

后　　记

　　本书是在我博士论文的基础上修改完成的。非常感谢我的博士生导师栗玉香教授对我博士论文的指导，以及在我攻读硕士、博士期间对我的精心培育。师恩难忘，所授之道皆铭记，以师为表，不忘初心，砥砺前行！本书撰写过程中，冯国有教授、袁东研究员、任强教授、赵景华教授、姜玲教授、崔晶教授、王文娟教授、周湘林副教授、陈新明博士给予了宝贵建议，一并表示感谢。

　　我的父母、公婆为我承担了大部分的生活琐事，尤其是帮助我照顾年幼的女儿，让我能够全身心地投入书稿写作中去。丈夫李强不仅帮助我校对了书稿，而且在精神上给予了我莫大的鼓励，缓解了我研究和写作的压力。女儿安之是助推我不断进取的强大动力，所有疲惫都会被她的笑容瞬间治愈。感谢家人的爱与宽容。

　　本书的出版没有安徽师范大学教育科学学院的资助、经济科学出版社编辑的精心编审是无法完成的，在此表示衷心感谢！囿于研究能力，本书难免有不妥之处，望读者朋友批评指正，今后定持续完善。

张荣馨
2022 年 5 月 30 日